피천득 문학 전집 3

산문집
꿀 항아리

피천득 문학 전집 3

산문집
꿀 항아리

정정호 책임 편집

범우사

일러두기

1. 여기서 산문이란 문학장르인 수필과 구별되는 모든 글을 가리킨다. 즉 동화, 평설, 서평, 발문, 서문, 추천사, 논문 등이다.
2. 《동아일보》, 《동광》, 《신가정》, 《신동아》, 《사상계》등의 신문, 잡지와 작품집 《금아시문선》(1959)등에 실렸던 다양한 주제의 글들을 모았다.
3. 산문 배열순서는 일단 주제별로 나누었고 같은 주제 안에서는 발표 연대순으로 배열했다.
4. 각 작품 뒤 괄호 안에 발표연도만을 표기하였다. 분명치 않은 작품은 그것이 실린 작품집의 출판연도를 기입하였다. 그 순서는 작품집에 실린 순서를 따랐고 그래도 분명치 않은 것은 편집자의 추정에 의거했다.
5. 본문의 맞춤법, 띄어쓰기, 구두점은 오늘날 어법에 맞추었다.
6. 모든 외래어는 현대 외래어 표기법을 따랐다.

피천득 문학 전집(전7권)을 내면서

요즘은 과거에 비해 사람들이 시를 많이 읽지 않습니다.… 요즘의
시대가 먹고 사는 게 너무나 힘들고 경쟁이 치열하기 때문이라는 생각이
들기도 합니다. 남을 누르고 이겨야 살 수 있는 세계에서 시는 사실 잘 읽
히지 않습니다. 하지만 그럴수록 오히려 시를 가까이 두고 읽어야 할 필
요가 있습니다. 시는 영혼의 가장 좋은 양식이고 교육입니다. 시를 읽으
면 마음이 맑아지고 영혼이 정갈해집니다. 이것은 마른 나무에서 꽃이
피는 것과 같은 일입니다.

— 피천득, 〈시와 함께한 나의 문학 인생〉(2005)

피천득은 1910년 5월 29일 서울 종로 청진동에서 태어났다. 3개
월 후 8월 29일, 한반도에서 500년 이상 지속된 조선왕국이 경술국치
로 식민제국주의 일본에 강제 병합되는 민족 최대의 역사적 비극이
일어났다. 우리 민족 최대 수치의 날, 피천득은 태어난 지 3개월 만에
나라를 잃어버린 망국민(亡國民)이 되었다. 더욱이 7세에 아버지를 여
의고 10세에 어머니마저 잃은 고애자(孤哀子) 피천득은 문자 그대로

천애 고아가 되었다. 금아 피천득에게 망국민의식과 고아의식은 그
의 삶, 문학, 사상의 뿌리로 자리 잡게 되었다. 특별히 일찍 여읜 '엄
마'에 대한 간절한 그리움과 기다림의 서정성과 일제강점기에 대한
반항 정신이 교묘하게 배합되어 있다. 금아의 짧고 아름다운 서정시
와 수필은 이런 엄혹한 식민지 수탈시대를 견디어 내면서 피어난 사
막의 꽃과 열매들이다. 피천득은 1991년 한 신문사와의 대담에서 "겪
으신 시대 가운데 [어느 시대개] 최악"인가에 대한 질문에 "나는 일제 말
이 최악이었다고 생각합니다. 당시 아무런 희망이 없었어요. 정말 암
담했습니다. 생활 자체도 너무 어려웠다"라고 답변했다.

　시문집《산호와 진주》(1969)에서 산호와 진주는 피천득 삶과 문학
의 표상이다. 〈서문〉에서 밝혔듯이 산호와 진주는 그의 '소원'이나 그
것들은 "바다 속 깊이깊이" 있었고 "파도는 언제나 거세고 바다 밑은
무"서웠다. 산호와 진주는 피천득의 무의식 세계다. 망국민 고아가
거센 파도와 무서운 바다라는 일제강점기의 황량한 역사 속에서 쉽
사리 현실을 찾아 나설 수는 없다. 결국, 피천득은 마음속 깊이 묻어
둔 생각과 이미지들을 모국어로 주조하여 아름다운 산호와 진주라는
서정적 문학 세계를 창조해냈다. 그는 바다처럼 깊고 넓은 꿈이 있었
기에 어두운 현실에 굴복하지 않고 기다리며 문학이라는 치유과정을
거쳐 사무사(思無邪)의 경지에 이르게 된 것이다.
　피천득 시와 수필에 자주 등장하는 하늘, 바다, 창공, 학, 종달새
등은 억압된 무의식 세계가 자유를 갈구하는 강력한 흐름으로, 이러
한 하강과 상승의 역동적 나선형 구조는 피천득 문학의 토대다. 문인
과 학자로서 피천득은 거의 100년 가까이 초지일관 겸손, 단순, 순수

를 실천하며 지행합일의 정면교사(正面敎師) 삶을 살았다. 문학은 녹색 식물처럼 궁핍한 시대와 현실에서도 그 토양에서 각종 자양분을 빨아들이고 대기에서 햇빛을 받아들여 생명의 원천인 엽록소를 만들어내는 광합성 작용을 통해 피천득 삶의 뿌리가 내려졌고 아름다운 열매가 맺혔다.

　　문인 피천득은 1926년《신민》(新民) 2월호에 첫 시조〈가을비〉를 발표하였고 1930년 4월 7일《동아일보》에 첫 시〈차즘〉(찾음)으로 등단하였다. 1930년대에《신동아》,《동광》,《신가정》등 신문, 잡지에 시와 시조를 지속해서 발표함으로써 시인으로의 긴 문학 인생을 시작하였다. 그러나 피천득은 일제강점기의 문화억압과 역사침탈이 극에 달했던 1938년부터 1945년 해방 전까지는 글쓰기를 멈추었다. 그에게 이런 절필은 일종의 "소극적 저항"이었다. 해방 후 피천득은 지난 17년간에 걸쳐 쓴 시들을 모아 첫 시집《서정시집》(상호출판사, 1947)을 펴냈다.
　　금아 선생의 첫 수필은 1932년 5월 8일자《동아일보》에 실린〈은전 한 닢〉이다. 이후 피천득은 시인보다는〈수필〉,〈인연〉등의 수필가로 알려지게 된다. 문학 인생을 시로 시작한 피천득 본인도 이 사실에 아쉬움을 토로한 바 있으나, 사실 그의 서정시와 짧은 서정 수필은 형식과 운율에서 하나가 될 수 있다. 피천득은 첫 시집을 낸 지 12년 만인 1959년 시, 수필, 번역을 묶어《금아시문선》(경문사, 1959)을 펴냈고, 그 후 다시 10년 뒤 그간에 쓴 시와 수필을 묶어《산호와 진주: 금아 시문선》(1969)을 일조각에서 냈다. 다시 10여 년 후 1980년 그는 비로소 본격적인 시집《금아시선》(일조각, 1980)과 수필집《금아문선》(일조각, 1980)을 각각 출판했다.

　피천득의 작품집 발간의 특징은 매번 새로운 시집이나 수필집을 내기보다 이전 작품을 개정 증보하는 방식이어서 그의 작품집을 보면 문학적 성장과 변화의 궤적이 그대로 드러난다. 초기 서정시와 서정 수필의 기조를 평생 지속한 피천득은 작품 활동한 지 40여 년이 지난 1970년대에 또다시 거의 절필한다. 좋은 작품을 더 이상 쓸 수 없다면 글쓰기를 중지해야 한다고 믿었다. 지나친 결벽성으로 피천득은 아쉽게도 평생 100편 내외의 시집 한 권, 수필집 한 권뿐이라는 지독한 과작(寡作)의 작가가 되었다.

　번역은 피천득의 문학 생애에서 매우 중요하다. 피천득은 1926년 9월 《동아일보》에 프랑스 작가 알퐁스 도데의 단편소설 〈마지막 수업〉을 번역하여 4회에 걸쳐 연재하였다. 그는 일제강점기 당시 모국어의 중요성을 알리기 위해 약관 16세 나이에 최초 번역을 발표하였다. 어떤 의미에서 시와 수필을 본격적으로 쓰기에 앞서 번역을 한 셈인데, 피천득은 영문학 교수였지만 번역은 창작과 상호 보완되는 엄연한 문학 행위로 여겼다. 1959년 나온 《금아 시문선》에는 외국시 번역과 자작시 영역을 포함하는 등, 번역을 독립적 문학 활동으로 삼았다. 이런 의미에서 정본(定本) 전집에 번역작업은 반드시 포함되어야 한다. 번역은 피천득에게 외국 문학의 단순한 영향문제보다 모국어에 대한 감수성 제고와 더 깊은 관계가 있으며, 피천득 전집 7권 중 번역이 4권으로 양적으로도 가장 많다. 여기서 번역문학가 피천득의 새로운 위상이 드러난다.

　또한, 피천득은 별로 알려지지 않았지만 많은 산문을 썼다. 동화, 서평, 발문, 평설, 논문 등 아주 다양하다. 그동안 우리는 피천득의 '수필'에만 집중했는데, 이제는 그의 '산문'도 읽고 살펴보아야 할 때가 되었다. 사실 문인 피천득은 어떤 한 장르에 매이지 않고 폭넓게 쓴 다면체적 작가다. 하지만 순혈주의에 경도된 우리 문단과 학계는 이러한 다-장르적 문인을 높이 평가하지 않는 경향이 있다. 혼종의 시대인 21세기 예술은 이미 다-장르나 혼합장르가 부상하고 있다. 따라서 피천득 문학을 논할 때 시, 수필, 산문, 번역을 모두 종합적으로 살피는 것이 절대적으로 필요하다.

학자와 문인으로 금아 피천득의 삶은 어떠했던가. 일제강점기 등 험난한 한국 최근세사를 거의 100년간 살아내면서 그는 삶과 문학과 사상을 일치시켰다. 일제강점기의 끝 무렵인 1930년대 말부터 해방될 때까지 상하이 유학을 마치고 돌아온 홍사단우 피천득은 불령선인(不逞鮮人)[반일 반동분자]으로 낙인찍혀 변변한 공직을 얻지 못했다. 일제의 모국어 말살 정책으로 절필하고 금강산에 들어가 1년간 불경 공부하면서 신사참배와 일본식 성명 강요에 굴복하지 않았다. 피천득은 그 후로도 모든 종류의 억압과 착취에 저항하는 정치적 무의식을 지니고 일생 "소극적 저항"의 삶을 유지했다. (순응적 인간보다 저항적 인간을 더 좋아한 피천득은 1970—80년대 대표적 저항 지식인 리영희선생과의 2003년 대담에서 괴테보다 베토벤을 높게 평가했다. 그 이유는 어느 날 그 지역 통치자인 대공(大公)이 탄 큰 마차가 지나가자 괴테는 고개를 숙여 묵례를 올렸으나 베토벤은 그렇게 하지 않았기 때문이다. 피천득이 제일 좋아하는 음악은 베토벤의 것이었고 저항적 인간 베토벤을 더 존경하고 사랑하였다. 피천득은 일제강점기와 그 이후에도 이런 의미에서 "소극적 저항"의 문인이었다.)

2005년에 쓴 〈시와 함께한 나의 문학인생〉은 피천득 문학의 회고

이자 하나의 문학 선언문이다. 인간으로서 문인으로서 선비로서 피천득의 정직하고 검박한 삶은 궁핍한 시대를 살아가는 한 사람으로 우리가 본받을만한 "큰 바위 얼굴"이다. 삶과 문학과 사상이 일치하지 않는다면 그 밖에 모든 문학적 업적이 무슨 소용일까 라는 생각마저 든다. 피천득의 글을 읽을 때 이런 면을 종합적으로 숙고해야 그의 문학 세계를 균형 있고 온전하게 평가할 수 있으리라.

피천득 자신이 직접 밝힌 문학의 목표는 "순수한 동심", "맑고 고매한 서정성", "위대한 정신세계(고결한 정신)"이다. 이 세 가지가 피천득의 시, 수필, 산문, 번역을 지배하는 3대 원칙이고, 그의 삶과 문학의 대주제는 '사랑'이다. 그는 문학의 본질을 '정(情)'으로 보았고 후손들에게 '사랑'하며 살았다는 최종 평가를 받고 싶어 했다. 문학에서 거대담론이나 이념을 추구해보다 가난한 마음으로 보통사람의 일상생활에서 사소하고 작은 것들에 관심과 사랑을 가지고 주위 사람들에게 공감하고 배려하려 애썼다. 피천득은 기억 속에서 과거의 빛나는 순간을 찾아내고 작은 인연이라도 소중히 여기고 가꾸면서 살았다.

나아가 그는 언제나 커다란 자연 속에서 자신의 삶과 문학을 조화시키고 이끌어 가려고 노력했다. 여기서 피천득 문학의 '보편성'이 제기된다. 피천득의 수필집 《인연》이 2005년과 2006년 각각 일본과 러시아에서 번역 소개되었는데, 일본어와 러시아어 번역자는 자국 독자들에게 쉽게 다가갈 수 있는 피천득 수필의 보편성을 언급하였다. 피천득 문학이 더 많은 외국어로 번역 소개된다면 그 보편성은 더욱더 확대될 것이다. 무엇보다도 황폐한 시대와 역사를 위한 피천득 문학의 역할은 치유와 회복의 기능이리라.

결국, 피천득 문학의 궁극적 가치는 무엇인가? 그것은 무엇보다도 그의 시, 수필, 산문, 번역에 풍부하게 편재해 있는 '인간성'에 관한 통찰력에서 오는 보편성 또는 일반성일 것이다. 위대한 문학은 생명공동체인 지구에서 함께 살아가는 인간과 자연 속에서 시간과 장소를 초월하는 일상적 삶의 '구체적 보편성'을 재현하는 것이기 때문이다. 피천득 문학은 이 보편적 인간성 위에 새로운 문화 윤리로 살과 피로 만들어진 인간에 대한 '사랑'(피천득의 '정'이 확대된 개념)을 내세운다. 이러한 소시민적 삶의 보편성은 그의 일상적 삶 속에 스며들어 피천득은 스스로 선택한 가난 속에서 살아가며 계절마다 항상 꽃, 새, 나무, 바다, 하늘, 별 등에 이끌려 살아가려고 노력했다. 피천득의 사랑의 철학은 석가모니의 '대자대비'(大慈大悲), 공자의 '인'(仁), 예수의 '사랑'에서 나온 것이리라. 피천득 문학을 통해 우리는 일상생활에서 사랑을 역동적으로 실천하고 작동시킬 수 있는 추동력을 얻어야 할 것이다.

  흔히 피천득은 작고 아름다운 시와 수필을 쓰는 고아하고 조용한 작가로 여겨지고, 격변의 역사를 살았던 그의 문학에 역사의식이나 정치의식이 부족함을 지적받기도 하였다. 한 작가에게 모든 것을 요구할 수는 없겠지만 피천득의 초기 작품부터 꼼꼼히 읽어보면 "조용한 열정"이 느껴진다. 1930년대 《신동아》에 실렸던 시 〈상해 1930〉과 특히 시 〈불을 질러라〉는 과격할 정도이고, 1990년대에 쓴 시 〈그들〉도 치열한 인류 문명과 역사비판이다. 그러므로 우리는 금아 문학을 순수한 서정성에만 가두지 말고 본인이 선언한 일종의 "소극적 저항"을 제대로 짚어내야 한다. 결단코 모국어 사랑, 민족, 애국심을 잃지 않았던 피천득을 균형 있게 이해하고 평가하려면 정치적 무의식을 염두에 두고 피천득 다시 읽기와 새로 쓰기를 위한 일종의 "대화적 상상력"이 필요할 것이다.

오늘날 피천득 문학은 문단과 학계에서 어떤 평가를 받고 있는가? 피천득의 일부 수필과 번역이 1960년대, 70년대에 국정교과서에 실리기 시작했고 1990년대부터 수필이 대중문학 장르로 부상하면서 피천득 수필의 인기는 "국민 수필가"라고 불릴 정도로 한때 매우 뜨거웠다. 그러나 문단과 학계에서는 타계한 지 15년이 가까워져 오는데도 피천득에 대해 합당한 문학사적 평가가 이루어지지 않는 듯하다.

그렇다면 저평가의 이유가 무엇일까? 피천득은 술, 담배, 커피를 못하기 때문인지 일체의 문단 활동이나 동인지 운동 등 소위 문단 정치에 참여하지 않았다. 그는 대한민국 예술원 회원 추천도 완강하게 거절하였다. 그를 작가로서 끌어주고 담론화하는 문단 동료나 국문학계 제자가 없는 것이다. 또 다른 이유라면 그가 써낸 작품 수가 매우 적다는 사실이다. 고작해야 시집 1권, 수필집 1권뿐이니 논의하고 연구할 것이 부족하다고 느끼는 것일까? 나아가 장르 순수주의를 높이 평가하는 우리 문단과 학계의 풍토에서 한 장르 전업 작가가 아니고 일생 영문학 교수로 지내며 시, 수필, 산문, 번역의 여러 장르 창작에 종사하였기에 논외로 던져진 것은 아닌지 모르겠다. 그러나 전통 학계에서 아직도 시, 소설 등의 주요 장르와 대비되는 주변부 장르이기 때문인지 그가 이름을 올린 수필 장르에서도 피천득은 진지하게 논의되고 있지 못하다. 이번 일곱 권의 피천득 문학전집 간행을 계기로 이러한 무지와 오해와 편견이 해소되어 피천득이 한국 현대 문단사와 문학사에서 온전하고 합당한 평가를 받게 되기 바란다.

올해 2022년은 영문학 교수로 지내며 시인, 수필가, 산문가, 번역가로 활동한 금아 피천득 선생이 태어난 지 112년, 타계한 지 15년이 되는 해다. 지금까지 출간된 그의 작품집은 번역까지 포함하여 선별되어 나온 4권뿐이다. 이 작품집들은 일반 대중 독자들에게 많은 사랑을 받아왔으나 고급독자와 연구자들에게는 아쉬움이 많다. 초기에 발표했던 신문, 잡지에서 새로이 발굴된 미수록 작품 다수가 수록되지 않았기 때문이다. 한 작가에 대한 온전한 논의와 연구를 위해 그 선행작업으로 그 작가의 전체작품이 들어있는 정본 결정판이 반드시 마련되어야 하는데 피천득의 경우 아직 마땅한 전집이 없다. 이에 편집자는 전 7권의 피천득 문학 전집을 구상하게 되었다.

편집자는 피천득 탄생 100주년인 2010년부터 10여 년간 피천득 문학 전집을 준비해왔다. 기존의 시집, 수필집, 셰익스피어 소네트집, 번역시집 4권의 작품집에 미수록된 작품들과 새로 발굴된 작품들을 추가했으며, 산문집, 영미 단편 소설집과 《셰익스피어 이야기》를 새로 추가했다. 이 7권의 피천득 문학 전집이 완벽한 결정판 정본(定本, Definitive Edition)은 아니지만 우선 피천득 문학의 전체 모습을 수립하는 데 도움이 되기를 바란다. 이것은 시작이고, 이번 전집은 디딤돌과 마중물에 불과하다. 이 전집은 의도하지 않은 오류가 있을 수 있다. 이 모든 잘못의 책임은 전적으로 편집자인 나에게 있다. 이후에 후학들에 의해 완벽한 결정판 전집이 나오기를 고대한다.

이제 《피천득 문학 전집》(전7권) 각 권의 내용을 대략 소개한다.

제1권은 시 모음집이다. 1926년 첫 시조 〈가을비〉와 1930년 4월 7일 《동아일보》에 실린 첫 시 〈찾음〉을 필두로 초기 시를 다수 포함하였다. 그리고 지금까지 나와 있는 시집들과 다르게 모든 시를 가능한 발표연대 순으로 배열하였다. 창작시기와 주제를 감안하여 시집의 구성을 1930년대에서 2000년대까지 총 8부로 나누어 묶었다. 이전 시집에 실려있지 않은 일부 미수록 시들 중에는 작품의 질이 문제되는 경우가 있다. 시 창작이 가장 활발했던 1930년대는 아기와 어린이 시, 동물시, 사랑의 시(18편), 번역 개작시(改作詩) 부분을 별도로 구성하였다. 피천득이 특이하게도 에드먼드 스펜서의 소네트 2편과 셰익스피어 소네트 154편 중 6편을 짧은 자유시와 시조체로 번안, 개작한 것도 창작으로 간주하여 이 시집에 실었다. 그것은 피천득의 이런 개작 작업이 단순한 번역 작업이기보다 개작을 통해 원문을 변신시킨 문학 행위로 '창작'이기 때문이다. 이런 노력은 서양의 소네트 형식을 한국시 전통과 질서로 재창조한 참신한 시도로 여겨진다. 이로써 일반독자나 연구자 모두 피천득 시 세계의 확장된 지형(地形)을 알 수 있을 것이다.

제2권은 수필 모음집이다. 기존의 수필집과 달리 본 수필집 역시 앞의 시집처럼 연대와 주제를 고려하여 크게 3부로 나누었다. 이 수필집에는 지금까지 미수록된 수필을 발굴해 실었다. 피천득은 흔히 수필을 시보다 훨씬 나중에 쓴 것으로 알려져 있으나 사실 그는 초기부터 수필과 시를 거의 동시에 창작하였다. 피천득은 엄격한 장르 개념을 넘어 시와 수필을 같은 서정문학으로 보았다. 예를 들어 어떤 수필은 행 갈이를 하면 한 편의 시가 되고, 어느 시는 행을 연결하면 아주 짧은 수필이 된다. 피천득 수필문학의 정수는 한 마디로 '서정성'이다.

제3권은 넓은 의미의 산문 모음집이다. 이 산문집에는 수필 장르로 분류되기 어려운 글과 동화, 서평, 발문, 추천사 그리고 상당수의 평설과 긴 학술논문도 일부 발췌하여 실었다. 여기서도 모든 산문 작품을 일단 장르별로 분류한 다음 발표 연대순으로 실어 일반독자나 연구자들이 일목요연하게 피천득의 산문 세계를 볼 수 있게 했다. 여기 실린 글 대부분이 거의 처음 단행본으로 묶였으므로 독자들에게 피천득의 새로운 산문 세계를 크게 열어 주리라 믿는다.

제4권은 외국시 한역시집인 동시에 한국시 영역시집이다. 피천득은 영미시 뿐 아니라 중국 고전시, 인도와 일본 현대시도 일부 번역하였다. 특히 이 번역집에는 기존의 번역시집과 달리 피천득의 한국시 영역이 포함되었다. 피천득은 1950, 60년대에 자작시 영역뿐 아니라 정철, 황진이의 고전 시조, 한용운, 김소월, 윤동주, 서정주, 박목월, 김남조 등의 시도 영역하여 한국문학 세계화의 역할을 담당했다. 이 부분은 문단과 학계에 거의 처음으로 공개되는 셈이다. 한역이건 영역이건 피천득의 번역 작업은 한국현대문학 번역사에서 하나의 전범이자 시금석이 되고 있다.

제5권은 셰익스피어 소네트 번역집이다. 피천득은 1954~55년 1년간 하버드대 교환교수 시절부터 60년대 초까지 셰익스피어 소네트 154편 전편 번역에 매진하였다. 그 결과 그의 소네트 번역집은 셰익스피어 서거 400주년이 되는 1964년 출간된 셰익스피어 전집(정음사) 4권에 수록되었고, 훗날 단행본으로 출간되었다. 역자 피천득이 직접 쓴 셰익스피어론, 소네트론, 그리고 소네트와 우리 전통 정형시 시조

(時調)를 비교하는 글까지 모두 실었다. 이 번역시집은 일생 셰익스피어를 사랑하고 존경했던 영시 전공자 피천득의 능력이 충분히 발휘된 노작이며 걸작이다. 독자들의 편의를 위해 소네트 영문 텍스트를 행수까지 표시하여 번역문과 나란히 실었다.

제6권은 외국 단편소설 6편의 번역집이다. 이 단편소설 번역은 해방 전후 주로 어린이들과 청소년을 위한 것으로, 피천득은 일제강점 초기부터 특히 어린이 교육에 관심이 높았다. 피천득은 새로운 근대민족 국가를 이끌어갈 어린이들을 제대로 가르치는 일, 특히 문학으로 상상력 함양교육을 강조했다. 1908년 최남선의 한국 최초 잡지 《소년》이 창간되었고, 1920년대부터 소파 방정환의 글을 비롯해 많은 문인이 아동문학에 참여하였다. 이 6편 중 알퐁스 도데의 〈마지막 수업〉과 〈큰 바위 얼굴〉은 개역되어 국정 국어 교과서에 실렸다. 독자들의 편의를 위해 일부 단편소설의 서양어 원문 텍스트를 부록으로 실었다.

제7권은 19세기 초 수필가 찰스 램과 메리 램이 어린이들을 위해 쓴 《셰익스피어 이야기들》의 번역집이다. 램 남매는 셰익스피어의 극 38편 중 사극을 제외하고 20편만 골라 이야기 형식으로 축약, 각색, 개작하여 *Tales from Shakespeare*(1807)를 펴냈다. 피천득은 1945년 해방 직후 경성대 예과 영문학과 교수로 부임한 뒤 어렵지 않은 이 책을 영어교재로 택했고, 그후 서울 시내 대학의 영어교재로 이 책이 많이 채택되었다고 한다. 피천득은 이 책을 영어교재로 가르치면서 틈틈이 번역하여 1957년 단행본으로 출간하였는데, 기이하게도 이 번역본을 아무도 주목하지 않았다. 그동안 별로 알려지지 않았던 번역 문학자 피천득의 위상을 이 번역본이 다시 밝혀주는 계기가 되기를 기대한다. 번역본의 작품배열 순서가 원서와 약간 다르나 역자 피천득의 의도를 존중해 그대로 두었다. 또한 번역문은 현대어법에 맞게 일부 수정하였음을 밝힌다.

각권마다 끝부분에 비교적 상세한 '작품 해설'을 달았다. 피천득을 처음 읽는 독자들에게 도움이 되었으면 좋겠다.

지난 수십 년 동안 편집자가 금아 피천득을 계속 읽고 꾸준히 글을 쓰는 것은 나 자신을 갱신하고 변신시키기 위함이었다. 나는 금아 선생을 사랑하고 존경하는 대학 제자이고 애독자지만 금아 선생을 닮은 구석이 하나도 없어 항상 부끄럽다. 주로 학술 논문만을 써온 나는 단순하지 않고 복잡하고 여유도 모르고 바쁜 삶을 살아왔다. 글도 만연체라 재미없고 길기만 하다. 나의 어지러운 삶과 둔탁한 글에 금아 선생은 해독제(antidote)이다. 정면교사이신 금아 선생의 순수한 삶과 서정적 글을 통해 방만한 나의 삶과 복잡한 나의 글을 정화해 거듭나고 변신하고 싶다. 이번 금아 피천득 문학 전집(전 7권)을 준비해온 지난 십수 년은 내가 닮고 싶은 피천득의 길로 들어가는 "좁은 문"을 위한 하나의 단계에 불과하다. 앞으로 여러 단계를 거친다면 금아 피천득의 삶과 문학의 세계로 조금이라도 다가갈 수 있을까?

이 책을 준비하는데 많은 분들의 도움이 있었다. 우선 금아피천득선생기념사업회의 일부 재정지원이 있었다. 변주선 전 회장, 조중행 회장, 그리고 피천득 선생의 차남 피수영 박사, 수필가 이창국 교수의 실질적 도움과 끊임없는 격려가 없었다면 이 전집은 출간되지 못했을 것이다. 또한 이 전집을 위해 판권을 흔쾌히 허락해주신 민음사㈜에도 고개 숙여 감사드린다. 최종적으로 출간을 맡아주신 지난날 피천득 선생님과 친분이 두터우셨던 범우사 윤형두 회장을 비롯해 윤재민 사장, 김영석 실장, 신윤정 기자 그리고 윤실, 김혜원 선생에게 큰 고마움을 전한다.

그리고 마지막 단계에서 피천득문학전집 간행위원회에서 출판 후원금 모금 등 열성적으로 도움을 베풀어주신 변주선 위원장님, 서울대 영어교육과 동창회장 김선웅 교수와 영어교육과 안현기 교수, 그리고 총무 최성희 교수에게 깊은 감사를 드린다.

끝으로 물심양면으로 헌신하시는 금아피천득선생기념사업회의 초대 사무총장 구대회 선생과 현 사무총장 김진모 선생님께도 뜨거운 인사 드린다. 아울러 이 전집 발간을 위해 기꺼이 기부금을 희사하신 많은 후원자님들께도 큰 절을 올린다.

지난 십여 년간 이 전집을 위해 자료 수집과 입력 등으로 중앙대 송은영, 정일수, 이병석, 허예진, 김동건, 권민규가 많이 애썼다. 그리고 지난 10여 년 간 아내의 조용하지만 뜨거운 성원도 큰 힘이 되었다.

많이 늦었지만 이제야 전 7권의 문학 전집을 영원한 스승 금아 피천득 선생님 영전에 올려드리게 되어 송구할 뿐이다.

피천득 선생 서거 15주기를 맞아
2022년 5월
남산이 보이는 상도동 우거에서
편집자 정정호 삼가

차 례

제1부 : 동화

제2부 : 서평, 추천사, 서문, 축사

제3부 : 평설과 논문

제4부 : 낭만시론

금아 피천득

피천득이 쓴 최초의 서평 〈《노산시조집》을 읽고〉(上),

《동아일보》 1932년 5월 15일자에 실린 첫회분(上)의 첫 페이지.

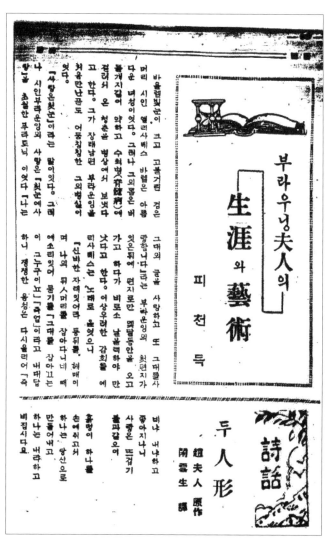

부라우닝夫人의

生涯와 藝術

피천득

詩話

두人形

趙夫人 原作
閣露生 譯

피천득이 쓴 최초의 평설 〈부라우닝 부인의 생애와 예술〉.
《신가정》 1933년 1월호(창간호)에 실린 첫 페이지.

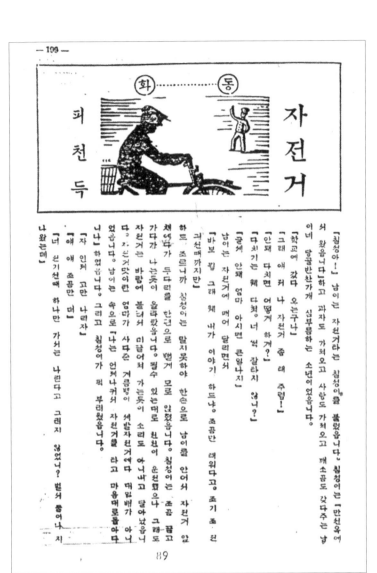

화·······동

피천득

자전거

「침정아─」 남이는 자전거라는 침정이를 불렀읍니다」 침정이는 「만선우어
서 왔읍니다」하고 과자도 가져오고 사랑도 가져오고 깨소금도 갔다주는 남
이에 당굴반찬가개 심부름하는 소년이었읍니다.

「학교에 갔다 오는구나」

「그래 애 커 나 자전거 좀 태 주렴!」

「안돼 다치면 어떻게 하게?」

「다치기는 웨 다쳐.너 뭣 잘타지 않니?」

「글세 안돼 엄마 아시면 큰일나지」

남이는 자전거에 먹어 달리면서

「바보 같 그래 웨 내가 이야기 하드냐. 조끔만 태워다고 조기 조 원
괴선맥까지만」

하드 조끄니까 침정이는 말지못하야 한손으로 남이를 안어서 자전거 앞
체얹다가 나둔동 올래앉읍니다. 침정이는 조끔 끔
가다가 나둔동 불너서 미끌어쳐 가는듯이 소리도 아니내고 달아놓읍니
다. 자전거는 바람에 불니여 사다순 겔름빙이 세발자전거에다 때밀배가 아니
었읍니다. 남이는 속으로 「나는 언제나커서 자전거를 라고 마음대로를 아다
니나」하엿읍니다. 그리고 침정이가 퍽 부러웠읍니다.

「자 인제 고만 나리자」

「애 애 조끔만 더」

「너 뉘기선때 하나만 가거는 나린다고 그러지 않었니? 벌써 둘어나
나 왔는데

피천득이 쓴 최초의 동화 〈자전거〉.
《신가정》1934년 2월호에 실린 첫 페이지.

美國文學界의 女流作家

皮 千 得

英國文學史上에 처음으로 이름난 女流小說家는 마크틔인의 「허클베리핀」와 가장 맛선 美國의 生活의 길 말하는 大小說의 하나라고 美國 東北部介·임命家로 유명한 「大地」(The Good Ear) 로 알려진 女史(一八四九一九〇〇)입니다. 그의 作品傑選 (一八九二一)와 그의 女流作家 (一八九二一)를 비롯하여 一九三八年에는 그의 文學的 功

인金陵大學敎授 짠·뻐크氏와 結婚後에도 男便따라하고 나一빵賞의 授與된 美國 女流作家로 처음입니다. 그는 白人作品 펼쳐처서 中國사람 속에서 산 當時에도 中國古典에도 熱情을 가지는 바가다 스스로 自己가 가장 關心을 가진 바것이 中國人의 生活이라고 말함 있어습니다. 그의 外國人의 한자 말입니다. 一九三六年度 피츨의 쎌런의 「바람과 함께 사라지다」(Cone With The Wind)의 作家는 마가례트·미첼(Margaret Julia Mitchell)입니다 男性以上의 힘 드러난 女流作家입니다.

一九三五年 「나만이」 란 작품으로 퓰리저·賞을 받은 美國 女流作家는 그의 光榮을 처음입니다.

「바람과 함께 사라지다」(Cone With The Wind)의 作家는 마가례트·미첼(Margaret Julia Mitchell)입니다. 男性以上의 힘 드러난 女流作家입니다.

그리고 유머라가보다 더 機智的인 短篇 小說家로 有名한 도로시·파크(Dorothy Parker)(一八九三一)는 신랄 있어 여자로 있

피천득의 평설 〈미국 문학계의 여류작가〉.
《부인》1949년 19호에 실린 첫 페이지.

英美語學文學叢書 3

英 詩 槪 論

韓國英語英文學會 編

執　筆

英美詩論·····················崔 昌 鎬
韻 律 論·····················朴 琪 烈
古代詩에서 古典詩 ········吳 碩 奎
浪 漫 詩·····················皮 千 得
現 代 詩·····················金 宗 吉

新 丘 文 化 社

피천득의 영국 낭만주의 시론 〈낭만시론〉이
실린 《영시개론》(한국영어영문학회편, 1960)의 속표지.

제1부
동화

자전거

"칠성아!"

남이는 자전거 타는 칠성이를 불렀습니다.

칠성이는 '만선옥에서 왔습니다' 하고 과자도 가져오고 사탕도 가져오고 깨소금도 갖다 주는, 남이네 단골 반찬 가게 심부름하는 소년이었습니다.

"학교에 갔다 오는구나!"

"그래, 얘 너 나 자전거 좀 태워 주렴!"

"안 돼, 다치면 어떻게 하게?"

"다치기는 왜 다쳐. 너 썩 잘 타지 않니?"

"글쎄, 안 돼. 어머니가 아시면 큰일 나지."

그래도 남이는 자전거에 매달리면서,

"바보, 뭘 그래. 왜, 내가 이야기하더냐. 조금만 태워다오, 조기 조 전봇대까지만."

하도 조르니까 칠성이는 마지못해 한 손으로 남이를 안아서, 자전거 앞채에다가 두 다리를 한편으로 뻗게 모로 앉혔습니다. 칠성이는 조금 끌고 가다가 나는 듯이 올라탔습니다.

될 수 있는 대로 천천히 운전했으나, 그래도 자전거는 바람에 불려서 미끄러져 가는 듯이 소리도 아니 내고 달아났습니다.

자전거 맛이란 엄마가 사다 준 게으름뱅이 세발자전거에다 댈 바가 아니었습니다.

　남이는 속으로,

　'나는 언제 커서 자전거를 타고 마음대로 돌아다니나'

하였습니다. 그리고 칠성이가 퍽 부러웠습니다.

　"자, 인제 고만 내리지."

　"얘 얘, 조금만 더 가자."

　"너 전봇대 하나만 가서는 내린다고 그러지 않았니? 벌써 둘이나 지나왔는데."

　"그래도 얘 조금만 더 가자. 내 다시는 태워 달래지 않을 테니."

　"뒤돌아다보지 말어!"

　"응 그래, 앞만 볼게. 얘 저 내 장난감들 구경시켜 줄게. 우리 집까지 아주 태워다 주렴! 자동차, 마차, 집 짓는 나무, 별것 다 있단다."

　칠성이는 남이가 하도 타고 싶어 하는 것이 애처로워서,

　"그럼 그러자!"

　그 대답이 떨어지자 남이는,

　"아이고 좋아라!" 하며 우쭐댔습니다.

　"까불면 떨어져요! 참, 그러나 저러나 내려서 걸어가다가 타야지 되겠다. 저 순사가 보면 잡아가요."

　남이는 순사란 말에 무서워서 하는 수 없이 내렸습니다.

　자전거에서 내리니 볼기짝이 좀 아프고 핸들을 꼭 쥐고 있었으므로, 손에 땀이 촉촉이 났습니다. 남이는 두 손을 바지에다 문지르고, 저만치 가서 기다리고 있을 칠성이를 쫓아갔습니다.

　그들은 순사 쪽을 다시 한 번 바라보고 다시 자전거를 타고 얼마쯤 달아났습니다.

그때 앞바퀴에서 '스르르' 하는 소리가 들렸습니다. 남이가 보니까 제 구두가 앞바퀴 가장자리에 스쳐서 그런 소리가 나는 것이었습니다.

남이가 재미있다는 듯이 제 구두 끝에 더 가까이 갖다 댔더니 이번에는 '치익 치익' 하는 소리가 납니다.

"애, 발 대지 말어! 너 발이 바퀴에 가 끼면 부러진다. 또 한번만 그래 봐라. 내려놓을 테니."

남이는 얼른 발을 치웠습니다.

그러나 얼마 아니 있다가 다시 그 스치는 소리가 재미나서 자꾸 갖다 대고 싶었습니다.

'대볼까? 그러다가 정말 발목이 부러지면 어떡해. 대볼까? 안 돼!'

남이는 몇 번이나 발을 대려다가는 말고, 대려다가는 말고 하였습니다.

그러다가,

"아!"

남이는 울기는 우는데, 웬일인지 제 울음소리가 아니 들리고, 눈앞이 캄캄해졌습니다.

남이는 정신이 들어 눈을 떠 보니까, 전깃불이 들어와서 방 안은 환한데, 엄마가 슬픈 낯으로 제 발을 들여다보고 있습니다.

발 하나는 하얀 붕대로 감겨 있었습니다.

남이는 울음이 북받쳐서 그만 울어버렸습니다.

"울지 말어 남아, 엄마가 여기 있는데 울기는 왜 울어. 울면 더 아파요. 글쎄 울기는 무얼 울어. 사내대장부가 다치기로서니 예사지."

남이는 엄마 달래는 목소리에 서러워서 손으로 눈을 가리고 막 울었습니다.

"인제 알고 보니까 내가 못난이를 낳아 놓았네! 울기는 왜 울어? 오늘밤에 엄마가 꼭 안고 자면 내일 아침에는 감쪽같이 나아버릴 텐데!"

남이는 그처지지 않는 울음을 억지로 참으면서 말했습니다.

"엄마, 발이 자꾸 아퍼, 부러졌나 봐."

"원, 별소리를. 그렇지만 엄마는 퍽 놀랐단다. 그 나쁜 바퀴 쇠 바늘이 바로 복사뼈 옆을 뚫어서 그만 살점이 이만큼 떨어져 달아났구나. 엄마 가슴이 얼마나 아프겠니?"

"엄마, 그럼 내 살점은 찾아다가 붙여 주었어요?"

엄마는 웃으면서 말했습니다.

"그까짓 헌 살은 붙여서 무얼 해. 엄마가 약 발라 주었으니까 인제 하얀 새살이 나온단 말이야."

"엄마, 참 칠성이도 다쳤겠지?"

"아니, 칠성이는 괜찮아. 그렇지만 칠성이도 칠성이지, 글쎄 어쩌자고 어린아이 하자는 대로 한담."

"엄마, 아니야. 내가 자꾸자꾸 졸라서 칠성이가 할 수 없이 태워 주었어. 그리고 바퀴에 발 갖다 대지 말라는 걸 내가 자꾸 대다가 그랬지, 그 아이는 좋은 애야. 엄마, 그래 칠성이를 야단쳤어요?"

"아니, 야단이야 무슨 야단. 그러지 않아도 무어라고 그럴까 봐 벌벌 떨고 있는걸."

그때, "남아!" 하고 힘없이 부르는 소리가 났습니다.

엄마가 창을 열고 내다보니까 칠성이가 그때까지 가지 않고, 햍쑥한 얼굴로 서 있었습니다. 엄마는

"아이고, 네가 여태까지 안 가고 서있었구나. 나는 그것도 몰랐

지. 남이는 괜찮다. 염려 말고 어서 가거라. 너희 주인이 어디 가서 안 온다고 걱정하겠다."

"칠성이에요? 엄마."

"그래, 여태 안 가고 밖에서 지키고 있었구나. 다리는 오죽이나 아프겠니? 괜찮으니 어서 가라고 그래라. 너 때문에 괜히 고생을 시키는구나."

"엄마, 칠성이더러 방으로 들어오라고 그래."

"늦었지만 잠깐 들어왔다가 가렴, 얘가 들어오라고 그러는구나."

남이는 칠성이를 보더니, 방그레 웃으면서 일어나려고 합니다.

엄마는 남이를 붙들어 뉘면서,

"얘가 왜 이래. 일어나면 안 돼!"

"아니야, 엄마. 나 좀 일으켜 줘. 저 벽장에서 내 장난감들 갖다가 칠성이 구경시켜 줄 테야."

(1934)

꿀 항아리

정남이와 정옥이는, 날마다 어머니 몰래 가만가만 다락으로 기어 올라가서, 사기 항아리 속에 든 꿀을 퍼서 먹고는 고양이들 모양으로 혓바닥으로 입을 핥으면서 내려오고는 하였습니다.

어머니는 정남이와 정옥이의 버릇을 알고, 하루는 자물쇠를 갖다가,

"이렇게 잠가 두어야지. 요것들이 못 들어가지"

하면서, 고만 다락문을 자물쇠로 채워버렸습니다. 그때 어머니는 정남이와 정옥이가 밖에 놀러 나간 줄로만 알았었어요. 그런데 정말은 지금 다락 속에 들어가서 꿀을 먹고 있었습니다.

다락문을 잠근 뒤에 조금 있다가 어디선지 정남이와 정옥이가

"엄마아", "엄마아"

하고, 엄마 찾는 소리가 났습니다. 엄마는 정남이하고 정옥이하고, 어디서 저렇게 엄마를 찾나 하고, 뒤뜰로 가보았습니다. 뒤켠에는 아무도 없었습니다.

또 어디선지,

"엄마아", "엄마아"

하고, 무서워서 부르는 것 같은 소리가 들렸습니다.

여러분, 정남이와 정옥이가 어디 있나요? 다락에 있지요. 엄마는 그것도 모르고 사랑방에 들어가 보았습니다. 거기도 없겠지요. 또,

"엄마……", "엄마……"

울면서 찾는 소리가 들립니다.

엄마는 이상해서 어쩔 줄 모르고 쩔쩔매다가, 옆집으로 찾아 갔습니다. 거긴들 있을 리가 있나요. 없지요.

가엾은 어머님은, 동네 이집 저집을 찾아다닙니다. 그러나 다들 오지 않았다고 해요. 그래서 달음박질로 과자가게로 가봤습니다. 거기나 웬걸 있나요. 이번에는 유치원엘 가보았습니다.

유치원 선생님은,

"벌써 아까 가곤, 다시 놀러오지 않았는데요"

하고 근심을 하십니다.

이번에는 혹시 아저씨 회사에나 찾아가지 않았나 하고 찾아가 보았더니 거기도 없어요. 엄마는 슬프고 기운이 죄 빠졌으나, 그동안에 정남이하고 정옥이하고 집으로 돌아오지는 않았나 하고 부리나케 집으로 왔습니다.

"엄마, 문 열어주어!"

"문 열어!"

하는 정남이와 정옥이의 목소리가 나더니, 다락문을 발로 차는 소리가 납니다.

"아이고머니나!"

하고, 엄마는 신발을 신은 채 안방으로 뛰어 들어가서, 다락문을 열어보니까, 정남이와 정옥이는 어떻게 울었는지, 눈이 다 부었겠지요. 엄마는 가엾어서 야단도 안 했습니다. 그런데 다락 안에서 정남이와 정옥이는 꿀 한 항아리를 다 먹었더랍니다.

(1946)

제 2 부
서평, 추천사, 서문, 축사

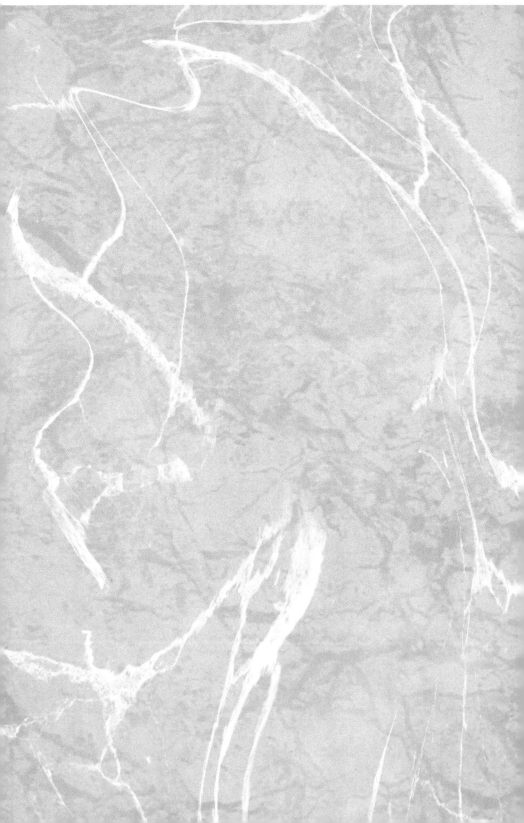

《노산 시조집》을 읽고

상

　시조(時調)는 천년의 역사를 지녔다. 그리하야 2백의 작가를 내고 2천의 작품을 남겼다. 그들과 그리고 그들의 작품은 우리 문학사의 적지 않은 정채(精彩)가 될 것이며 역사를 통하여 우리의 심금을 울려준 시인이 혹은 인생을 말하고 혹은 자연을 노래하여 그들의 문학적 활동을 오늘에까지 전하는 것이 사실이다. 그 중에도 "다정을 병이라" 한 이조년(李兆年) 같은 분이 남기고 간 정서는 적다 못할 것이오 "넋이야 있고 없고 뜻은 못 변하겠다" 한 정몽주와 같은 이가 끼친 사상도 매우 컸다.

　그러나 최근에 와서 우리는 우리의 모든 것은 잃어버림과 아울러 시조도 한 개의 망각에 돌려 보냈던 것이다. 그러다가 지금 뜻깊은 학자와 새 시인들이 귀한 명맥을 회소(回蘇)하려고 한편으로 고전을 간수하고 한편으로 창작을 거듭하게 된 것은 의미 깊은 일이라 할 것이며 이 부흥운동의 결정처의 하나로 《노산 시조집》이 출현한 것은 경하한 일이라 하겠다.

　노산은 명상적 시인이오 사색적 작가다. 그가 서양에 낳더라면 '드링크워터(Drinkwater)'와 같이 '고요한 목장을 거니는 명상시인'이라는 말을 들었으리라마는 동양사람인 까닭에 깊은 밤에 혼자 누워 "새도록 풍경소리 들리고 잠못 이뤄" 하는 시조작가가 된 것이다. 《노산시조집》 중에 1편 〈성불사의 밤〉은 그의 이 경지를 가장 잘 보여주고 있으며 "이윽고 고개를 들어 집선봉集仙峯을 바라보더라" 또는 "내 본성 구름을 즐기매 구름따라 가노라"와 같은 시구도 객관적 묘사라 하겠으나 그의 정서의 일면목을 나타내는 것으로 본다. 그러나 그가 명상적이고 명상적 인물에게서 흔히 보는 애수적이면서 밝고 맑고 아름다운 빛이 시조 장장章章에 넘친다는 것이 특징이라 하겠다.

그 언제 님의 아호 '月'자 넣어 지어주고
지금도 달을 바라보면 그 님 생각 합네다

소식이 끊이오매 안부安否를 알길 없어
저 달도 점치는줄은 님도 아마 모르시리

흐린 달을 보면 무삼 걱정 게시온지
내 맘도 깊은 구름에 쌓이는 줄 압소서

하마 밝아지신가 창밖을 보고 또 보고
새벽만 환하시오면 그제 안심 합네다.

어느 땐 너무 밝아 너무 밝음 밉다가도
그 기쁨 생각하옵고 도로 축복합네다.

슬픈 사랑이라도 아름다운 사랑이면 결코 불행은 아니다. 잃어버린 애인의 영靈을 가슴에 안고 그를 위하여 복빌며 산다는 것은 매우 갸륵하고 힘있는 생활이다. 테니슨의 《인 메모리엄》에 "사랑을 하고 잃은 것은 아니한 것보다 낫다"고 한 것은 이를 가리킴이 아닐까? 영육합치의 사랑은 이상이라 하지만 진정 아름다운 사랑은 성욕性慾을 정화한 플라토닉 러브인가 한다.

>   매화꽃 졌다 하신
>   편지를 받자옵고
>   개나리 한창이란
>   대답을 보내었소
>   둘이 다 '봄'이란 말은
>   차마 쓰기 어려워서

말은 짧으나 여운 여정이 한편 석줄은 조선문학에서 아마 볼 수 없을 것이요, 어느 나라 말로 된 글에서도 가장 아름답고 애끓는 보배가 될 것이다. 고금古今을 통하여 봄을 읊은 노래 몇천 수 및 만 수요 사랑을 노래한 시 또한 만을 지나 이 한편 같이 타는 가슴 애끓는 정을 쏟을 글이 또 어디 있으리오. 억압한 감정(Sternly Bridled Emotion)이 조선적임을 더욱 좋아한다.

>   그 옛날 이 모래 위에 서로 쓴 두 이름은
>   흐르는 물에 씻겨 길이 길이 같이 있으리
>   몸이야 나뉘시온들 한恨할 줄이 있으랴

노산이 이름 쓴 그 순간이 보배 아닌가. 모두 다 슬픈 것을 사랑이라 질혼이라 살림살이라. 이 모든 것이 슬퍼 없어지지 않는가. 그러나 실제를 초월하여 사랑을 믿고 인생을 믿고 아름다운 기억이라도 믿는다면 물 위에 같이 떠가는 이름인들 왜 나뉘리요.

거닐다 깨달으니 몸이 송림松林에 들었구나
고요히 흐른 달빛 밝기 아니 황송한가
그늘 저 어두운 곳만을 골라 딛는 이 마음

이렇게 갸륵한 심정을 "떨어져 땅 위에 깔린 꽃잎 밝기 황송하다"는 춘원春園의 시조에서도 뽑았거니와 자연을 사랑하는 마음, 미美를 아끼는 마음, 떨어져 깔린 꽃잎을 어려워하는 마음, 혹은 달빛조차 못 밟는 이러한 마음, 누구나 다 가졌으면! 세상 사람이 다 이 심정의 주인이라면 착취를 누가 하리오 싸움이 왜 있으리. 혁명이란 말조차 아니 생겼으리라.

중

강산을 둘러보소 내 집 없는 아우형들
등지고 서로 헤쳐 가시는 양 보옵시오
해진 뒤 돌아올 곳 있음을 부끄러워 하노라

이 글을 읽는 이 중에는 그들 미지근한 인정주의라고 비난할 이

도 있을 것이나, 위대한 혁명가나 진정한 투사는 이러한 심정을 안 가
지고는 도저히 못될 것이다. 그는 조선을 끔찍이 사랑하는 시인이다.
이 사상을 담은 그의 시조들은 사정事情으로 말미암아 이 책에 실리지
못할 줄 생각하거니와 "기寄〈청조靑鳥〉" 한 편에서만도 능히 그의 애
국심을 엿볼 수 있다.

> 청조야 날아오며 어디어디 보았나니
> 녹수 장림綠水長林이 이만한 곳 어디드뇨
> 조선이 아름다운 줄을 전해준들 어떠리

> 내 고향 남쪽 바다 그 파란 물 눈에 보이네
> 꿈엔들 잊으리오 그 잔잔한 고향바다
> 지금도 그 물새들 날으리 가고파라 가고파

　파란 물은 어데인들 없으리요 잔잔한 바다 그 위로 날아다니는
물새도 그리 귀하지는 않으리라. 그러나 그가 못 잊어 하는 물, 그가
생각하는 새, 그가 가고 싶은 바다는 둘도 없는 그 '물'이요 그 '바다'
요. 그 '새'일 것이다. 내 목소리가 '그'라는 음을 낼 때, 나는 시인이 말
하는 물과 바다와 새를 완전히 본다. 이 시조에 있어서 또 하나 나를
탄복하게 하는 것은 종장마다 "가고파라 가고파"와 같이 같은 말을 되
풀이하여 애달프고 안타까운 열모熱慕를 간곡하게 표현한 것이다.
　이 구절을 읽으면서 애란시인愛蘭詩人 예이츠(1865~1939)가 향수를
읊은 〈이니스프리의 호도湖島〉가 연상되었으니 "I will arise and go
now, and go to Innisfree." 나 이제 일어나서 가려네, 가려네. 〈이니

스프리〉라고 한 그 시의 첫머리는 동방이곡同方異曲이라 하겠다. 상상想에 있어서도 이 두 시인이 다같이 여수旅愁를 노래했으나 "그리고 벌소리 들으면서 나 혼자 살라네" 한 예이츠와 "가서 한데 얼려 옛날같이 살고지라" 한 노산과는 인정미人情味에서 있어서 큰 차이가 있음을 본다.

영시에 또 하나 여수를 읊은 〈The South Country〉(조선으로 치면 '삼남三南'이랄까)라는 것이어서 비평가들은 이것을 매우 칭찬하는 모양이다. 내가 보기에는 "가고파"에 비길 것이 못 된다 하겠다.

하

"가고파"에 이어서 말하고 싶은 것은 몽환공상夢幻空想과 자유동경自由憧憬을 가득 실은 〈새가 되어 배가 되어〉라는 일편이다. 이것은 시상으로 보아 예이츠의 〈백조白鳥〉와 매우 같다 하겠으나 이러한 시에 있어야 할 신비와 상징의 기분이 박약하였다. 그러나

내 소리 높여 너를 찾아 부르나니
내 이제 소리를 높여 너를 찾아 부르나니

이와 같이 중장을 종장에서 다시 되풀이함으로 표현으로나 리듬으로나 큰 효과를 얻은 것은 성공한 첫시험이라 하겠다.

성거산 가을 저녁 검고 붉고 누르오고

산 넘어 긴 하늘은 쪽 푼 듯이 푸르른데
떨어진 흰빛 한 줄기 박연朴淵이라 하더라

  말로 색을 칠하여 그림 이상의 미술적 표현을 하였으며 "떨어진
흰빛 한 줄기"라 한 어구는 폭포라는 명사보다는 더 완연히 폭포를 연
상케 한다. 이 대작大作 박연朴淵 십수十首와 아울러 기교의 극치라 할
"십이폭十二瀑"이 있음을 말하여 둔다.

천하 뇌고인天下惱苦人들아 밤 빗소리 듣지마소
두어라 이 한 줄밖에 더 써 무엇 하리오

  말을 아낌으로써 더 애절한 감을 준 것은 놀랄 만한 수법이다. 그
러나 이것은 기교가 아니다. "붓을 들었사오나 쓸 말이 없습니다" 한
어떤 편지와 같이 참으로 번고煩苦에 타는 가슴이라면 무슨 말을 더
쓰리오. 기교에 있어서

  "아니오 나는 모르오 그대 대답하시오"

한 것이나

  "웃가지 꽃봉오리 아랫가지 낙화로다"

한 것이나

"올라서 마른 나무와 나란히 서볼까"

한 시장詩章들은 버리기 아까운 것들이다.

자연을 사랑하는 이는 참으로 인간을 사랑하고 인생을 지극히 사랑하는 이라야 참으로 자연을 사랑할 수 있나니 그러므로 자연시인과 인생시인은 구별하기가 매우 어렵다. 그러나 대체로 보아서 나는 노산을 자연시인이라기보다도 인생시인이라 하겠다.

그의 2대 기행시조 편 〈송도행〉과 〈금강행〉을 읽어 본다면 전자에 있어서는 박연을 제하고는 거의 전통적 무상을 노래한 고전형古典型에 지나지 않고 후자에 있어서는 금강金剛의 미묘장려美妙壯麗를 어디까지는 읊었다 하겠으나 내가 속되어서인지 그다지 심금은 울리지 않는다. 나로서 그의 대표작을 든다면 〈꿈은 지나가고〉와 〈양장兩章 시조 시작試作편〉 가운데 실린 것들이라 하겠다.

끝으로 노산은 정서로나 사상으로나 기교로나 양장시조와 같은 새 형식을 창작하였다는 것으로나 시조의 제1인자라는 예찬을 받을 만하다는 것과 그가 아직 30대이니 앞으로 더 큰 활동을 기대할 수 있다라는 것을 말하여 둔다.

(1932)

안데르센 원작 동화집 《미운 오리새끼》를 읽고

주요섭 선생이 번역하신 안데르센 동화 선집 《미운 오리새끼》가 발행된 것은 참으로 반가운 일입니다. 나는 예전에 여러 번 읽었고 이 이야기들 속에서 새삼스럽게 흥미와 감명을 느꼈습니다. 오랫동안 녹이 슬었던 마음이 환히 닦아지는 것 같았습니다. 얼었던 혈관이 다시 흐르는 듯하였습니다. 잊어버렸던 황홀한 시절을 다시 보았습니다.

안데르센의 동화가 위대한 것은 첫째로 그가 단순한 옛날 이야기꾼이나 기괴한 전설 또는 우화 수집자가 아니고 풍부한 창작력을 가진 작가인 까닭입니다.

그의 동화는 모두 그가 창조한 작품입니다. 그림〔독일의 동화작가〕과 같이 자연발생으로 생긴 옛날이야기를 다시 쓴 것이 아닙니다. 두 번째로는 그가 낭만적 이상주의자인 까닭입니다. 이 번역집의 타이틀 스토리인 안데르센의 자서전을 상징화한 〈미운 오리새끼〉나 아름답고 슬픈 〈낡은 길〉이나 모두 찬란한 상징과 높은 인도주의적 이상을 보여줍니다.

인류의 문예사조가 어떻게 흐르든지 안데르센의 동화는 생명이 길 것입니다. 아이들은 누구나 언제나 이상주의자요 낭만주의자인 까닭입니다. 아이들뿐만 아니라 어른들도 안데르센의 동화를 좋아합니다. 왜 그런고 하니 이 초현실적 상상세계에는 엄연한 현실이 얽혀 있는 까닭입니다. 안데르센은 고무팽이, 전나무, 바늘풍뎅이, 성냥팔이 소녀, 낡은 길 등, 미운 오리새끼와 같은 현실적 취재를 가지고 찬란한 상상의 궁전을 지었습니다. 그러므로 그의 동화 속에는 심각한 인간생활면이 숨어 있습니다. 번역의 효과에 있어서는 원작을 읽지 못한 나로서는 무어라 단정할 수 없으나, 의역보다 조금도 못지않게 자연스럽습니다. 까칠까칠한 데가 없고 말이 또렷하고 맑은 정서가 흐릅니다. 또 매우 자연스럽습니다.

(1953)

존 스타인벡, 《하늘의 목장》(심명호 역) 서평

이 소설도 스타인벡(John Steinbeck, 1902~68)의 작가 고향인 캘리포니아주 한 지방을 배경으로 하고 있어 지방색이 농후하다. 소설은 12부로 구성되어 있으며 이 한 부 한 부는 매우 재미있는 단편으로 독립시킬 수 있을만치 완전성을 가지고 있다. 그러나 이 각부는 서로 유기적 연관성을 가지고 있으며 물론 같은 배경 속에 놓여 있다.

등장하는 인물들은 대개가 가난하고 낙오된 사람들이고 청소년까지도 병적이라고 할 만큼 앱노멀(Abnormal)한 성격의 소유자들이다. 그러나 그들은 본질적으로 순진하고 소박한 사랑을 받을 만한 사람들이다.

이 소설에서 스타인벡은 무자비하게 현실을 폭로하고 있으나 그속에서는 센티멘탈한 끝없는 인간 애정이 흐르고 있다. 이 조화를 잃은 리얼리즘과 로맨티시즘의 혼선이 스타인벡의 특징인가 한다.

이 번역은 힘 안 들이고 읽을 수 있을만치 원문에 충실 정확하다.

(1960)

《영미 명시선》(박희진 역) 서문

영국이 인류에게 공헌한 것 중에 가장 큰 것은 문학이요, 그 문학의 주체가 되는 것은 시가입니다. 이 시들 속에서 우리는 고귀한 사상과 감정에 부딪힐 수 있는 것입니다.

옛날부터 오늘에 이르기까지 사조의 변천이 있기는 하지마는 영시의 본질에는 다름이 없습니다. 그것은 자연 찬미, 이성과 가정 그리고 나라에 대한 사랑, 영혼에 대한 신념, 이런 것들입니다.

이 사화집에 담긴 시편들은 수백 년 동안 배출된 위대한 시인의 작품 중에서도 사람들이 아끼고 사랑해 온 아름다운 것들입니다.

이 사화집은 어떤 여왕의 보석 상자보다도 찬란하고 황홀합니다.

어학에 정통하고 시인적 정서를 아울러 가진 박희진 씨가 이 시들에 정확한 주석을 붙이고, 섬세하고 재치 있는 필치로 번역하여 주신 것은 다행한 일입니다. 이 사화집은 읽는 사람의 마음을 한없이 풍부하게 할 것입니다.

(1961)

한국영어영문학회 편
《영미 어학문학 총서》 추천사
(전 10권) (신구문화사, 1960~)

'친절과 성실'

문화의 가장 중요한 요소는 언어와 문학입니다. 영어는 영국, 미국 큰 두 나라의 언어일 뿐 아니라 정치, 경제, 학술에 있어 세계의 언어요, 우리와는 특히 인연이 깊은 외국어입니다. 영문학은 유구한 역사를 가진 건전하고 풍부한 문학으로 위대한 전통과 사상을 지니고 있습니다.

우리는 영어와 영문학을 공부함으로써 우리 문화에 기여하는 바가 클 것입니다. 그러므로 이 방면 각 분야에 걸친 종합적인 서적 출판이 필요하였던 것입니다. 영어영문학회와 신구문화사의 협력으로 내용이 충실한 출판을 보게 된 것은 매우 의미있는 일이라 하겠습니다. 특히 이 총서에는 대학의 강의와 같은 친절과 정성이 깃들어 있습니다.

(1964)

조운제 시집 《시간의 말》 서문

　운제(雲濟)는 풍부한 정서, 해박한 지식, 높은 안목을 갖춘 시인이다. 그는 개성이 강하면서도 괴벽하거나 고루하지 않으므로 많은 사람의 시인이다.

　그는 말을 귀중히 여기며 잔재주로써 말을 희롱하거나 의미를 몽롱하게 만들거나 품위를 퇴화시키는 일이 없다. 그는 우리나라 말에 대하여 책임을 질 수 있는 시인이다. 그의 시는 간결하되 평범하지 않으며 깊이가 있으면서 난해하지 않다. 일상생활을 벗어나지 않고도 영원성을 지니고 있다.

　그의 시는 고뇌의 산물이다. 고뇌는 그를 속화시키지 않고, 오히려 순화·승화시켜 왔다. 그는 실망과 타락을 거부하는 시인이다. 시신(詩神)을 맞이할 마음의 준비를 언제나 하고 있다.

(1971)

하서(賀序) :
《이종수 교수 화갑논총》축하의 말씀

한산 이종수(閑山 李鍾洙) 선생은 일제강점기에 경성제국대학 영어영문학과를 거쳐 동대학원에서 영문학을 연마한 영재로 그의 지조 때문에 늘 역경에 처해 있었다.

광복 후에 서울대학교에 봉직하게 되자, 교수뿐만 아니라 탁월한 교육행정가로서 교무처장, 사대학장으로 교육대학원장으로 다년간 서울대학교 운영발전에 공헌한 바 컸다.

선생은 온후한 신사로 언제나 정성을 가지고 사람을 대하였고 친구나 제자를 위하여서는 시간과 노고를 아끼지 아니했다. 그는 명민한 학자로 글의 일행일구(一行一句)를 소홀히 다루는 일이 없었고, 그의 표현은 정확하고 유려(流麗)하였다. 이제 선생의 송수와 사은(謝恩)의 뜻에서 동학(同學) 및 문하생들이 이 논문집을 헌정하게 된 것은 참으로 의의 깊고 다행한 일이다.

선생은 내가 고보학생(高普學生)이고 선생이 예과학생(豫科學生)이었던 시절부터 반세기 동안이나 나의 선배이며 친구였고 학창을 나와서는 근 40년 동안 직장을 같이하고, 학문도 같은 분야인 동학 동료로 이런 인연은 매우 드물 것이라고 믿는다. 나는 선생의 오랜 우정에 감사하며 선생의 연년익수(年年益壽)를 비는 바이다.

(1973)

이응백 교수 가족 문집《제비》서문

〈축하의 말씀〉

　이응백 교수와 나는 소속 학과는 다르나 사제 사이였고 그 후에는 다년간 동료로서 친근하게 지냈다. 그분의 부탁으로 아직 제본이 되지 않은 책의 교정지를 읽어 보고 감동된 바 있어 남의 책에 별로 서문을 쓰지 않는 내가 축하의 말씀을 드리게 되었다.

　여기, 예가 없을 세 사람 가족의 공저 기념문집이 있다. 우선 이 책의 출판 동기가 아름답다. 결혼 30주년, 보통 같으면 잔치를 하고 남편은 아내에게 값진 선물을 할 것이다. 그런데 이 내외는 자기네들의 글을 모아 책을 내기로 하였다. 더구나 내외의 글뿐 아니라 다만 하나인 아들의 글까지 합하여 가족 문집을 출판하게 된 것이다. 이 책 속에는 정성, 애처로움, 아낌, 신념, 이런 행복한 가정의 정서가 세련된 필치로 아낌없이 표현되어 있다.

　아내의 글

　　비가 와도 물은 길어야지.

　　치마를 추켜 입고

수건 쓰고 맨발로
바께쓰를 들고서 수도로 간다.
남도 긷는 못.

가득 채워
다부지게 들어봤지만
미끄럽고 발이 빠져
여섯 발에 멈추고
다섯 발에 쉰다.

어깨를 추키고
한 손은 뻗쳐도
바께쓰는 멋대로
내 몸을 흔든다.

　　　　　　　　　— 〈저 색시 바께쓰에 매달려 가네〉

남편의 글

어찌나 기다림에 지쳤던지 구두소리만 나면 내가 옆에 있어도 가슴
이 설렌다고—

누가 소식 없느냐고 물으면 우리는 집 사야 아들 난다고.

어느 토요일 밤이던가, 우리는 나란히 누워 집을 지으면 대문은 어디

에다 내고, 정원은 어떻게 꾸미자고 머릿속으로나마 그리어 보기도 했다.

  젊은 내외는 작은 셋방에서 살림을 시작하였다. 얼마 후에 큰 셋
방으로 이사를 하고, 다음에는 작은 집을 마련하고, 그 후에는 더 큰
집을 사왔다. 그동안 남편은 중학교, 고등학교 교사 그리고 대학교수
가 되었고 박사학위도 취득하였다. 많은 좋은 논문을 발표하였다. 부
인은 결혼 후 십년 만에 생긴 아들을 위하여 직장을 그만두고 정성을
다하여 아들을 서울대학교에 입학시켰다.

  아들 아이에게는 이미 저서가 있었다. 아빠 엄마는 아들이 아홉
살이 되는 날 생일 선물로 1, 2학년 때 쓴 일기를 추려서 일기집《생
일선물》을 출판해 주었다. 이렇게 멋있고 교육적인 선물을 한 부모가
어디 또 있겠는가.

  12월 1일(1학년 2학기)
  집에 왜 준재 엄마가 와 계셨다. 나는 깜빡 잊어버리고 인사를 안 했
다. 아마 흉을 보셨을 것이다. 가실 때는 잊어버리지 않고 인사를 꼭 했다.
  엄마가 장갑을 떠 주셨다. 끈을 달아서 끼어 보았다. 엄마 솜씨가 대
단해서 산 장갑 같다.

  이 책은 신혼 부부, 특히 가난한 살림을 시작하려는 그리고 애정
과 정성으로 살아가려는 모든 젊은 부부에게 선사하고 싶다.

(1974)

김후란 수필집 《태양이 꽃을 물들이듯》 서평

이 책의 여러 좋은 글 중에서 나에게 가장 기쁨을 주는 것은 첫 번에 실린 〈어느 해 오월에〉라는 수필이다.

"길 양쪽으로 늘어선 아카시의 행렬은 초여름의 탄력 있는 햇살을 되쏘듯 달큰한 훈향薰香으로 감겨 들었다." 여기 '탄력 있는 햇살을 되쏘듯'이라는 말은, 눈부시게 빛난다.

"그날도 아카시가 피어 흐드러졌으니 5월 하순경이었을 것이다. 취한 마음으로 꽃길을 밟는 나를 바쁘게 지나치는 사람이 있었다. 허술한 차림의 여인이 등에 아기를 업고 머리에는 보퉁이를 인 채 어린 딸을 데리고 가고 있었다. 아마도 저녁밥 지을 걱정에 성급해 있는 걸음이었다."

"아차차!" 서둘던 아기엄마가 그만 돌부리를 차고 곤두박질을 하였다. 나동그라지는 건 면했지만 고무신짝이 저만치 날아가고 버선발이 흙먼지를 뒤집어썼다.

다음은 내 일생 읽은 글 중에 가장 아름다운 정경情景의 하나다.

"일곱 살쯤 되었을까. 어린 딸이 달려가 고무신을 주워다가 인조견 분홍 치맛자락으로 깨끗이 닦았다."

"에그, 그 치마가 뭐 되냐."

엄마는 소리쳤다. 딸아이는 싱긋 웃고 이번에는 엄마의 버선발을 들어 손으로 톡톡 털고 고무신 위에 얹었다. 그들은 다시 걷기 시작했다."

김후란金后蘭씨 글에는 사금砂金과 같이 감각스러운 놀라움을 주는 글귀들이 있다.

〈대춘부待春賦〉라는 글에

"문득 귤장수 여인의 해사한 얼굴이 칸델라 불빛 속에서 웃고 있었다. 나는 그 미모에 놀랐다. 언제나 수긋해 있던 그 자리에 그처럼 환한 웃음이 자리한다는 건 일순간 놀라움이었다."

옆에 땅콩이 실린 마차를 세워 놓고 그녀를 부축하여 일으키는 남자가 있었다.

"발 많이 시렵나?"

"괜찮아요."

"마차 위에 팔다 남은 귤바구니가 얹히고 나란히 돌아갈 때 여인이 한쪽 다리를 제법(이 말은 적당치 않다) 저는 것을 볼 수 있었다."

'흐뭇하다'는 말은 이런 경우에 쓰는 말이다. '행복' 또한 그러하리라. 사실 나는 이 내외가 부럽기 한이 없다.

김후란씨의 감각은 청신하다. 그리고 예민하다. 가령 미각(맛)에 있어서도 음식의 색깔, 심지어는 씹히는 소리 그리고 음식 그릇, 분위기까지 맛의 일부인 것을 말하고 있다.

그는 옛 풍속에 대하여 유달리 향수를 갖고 정확하게 예전 생활을 알고 있다. 〈연鳶 날리는 세정世情〉, 〈입춘立春〉, 특히 〈발簾〉은 일품이라 하겠다.

"어릴 적 친구네 한옥 별채였다. 우리는 곧잘 그 집 후원으로 뛰어들곤 했는데 그때마다 그림처럼 닫겨 있던 방문이 반쯤 열렸다.

발이 문지방까지 내려져 있었다. 어느 날 무심코 안쪽을 들여다

보려 하니 발 한끝이 들리우면서 그 애를 꼭 닮은 이쁜 여자 어른이 "저만치서 놀거라" 하는 것이었다. 목소리가 어찌나 부드럽던지 거역할 수조차 없었다. 그날 우리는 해질녘까지 방문 앞쪽에서 놀았다. 병든 슬픈 엄마는 발 너머로라도 딸아이가 노는 것을 보고 싶어했고……"

그의 다음과 같은 글도 독자를 기쁘게 해 준다.

"지금 막 사랑을 시작한 여인의 청순한 눈매는 이른 봄 잔설을 헤치고 피어나는 매화처럼……"

그는 따스한 정서와 아울러 예리한 관찰력과 원숙한 지혜를 가졌고 그 정서와 지혜가 원만한 조화를 이루고 있다.

그는 다년간 신문기자 노릇을 하였고 지금도 논설을 쓰고 있다. 그러므로 그의 필치에는 날카로운 데도 있다. 그러나 그의 본질은 정서 풍부한 시인이다.

(1976)

찬사(讚辭) : 범우사 창립 20주년 축사

범우사 창업 20년에 즈음하여 축사를 전달한다. 긴 세월을 두고 여러 부분에 걸쳐 다양한 좋은 책들을 펴내고 지금은 기초가 튼튼한 출판사가 되었으니 경하할 일이다.

그러나 내가 범우사보다 더 큰 관심을 갖는 것은 윤형두 대표다. 〈범우문고〉로 인연이 맺어졌지만 그와 나는 출판업자와 저자의 관계뿐만 아니라 사제지간이나 글 친구 같은 사이다.

그의 성품은 강직하면서 온유 겸허하고 그의 글은 윤리적 이성과 애수어린 서정을 아울러 지니고 있다.

그는 솔직한 사람이다.

"내 딴엔 착한 일을 하였다고 한, 마음의 뒷맛은 어쩐지 위선을 한 것 같은 어색함이 입 안을 씁쓰름하게 하여 준다."(《서리꾼 시절》)

그가 우리집에 박연구 씨와 왔을 때 두 분에게 헌책을 준 일이 있다. 그에게 준 책은 아리시모 타케오의 작품 선집이었다. 그는 그날 회상을 이렇게 썼다.

"……내가 일본에서 태어났다는 것을 아시고 계신지라 내가 일본어를 꽤 잘하리라 생각하시고 그 책을 주셨던 것 같다. 나는 그 자리에서 솔직히 선생님이 주신 책을 읽을 만큼 일어에 능숙하지 못합니다 라고 말씀 드리려다 꾹 참고 말았다."

그의 자유 소탈한 특징은 천품이기도 하겠지만 어렸을 때의 환경에서 오지 않았나 한다. 서울 그것도 종로구 수송동 골목에서 소년 시절을 보낸 나는 남해 바닷가에서 자란 그를 몹시 부러워한다. 우리에게는 고향을 선택할 자유가 없다. 햇빛과 바다, 그 밖에는 그에게 가진 것이 없었을 것이다. 그러나 그는 아무도 부러워하지 않았으리라.

그는 옳은 것을 지키려고 노력하며 살아가는 사람이다.

"그리하여 많은 벗과 친지들이 '여기 인간답게 살다 간 한 무덤이 있다'고 비명碑銘을 써 주면서 못내 죽음을 아쉬워하는 내가 되어 보자."

이 비명은 윤동주 서시序詩 첫 두 줄에 거의 가깝다.

그의 수필 〈연鳶처럼〉은 그의 서정성을 잘 나타낸 글이다. 나는 이 글을 읽었을 때 로버트 프로스트(Robert Frost)의 〈자작나무(Birches)〉를 연상하였다. 그의 〈연처럼〉은 이렇게 시작된다.

"나는 소년 시절에 연을 즐겨 띄웠다. 바닷바람이 휘몰아쳐오는 갯가의 공터와 모래사장과 파란 보리밭 위에서 '연퇴김'과 연 싸움을 즐겼다."

프로스트의 시 〈자작나무〉에는 이런 대목이 있다.

"나도 한때 자작나무를 타던 소년이었다/ 그리고 그 시절을 꿈 꿀 때가 있다/ 내가 심려해 지쳤을 때/ 그리고 인생이 길 없는 숲속과 너무나 같을 때/ 얼굴이 달고 거미줄에 간지러울 때/ 눈 하나가 작은 나뭇가지에 스쳐 눈물이 흐를 때/ 나는 잠시 세상을 떠났다가 다시 돌아와 새 시작을 하고 싶다."

〈연처럼〉에서는, "마음이 만들어 버린 속박, 눈으로 느낄 수 없는 질시와 모멸, 예기치 못했던 이별이 나를 엄습할 때면 나는 줄 끊어진 연이 되어 훨훨 하늘 여행이 하고파진다. 그 옛날 그 하늘에 깜박이던

연처럼……."

범우사가 나날이 발전하고 펭귄(Penguin)이나 이와나미 같은 명성 있는 문고를 내어 우리나라 문화에 큰 공헌을 하기 바란다. 그리고 그 무엇보다도 인간 윤형두가 세파에 꺾이거나 찌들지 않고 강직과 서정을 아울러 보존하며 언제나 그 소탈한 웃음을 웃는 얼굴이기 바란다.

(1986)

《월간 에세이》 창간호 축사

깨끗한 기쁨을 주는 글이 실리게 되길

《월간 에세이》의 창간을 축하합니다.

깨끗한 기쁨을 주는 좋은 에세이들이 많이 실리게 되기 바랍니다.

에세이란 말 속에는 우리가 수필이라고 부르는 서정적 에세이와 평론이라고 할 수 있는 비평적 에세이가 들어 있는 줄 알고 있습니다.

이 두 종류가 다 들어 있는 품격 높은 잡지가 되었으면 합니다.

(1987)

《계간 수필》을 위하여

　　18세기 영국의 《스펙테이터(The Spectator)》지에 실렸던 글이나 현대 일본의 《문예춘추文藝春秋》에 실리는 것처럼 품위 있는 수필을, 그리고 《뉴요커(The New Yoker)》지의 권두 에세이처럼 기지와 건전한 비판이 넘치는 수필들을 실어서 유머와 아이러니가 그득한 수필지가 되기를 바랍니다.

(1998)

서정 수필의 계승 : 정목일의 수필을 읽고[*]

　정목일은《월간 문학》과《현대문학》지에 각각 처음으로 수필 데뷔 과정을 거쳐 등단한 정예 수필가이다. 그는 세속적인 것에 관심을 두지 않고 꾸준하게 문학 수필에 정진해 왔다.

　정목일의 관심은 한국적인 서정의 재발견과 음미에 두고 서정 수필의 맥락을 계승, 발전시키는 데 힘을 쏟아왔다. 언젠가《현대문학》지 출신 수필가들의 모임에서 동인지를 내고 가진 출판기념회에 초청을 받아 정목일을 만날 겸 간 일이 있었다. 이때 수필가들의 요청에 의해 한 말을 기억하고 있다.

　"수필엔 감성이 바탕이 된 서정수필과 논리가 바탕이 된 논리수필이 있을 수 있는데, 우리 수필 전통의 맥락은 서정수필에서 이어져 오고 있다."

　세계화 개방화 시대라고 하나, 먼저 우리의 것을 소중히 여기는 태도가 중요하다. 수천 년간 한민족이 삶을 통하여 형성해 온 민족정서와 마음을 담은 서정수필엔 우리 자연, 삶, 문화, 마음이 깃들어 있지 않는가.

　정목일은 순수 지향의 문학 수필을 발표하면서 본격 수필가로서의 길을 걸어왔다. 전통을 바탕으로 하되, 실험적인 작품들도 선보임

---

[*]　정목일 수필집《침향》沈香의〈서문〉

으로써 새로운 세계로의 개척을 꾀하여 왔다. 등단 이후 꾸준한 정진, 순수 수필에의 탐구, 한국 서정의 미학 추구와 계승, 수필 문학의 질적 향상을 위한 노력 등을 가상하게 생각한다.

그의 수필은 아름답고 명상적이고 독자들로 하여금 고요와 평온을 느끼게 한다. 맑음과 삶의 깨달음을 주는 글들이다.

오늘날 수필계는 다소 상업성과 대중성에 휩쓸려 옥석을 구분하지 못하는 듯한 인상을 주고 있다. 정목일은 등단 이후 27년 동안 한결같이 서정수필의 광맥을 캐온 수필가로 수필 문학의 신뢰를 받고 있으므로 독자들의 일독을 권하는 바이다.

(2001)

⟨한뉘 조주연 서예전 : 피천득님의 시문을 주제로 한⟩

화려한 봄날에

인연은 소중하고 아름답습니다.

여류 서예가이신 조주연 여사께서 저의 문학 작품을 사랑하여 주시는 것은 참으로 좋은 인연입니다.

동시에 부군은 건축을 전공하였으나 동서문학에도 조예가 깊으신 분으로 나의 작품을 애호하여 주시니 이 또한 나의 행운이라 하겠습니다.

화려한 봄날에 나의 글을 그윽한 묵향에 담아 전시회를 하신다니 영광스런 마음과 감사를 드립니다.

(2003)

이창국 수필집 《화살과 노래》 추천사

추천의 말

이창국 선생은 수필가로서의 장점을 골고루 갖추고 있다. 무엇보다도 그는 탁월한 이야기꾼이다. 그는 엉뚱한 곳에서 이야깃거리를 발견하며, 아무것도 아닌 것을 가지고 그럴듯한 이야기를 만들어내는 재주를 가지고 있다. 그는 우리 주변에서 흔히 볼 수 있는 평범한 소재를 가지고 자신의 이야기를 시작하지만, 독자들은 그의 이야기들이 어느 개인의 사사로운 이야기가 아니고 우리 모두의 이야기라는 사실을 뒤늦게 발견하고는 놀라고 즐거워하게 된다.

그의 수필은 우선 재미있고 동시에 유익하며, 궁극적으로 독자들로 하여금 무엇인가를 느끼고 생각하게 만든다. 이런 글이 바로 좋은 글이요, 좋은 수필이다.

이창국 선생이 수필가로서 우리나라에서 보다 높은 평가와 그에 상응한 대접을 받게 되기를 바라고, 또 그렇게 되리라고 믿는다.

(2004)

박규원 논픽션 《상하이 올드 데이스》를 읽고

학창 시절 나는 도산 선생을 너무도 존경해 그분을 만나 뵈러 상하이로 유학을 갔다. 그곳에서 나는 10년 가까이 공부를 했다. 상하이는 세계 각지에서 혁명가, 예술가, 모험가, 돈을 벌고자 하는 사람이 모여들었다. 그곳에 안창호 선생을 비롯하여 〈독립신문〉 주필로 계시던 이광수 선생, 김규식, 서병호 등 수많은 독립 운동가들이 계셨다.

그때 그곳에 우리나라 독립투사의 아들로, 중국의 영화 황제로 불리던 배우 김염이 있었다. 그는 중국 젊은이들의 우상이었다. 모든 중국인들이 그가 영화에 출연하여 부른 〈선봉개로〉를 따라 불렀다.

나와 같은 나이였고, 나와 같은 시기에 상하이에서 활동했던 그를 이 책으로 다시 만난다. 상하이의 옛 추억과 풍경이 그림처럼 다시 떠오른다.

(2004)

일본어 번역본 《인연》 저자 서문

《대역 피천득 수필집》(일본어 역본) 저자 머리말

　오랫동안 기다려 오던 터에 이 책이 일본에서 출판된다고 하니 기쁜 마음을 감출 수 없습니다. 우리나라와 일본은 정서나 감정에서 비슷한 데가 많습니다. 봄이 오면 일본에서는 '봄비니까 맞고 가자'는 말을 쓰는데 우리나라에서도 비슷한 표현으로 '봄비에 왜 우산을 쓰냐'라는 말이 있습니다. 이처럼 두 나라 사람들은 소박한 멋을 동경하고 가난 속에서도 품위를 잃지 않는 청빈을 추구합니다. 그리고 풍류를 즐기는 정서도 크게 다르지 않습니다. 일본의 독자들도 내가 작품 속에 담아놓은 뜻을 쉽게 공감하고 즐길 수 있으리라 믿습니다.

(2006)

박규원 소설집《불꽃 속의 나라》추천사

짧고 영원한 이야기들

학창시절 나는 상하이로 유학을 가 10년간 그곳에서 머물렀다. 그때 상하이는 뉴욕 다음으로 번성한 국제도시였다. 세계 각지에서 혁명가와 모험가와 사업가들이 모여들었다.

그 시절 상하이는 인간이 꿈꾸고 상상할 수 있는 모든 일들의 가능성이 다 열려 있는 도시였다. 바로 이 책에 박규원 씨가 놀랄 만한 상상력으로 그려내는 1930년대의 상하이의 모습 그대로였다.

나와는 뒤늦게 사제의 인연을 맺은 박규원 씨는 내가 눈으로 보고 겪은 그 시절의 이야기를 보지 않고도 놀랄 만한 상상력으로 그려낸다. 먼지 낀 돌계단을 바라보면서도 옛사람들의 탄식과 눈물을 읽어내고, 낡은 창틀을 보면서도 그 속에 살았던 사람들의 환희와 절망을 읽어낸다.

1930년대 한국 사람이면서도 중국의 영화 황제로 불렸던 자신의 작은 외할아버지 김염의 삶을 그려낸《상하이 올드 데이스》에 이어《불꽃 속의 나라》도 박규원 씨만이 가지고 있는 상상력의 소산이다.

그의 글은 짧으면서도 별같이 아름답고 금강석같이 빛난다. 어떤 찬사도 아깝지 않다. 그의 안내로 나는 젊은 시절 내가 살았던 상하이를 다시 만난다.   — 나의 제자 박규원 씨의 원고를 읽고 (2007)

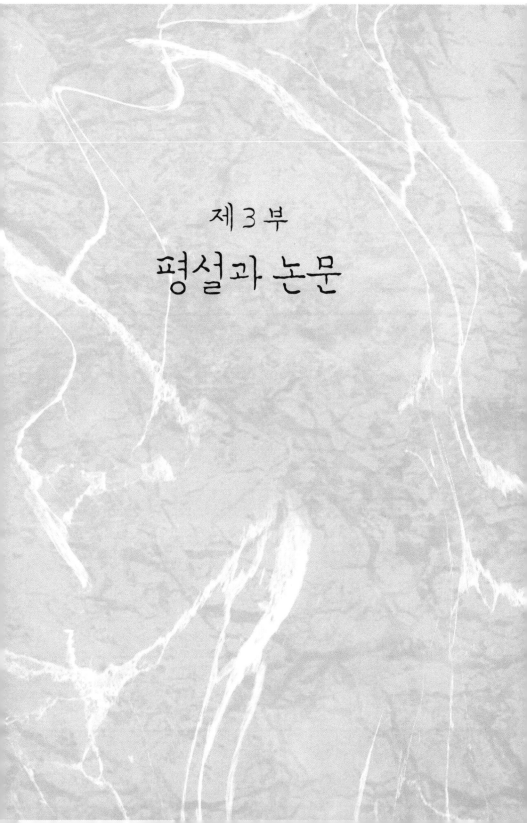

제 3 부

평설과 논문

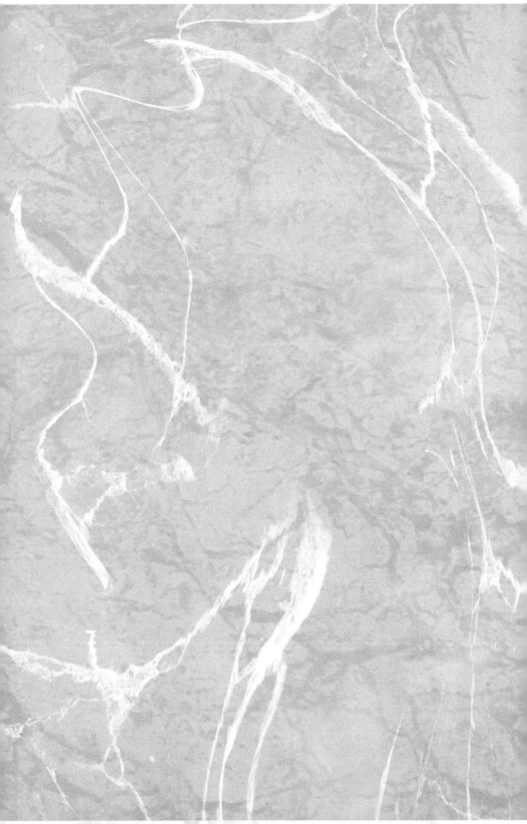

브라우닝 부인의 생애와 예술

바이올렛 빛 눈이 크고 고불거린 검은 머리 시인 엘리자베스 배럿 (Elizabeth Barrett Browning)은 아름다운 여성이었다. 그러나 그의 몸은 버들개지같이 약하고 수척병에 걸려서 온 청춘을 병상에서 보냈다고 한다. 그가 장래남편 브라우닝을 처음 만난 곳도 어둠침침한 그의 병실이었다.

'사랑은 첫눈'이라는 말이 있다. 그러나 시인 브라우닝의 사랑은 '첫눈에 사랑'을 초월한 플라토닉이었다. '나는 그대의 글을 사랑하고 또 그대를 사랑합니다'라는 브라우닝의 첫 편지 뒤에 편지로만 몇 달 동안을 오고가고 하다가 비로소 날을 택하여 만났다고 한다.

이 때의 감회를 엘리자베스는 노래로 읊었으니 〈신비한 자리 있어라/ 등뒤를 헤매이며 나의 뒷머리를 잡아다니네/ 때에 소리있어 묻기를 "그대를 잡아끄는 이 그 누구이뇨", "죽음"이라고 내 대답하니/ 쟁쟁한 음성은 다시 울리어/ "죽음이 아니라 사랑이외다".〉

엘리자베스는 로버트 브라우닝보다 여섯해가 손위요 아까 말한 거와 같이 그는 병신이었다. 그럼으로 그의 아버지는 결혼하기를 허락하지 않았다. 그러나 두 애인은 타오르는 사랑을 억제할 수 없어 몰래 결혼을 하여 버리고 '파리'를 거쳐 '이태리'로 달아났다.

그리하여 이역異域에 세운 그들의 보금자리는 신혼부부에게 행복과 영감을 북돋워주었으며 남국의 따뜻한 햇빛은 부인의 건강까지 회복시켰다. 운명이 선물을 갖다줄 때에는 한꺼번에 실어다주는 것이다.

둘 사이에는 어느덧 어린아들이 생기고 친구의 유산을 받아 물질로도 풍부한 살림을 할 수 있었다.

믿을 수 없는 것은 사람의 행복이다. 꿈같은 세월이 10년 흐르고 부인의 병은 다시 덮치기 시작하였다.

참으로 그러할까요?
이 자리에 누워 내가 죽고 만다면
내가 없음으로 당신이 생의 기쁨을 잃으실까요?
무덤의 습기가 내 머리를 적시운다고
당신에게 햇빛이 더 차오리까,
그러리라는 말씀을 편지로 읽을 때
나는 님이여 놀랬나이다.
나는 그대의 것이외다.
그러나 님께서도 그리 끔찍하리까.
나의 손이 떨리는 때이라도
님의 술을 따를수 있으오리까.
그렇다면 나의 영이여
죽음의 꿈을 버리옵고 생의 낮은 경지를 다시 찾겠나이다.
사랑하여주소서 사랑!
나를 바라보소서. 나의 얼굴에
더운 숨결을 뿜어주소서.
사랑을 위하여 재산과 계급을 버리는 것을

지혜로운 여성들이 이상히 안 여기는 것 같이
나는 님을 위하여 무덤을 버리우리다.
그리고 눈앞에 보이는 고운 하늘을
당신이 있는 이 땅과 바꾸오리다.

(Sonnets from the Portuguese X X Ⅲ)

엘리자베스는 남편을 위하여 살려고 애썼다. 그러나 몸은 나날이 쇠약해져 서 쉰다섯을 일생으로 장차 대성할 남편을 남기고 이세상을 떠났다.

엘리자베스는 조숙한 시인이었다. 그는 여덟 살 때에 벌써 시를 쓰고 열 살 때에 희랍어로 된 호머를 읽었다. 열네 살에 때에는 〈마라손의 싸움〉이라는 시를 발표하였다. 1826년 그가 스물한 살 때에 〈마음에 관한 에세이와 그 외 시편(<i>An Essay on Mind and Other Poems</i>)〉을 출판하고 32년에는 희랍문학 〈프라미슈으스 바운드〉의 번역을 출판하였다 한다. 38년에는 명작 〈크으파의 무덤〉이 들어있는 《세라핌과 다른 시들》이 나오고 뒤따라 발표한 〈아이들의 울음(The Cry of the Children)〉은 아동노동을 반대한 인도적 외침으로 사회에 큰 여론을 일으켰으며 러스킨과 혼스 같은 비평가의 극찬을 받았다. 참으로 이때 여시인의 명성은 저 시성 테니슨의 그것을 압도하였다 한다. 1850년에는 엘리자베스의 대표작이라 할 〈포르투갈 시에서 옮겨온 소네트(<i>Sonnets from the Portuguese</i>)〉가 나왔다. 이것은 외국말을 번역하였다는 형식을 빌은 창작이다. 아마 여성의 사랑을 표현한 글로써 이보다 더 우아한 예는 없으리라고 믿는다.

브라우닝 부부가 이태리에서 살 때 그 나라에는 오스트리아 압박에 반항하는 민족운동이 있었다. 열정적인 엘리자베스는 동정과 공분公憤을 금치 못하여 마침내 정치적 색채를 가진 〈카사 규디의 창窓들〉을 지었다. 카사 규디(Casa guidi)는 그가 살림하고 있던 푸로렌스의 집 이름이라 한다. 지금으로부터 백년 전에 한 우아한 여성으로부터 델리케이트한 정서를 떠나 정치적 문제를 테마로 시를 지었다는 것이 이 시편을 중요시할 점이라고 생각한다.

1857년에 그가 쓴 《오로라 리(*Aurora Leigh*)》는 무운시無韻詩로 된 소설이다. 한 열정적 여성과 젊은 사회혁명가의 불같은 사랑을 그리면서 우리에게 참다운 영웅주의를 보여주었다. 누구나 이 글을 읽은 이는 브라우닝이 자기 아내를 가리켜 '태양을 우승한 가장 대담한 흉금(Boldest heart that ever braved the sun)'이란 말이 과찬이 아니었다고 할 것이다. 《오로라 리》를 엘리자베스의 자서전이라 말하는 이가 있다. 사회적 생활은 몹시도 다르지마는 아무러나 사랑 그것만은 서로 다 같이 열정적이었다.

그의 나머지 시집으로는 사후에 출판된 《마지막 시들(*Last Poems*)》외에 《의회전의 시들(*Poems before the Congress*)》이 있다.

엘리자베스 배럿 브라우닝은 다른 〈빅토리아〉 또는 〈스파스모딕〉 시인들과 같은 낭만적 경향을 가지면서 시대문제를 취급하려고 애를 썼다. 그러나 그럼으로써 오히려 실패함이 적지 않다고 본다. 그는 상시에 있어서 감상적으로 흐르고 내용이 너무 복잡하다. 그리고 일반적으로 표현에 있어서 큰 결점이 있으니 길게 쓰기를 좋아하며 함부로 음률과 언어의 사용을 무시하므로 라임과 리듬이 어그러진 곳이 퍽 많다. 그를 가리켜서 〈신경환자의 여학생〉이라고 까지 혹평한 시 평가가 있다. 그러나 그 반면에 우미수려한 단시나 애련한 소

네트들은 엘리자베스가 아니고서는 지을 수 없는 희귀한 걸작들이
다.

(1933)

여류시인 크리스티나 로세티

언젠가 길에서 까만 승복입은 젊은 수녀를 보았다. 그의 뺨은 몹시 창백하고 엷은 입술이 꼭 다물려 있었다. 그리고 핼쑥한 눈에서 흐르는 맑은 눈결은 겨울밤 달빛보다도 더 찼다. 나는 한참이나 걸어가는 그의 뒤를 바라다보면서 여류시인 크리스티나 로세티를 연상하였다. 크리스티나 로세티! 얼마나 아름다운 이름이냐. 그러나 이름과 같이 아리따운 여성은 아니었다. 샘물과 같이 용모는 차고 시냇물같이 자태는 맑고 그의 생활은 호수물 같이 고요하였다.

그는 영국으로 망명 온 이태리의 애국자 가브리엘 로세티의 딸로 화가 시인 단테 가브리엘 로세티의 누이동생으로 1830년에 출생하였다. 그의 어머님의 피도 반은 이태리라고 하니까 크리스티나의 혈통은 3분의 2가 이태리다.

크리스티나는 어렸을 때에는 건강하고 쾌활한 소녀였다. 허나 열다섯 되던 해부터 몸이 약해져서 심장병과 폐병을 앓았다. 그는 영국 국교 신자였는데 어떻게나 진실하였던지 자기와 같은 교파가 아니라고 마음으로는 사랑하면서도 두 번이나 청혼을 거절한 일이 있다. 오직 신앙과 인종(忍從) 희생으로 수도원의 수녀와 같은 일생을 보냈다. 그는 하루 같이 아침 저녁으로 집안식구들을 모아 놓고 예배를 보았다. 1894년 그가 마지막으로 병들어 누웠을 때에도 이 습관만은 지키려고 간호부를 시켜 자기 직분을 하게 하고 그 자리에 나아가 같이 참례하였다 한다.

크리스티나는 조숙한 천재로 열한 살 때에 벌써 시를 발표하고 열여덟 살이 되는 해에는 조그마한 단행본까지 발행하였다. 그리고 1862년에 내 논 〈마귀시장魔鬼市場〉과 그 밖의 시들은 그의 명성을 높게 하였다.

〈마귀시장〉은 민요체로 된 것으로 이야기는 이러하다. 로오라와 리지 두 자매는 숲속 시냇가로부터 아침 저녁마다 맛있는 과일을 사라고 외치는 소리를 듣는다. 로오라는 유혹에 빠져서 리지가 말리는 것도 듣지 않고 금빛머리칼을 베어주고 과실 한 바구니를 사서 먹는다. 그런데 알고 보면 그 과실상자는 사람을 홀리는 마귀인데 만약 누구나 그 과실을 먹으면 다시는 그 마귀를 볼 수도 없고 그 마귀들의 목소리를 들을 수도 없이 되고 한번 맛본 그 과실이 자꾸 먹고 싶어서 말라 죽는다. 다행히 그 과실을 다시 먹게 되면 그 유혹에서 벗어나지만 그 마귀들에게서 그 실과를 얻어 먹을 수는 도저히 없는 것이다. 용감한 리지는 로오라를 살리려고 그 마귀들을 찾아가서 그놈들의 과일을 빼앗다가 로오라를 먹여 구원한다. 항용 아이들에게 들려 줄 꿈같은 이야기다.

또 하나 동화같은 시로 1866년에 나온 〈왕자편력王子遍歷〉이 있다. 이 이야기는 한 왕자가 멀리 쓸쓸한 궁성에서 자기를 기다리고 있는 그의 왕비를 혼자 찾아가는 기행으로, 처음에는 요녀妖女인 우유 짜는 여자를 만나서 길이 늦고 다음에는 동굴 속에 사는 늙은이를 만나서 죽을 뻔하고 멀리 그 궁성을 바라볼 때까지 그는 갖은 모험을 다 겪는다. 그러나 거의 그 성문 앞까지 왔을 때 그 안으로부터는 통곡하는 시녀들에게 싸여 자기 아내의 상여가 나온다. 남편을 오래 기다리다가 그만 기다림에 병들어 죽은 것이다. 이 시를 가리켜 좋은 우화라고 하는 사람도 있다. 우화이든 아니든 끔찍이 아름답고 슬픈 이야기요, 이 아름다움만으로도 훌륭한 작품이다.

〈마귀시장〉과 〈왕자편력〉의 두 시는 조금도 무슨 의식적 교훈이 없는 꿈같은 환상이면서도 은연중에 종교적 색채를 나타낸다. 여기이어서 말하고 싶은 것은 이 시들 뿐이 아니라 크리스티나의 시들은 종교를 읊지 아니한 작품에 있어서도 늘 거룩하고 유원幽遠한 맛이 젖어 있다.

〈누가 바람을 보았을까요〉라는 아름다운 동요는 크리스티나가지은 것이다. 그의 동요는 스티븐슨 것과 같이 한 영리한 아이가 하는이야기가 아니요, 또는 데 라 메어의 것과 같이 한 꿈 꾸는 아이의 노래 마디도 아니요, 어떤 아이에게서도 들을 수 있을 자연스러운 말소리다. 어려서부터 그는 동물을 좋아하였다 하여 〈씽송〉 속에는 수리, 올빼미, 제비, 공작, 앵무새같은 새들도 나오고 당나귀, 도야지, 쥐같은 짐승도 나오고 심지어 개구리, 두꺼비, 설설이, 같은 미물들도 참례를 한다. 이러한 생물들을 취재로 하였다는 것이 크리스티나 동요의 특색중의 하나라 하겠다. 지면관계로 긴 말을 할 수 없으나 동요를 말하면서 그냥 넘어 갈수 없는 것은 그의 자장가다. 그는 시집도 가보지 못한 처녀였으나 그의 가슴은 따뜻하고 간절한 모성애로 찼었다. 예를 하나 든다면,

> 발이 아파 지쳐서 아가야 우니
> 엄마 등에 포근히 잠들어 다고
> 쉬지 않고 엄마는 걸어야 한다

눈 오시는 쓸쓸한 거울 이 밤에
너는 내것 너밖에 무엇이 있니
나의 근심 내 보배 나의 사랑아
엄마등에 포근히 잠들어 다고
아름답고 즐거운 꿈을 꾸면서

〈이름 없는 귀부녀(Monna Innominata)〉를 읽은 이는 누구나 〈소네트〉 작가로서의 크리스타나의 솜씨를 찬양할 것이다. 소네트는 14줄로 된 시형詩型으로 이 〈이름 없는 귀부녀〉는 소네트이다. 즉 14행으로 된 시편 열네 개로 되어있다. 이 노래의 내용한 한 이루지지 못한 비련이다. 먼저 사랑을 시작한 것은 여자였다. 그러나 사나이의 가슴에 불을 질러 놓고는 그 여자는 신앙과 애욕의 갈등으로 고민하게 되었다. 그래서 정열과 의지로 싸우다가 나중에는 슬프나 거룩한 단념을 한다.

이름 없는 귀부녀(11번)

홋날에 사람들은 당신을 말하기를
"그는 그 계집을 사랑했느니"
그러나 나를 무어라 말하오리까
한가한 부녀들이 치레 삼아 하는 것 같이
나의 사랑은 장난에 지나지 않았다 하오리다
말하고 싶은 대로 하라십시오
사랑 가슴아픈 이별을

다시 만날 수 없는 이별

땅 위에서 희망이 없고 하늘은 믿을 수 없음을

우리는 알아도 남들은 모르나니

그러나 당신이 헛되이 하지 못할 나의 사랑

떠나는 사랑 그러나 죽음의 문을 거쳐

다시 당신을 찾아 갈 나의 사랑

숨김없이 들린 내 사랑의 심장으로

당신을 걸어 최후심판에

나의 사랑이 순간이 아니요,

생명인 것을 밝히어 달라 정 하오리다.

그의 어느 시에서나 종교적 기분을 엿볼 수 있다. 위에서도 말하였거니와 크리스티나에게는 단순히 종교를 제재로 하여 쓴 시가 많다.

그와 같은 시대의 종교시인으로 카디날 존 헨리 뉴먼(Cardinal Newman), 프랜시스 톰슨(Francis Thompson) 그리고 좀 뒤떨어져서 여류 시인 앨리스 메이넬(Alice Meynell)이 있으나 청초하고 유원한 점에 있어서 도저히 그녀를 따를 바 못된다. 크리스티나의 종교시는 서정적 요소를 잃지 않았다는 큰 특징을 가지고 있다. 그의 종교시의 하나로 '가 버리고 만다'는 어귀로 시작된 송년찬미는 시인 스윈번이 "다른 찬미가로 이 노래의 다음 자리를 차지하겠다고 가까이 올 것이 없을 만치 우리말로 된 가장 거룩하고 신성한 시가이다"라고 극찬하였다. 내가 가장 사랑하는 그의 시는 죽음과 무덤을 노래한 것들이라 하겠다. 그의 죽음의 노래는 아놀드나 클라푸들에게서 보는 회의 염세의 경향이 없고 안식을 그리워하는 끝없는 동경이요, 희망으로 가득 찬 아름다운 기도이다. 그는 '죽음'을 예찬하면서도 한편으로는 이 세상을 버리기에 미련을 가지고 있었다. 결코 키이츠가 나이팅게일에 관해 읊은 것과 같은 생의 증오는 갖지 않았다.

1. 내가 죽거든 님이여

내가 죽거든 님이여

나를 위하여 슬픈 노래를 부르지 마소서

나의 머리맡에다

장미나 그늘지는 싸이프래스를 심지 마소서

내리는 소낙비와 이슬에 젖어

내 위에 푸른 풀이 돋게 하소서

그러고 생각하시려거든 하시옵소서

잊으시려거든 잊으시옵소서

나는 그림자들을 보지 못하고

비 오는 줄도 모르오리다

가슴아픈 듯이 울부짖는 나이팅게일의 울음소리도

나는 못 들으오리다

뜨지도 않고 슬지도 않는 황혼에 꿈을 꾸면서

기쁘게 추억하리다

기쁘게 잊으오리다

2. 올라가는 길

저 길은 산허리로 굽어 올라가기만 하나요.
그래요. 저 끝까지
하루 왼종일 가야만 될까요.
벗이여 새벽부터 밤까지 걸어오리다

그러나 밤이 되면 쉬일 곳은 있을까요.
어슴푸레 밤이 들면 집 한 채 있으오리다
어두워 그 집을 지나치지나 않을까요.
그 주막 못 찾을 리는 없으오리다.

밤이 되면 다른 떠난 길손들도 만날 수 있을까요.
그대보다 먼저 떠난 길손들을 만나오리다.
그렇다면 문을 두들기고 불러야지요.
그들은 당신을 문 밖에 세워 두지 않으오리다.

길에 지쳐 고달픈 몸이 안식을 얻을 수 있을까요.
애쓰고 간 번해가 있으오리다
나를 위하여 그리고 모든 구하는 사람을 위하여
누울 자리들이 있을까요.
그럼요. 찾아오는 모든 사람을 위하여
누울 자리가 있으오리다.

크리스티나를 P. R. B.(라파엘 전파)의 배경이라는 사람도 있고 자기 오라버니와 같이 P. R. B.의 중견 시인중에 하나로 말하는 평가도 있다. 그러나 그는 그룹의 화가나 시인들과 가까이 상종함에도 불구하고 그들의 영향을 벗어나 홀로 자기의 적은 명분을 지키며 영문단에 독특한 지위를 차지하였다 함이 가할까 한다.

그의 시상은 매우 자연스럽게 서정적이다. 조금도 애쓴 흔적이 없다. 그리고 그는 아주 평이하고 고요한 말과 자연스러운 음조로 그의 사랑을 표현할 수 있는 천재이었다. 어떤 비평가는 그를 말하기를,

"그의 생각은 산문으로는 도저히 표현할 수 없을 만치 시적이다. 그의 예술은 논리적 분해로는 설명할 수 없을만치 단순하다" 라고 하였다.

그는 예술적 야심이 없었다. 자기의 범위를 벗어나서 긴 시극이나 로맨스 같은 것을 손대려 들지 않았다. 바이런을 흉내낸 〈미세스 히맨스〉나 《오로라 리》를 써서 단테 로세티를 대적하려한 미세스 브라우닝을 따르려 하지 않았다. 엘리자베스와 크리스티나는 같이 영문학자의 쌍벽으로 서로 따르지 못할 우월점을 가지고 있다. 여기서 우월은 따져서 무엇하랴마는 그때에 있어서는 브라우닝의 인기가 로세티를 압도하였고 이제 와서는 로세티를 찬양하는 사람이 많아졌다. 누구인지 로세티를 칭찬한 말에 "그의 시는 그 시대 사람들이 감상하기에는 너무나 잘 되었던 것이라" 고 쓴 것을 기억한다. 하여튼 표현에 있어서 미세스 브라우닝의 시는 결점투성이요, 미스 로세티의 시가는 모두 다 흠잡을 데가 없는 것만은 사실이다. 로세티의 예술은 티끌 하나 없는 구슬이다.

(1933)

애란 문호 예이츠 – 그의 십주기를 맞이하여

W. B. 예이츠(William Butler Yeats)는 1865년 6월 13일 더블린에 가까운 샌디마운트에서 출생했다. 그의 아버지 J. B. 예이츠는 슬라이고(Sligo)의 저명한 화가요, 조부는 애란교회의 목사였다. 그의 어머니도 역시 이 지방의 사람이었다.

올리브색의 살결과, 검은 머리와, 깊숙한 눈과— 이러한 그의 모습은 모계의 그것을 받은 것이었다. 영국에서 학교에 다닌 4,5년을 빼놓고는 그는 줄곧 슬라이고의 조부모 슬하에서 소년기를 보냈다. 고돌핀 학교와 더블린의 하리어트 가에 있는 고등학교를 거쳐서 중앙미술학교에서 회화繪畫를 배우게 되었다. 여기에서 시인 조지 루셀을 사귀었고, 처음으로 시를 쓰기 시작하였다. 그러다가 21세에 이르러서, 회화를 단념하면서부터는 전심 시작詩作에 몰두하게 되었다.

"소수의 사람을 위해서 걸작을 남긴다"라는 키이츠의 말이 이때의 그의 좌우명이었다. "그는 시를 생활하고, 호흡하고, 마시고, 먹고, 수면하였다"라고 티난 여사는 말하고 있다. 그의 작품은《대학평론》,《애란愛蘭월간》,《애란 노변爐邊》지 등에 게재되었다. 1888년에《신애란의 시와 민요》,《애란 농촌의 전설과 속담》을 출판하였고, 1889년에《칼튼 이야기(Stories from Carlton)》을, 1890년에《대표적 애란 고담古談》을 출판하였다. 1889년에는 일찍이《애란 평론》에 기고했던 작품 중에서, 가장 좋은 것을 골라 모아서《오이신(Oisin)의 방랑과 다른 시》를 상재하였다. 《오이신의 방랑》은 성 패트리크가 장춘불역지국長春不易之國으로부터 돌아온 오이신과 회합하는 전설을 2권의 책으로 쓴 서사시이다. 모리스와 로제티의 영향을 받은 단순한 선담仙譚과 민요를 담은 이 책은 애란문예부흥의 서곡이었고 애란에 있어서의 그의 문학운동의 종지부였다.

예이츠는 런던으로 건너갔다. 그의 작품의 거의 전부가 영국의 각 신문과 평론지상에 발표되었고, 그 중에서도 특히 그가 단골로 기고한 것은 《국민론》에 게재되었다. 여기에서 윌리엄 모리스, W. E. 헨리, 아이어 시몬즈, 라이오넬 존슨 등을 알게 되었으며 동료들과 같이 헨리 문하로 들어갔다. 광범한 독서의 기회를 가지지 못하였던 그에 있어서 헨리는 좋은 스승이었다. 예이츠는 그의 스승에 대한 존경감을 못내 잊지 않았다. 이 시간에 있어서 그가 민족적 포부를 지니고 있었다는 것은 O. 리어리의 애란 민족성의 낭만적 인식을 열심히 지지했다는 사실로서 미루어 알 수 있다. 예이츠에게 결정적인 영향을 미친 다른 하나의 존재는 윌리엄 모리스의 중세적 영감이었다.

모리스의 많은 작품중에서 《지상낙원》, 《기네비어의 답변》 그리고 특히 《다시 안 웃은 사람》을 그는 진심으로 사랑하였다. 그의 만년에 있어서조차 "만일 어느 천사가 내게 선택을 허용한다면 나는 내 자신이나 또는 다른 어떤 사람의 그것보다도 오히려 생활과 시와 모든 것을 선택해서 살고 싶다"라고 말하였다. 그리고 또 예이츠의 영양소로서 윌리엄 블레이크의 신비주의가 적지 않게 거들고 있다는 사실을 기억해야 할 것이다. 이 밖에도 브라만의 불교사상, 르 상 페란다(Le San Pelanda)의 연금술, 메에헤르린크의 상징주의 등을 빼놓을 수 없다. 그는 신인작가 그룹에 가입하고 이어서 〈림미어의 구락부〉의 창설자의 한 사람이 되었다. 이 10년간의 그의 노력은 현역 시인 중에서 가장 높은 지위에 그를 오르게 하였다. 1887년 그는 런던의 베드포그 공원에 가정을 가지고 문필로서 생계를 세워나갔다. 1890년으로부터 1900년까지의 10년간은 그의 가장 찬란한 시기였다. 1891년에《캐슬린 백작부인(The Countess Cathleen)》이 출판되고 농촌속담과 선경기담仙境奇談을 취재한《셀틱의 황혼》이 동년에 출판되고, 다시 1894년에는《마음 욕망의 땅(The Land of Hearts Desire)》이 세상에 나오게 되었다. 그의 시적 성격은 종합적으로 보여준 그의《조시집調詩集》은 1895년에 출판되어서, 엄청난 성과를 거두었다. 이에 버금하여 1897년에 나온《비밀 장미(The Secret Rose)》는 산문작가로서의 그의 천재성을 보여주었다.

이외에《아일랜드 시가집(The Book of Irish Verse)》을 1859년에 편찬하였고, 1892년에는 그의 친구인 E. J. 엘리스와 더불어 2권의 블레이크 신판을 편집해 1899년에 이를 출판하였다. 그의 최대 걸작인 서정시집《갈대 속에 부는 바람》은 편편이 모두 영원한 미와 생명, 성스러운 사랑에 대한 동경의 노래로서, 다른 어떤 서정시도 이를 추종할 수 없는 고고한 세계를 형성하고 있다. 이 시집이 출판된 후 얼마 되지 않아서, 그는 그레고리 부인, 조지 루셀, 더 글러스 하이드, 조지 무어 등과 더불어 농민희곡운동에 착수하였다. 희곡을 쓰는 한편, 그는 정열적인 성의를 기울여서 배우들을 지도하고, 또 아베이 극장의 경영을 원조하였다. 1899년 애란문예극장에서《캐슬린 백작부인(The Countess Cathleen)》이 상연된 날은 애란극문학사에 특기하지 않으면 안될 것이다. 1902년에 다시《캐슬리언 홀리한》을 상연해서 많은 성공을 거두었다.《임금의 문지방》(1904),《베일 해변에서(On Bail's

Strand)》(1904), 《모래시계(*The Hour glass*)》(1904), 《그림자 드리워진 바다(*The Shadowy Waters*)》(1907), 《데르드러(*Deirdre*)》(1907), 《초록 투구(*The Green Helmet*)》(1910) 등은 그가 아베이 극장을 위해 쓴 작품이다.

1910년에 이르러서 그는 점차 자기의 과거의 시풍에 대한 혐오와 권태를 느끼기 시작하였다. 1921년 출판된 《낙담으로 쓴 시(*Poems written in Discouragement*)》에 이어서 나온 《쿨 호수의 백조(*The Wild Swans at Coole*)》 속에서 일찍이 없던 지성의 냄새와 소박미를 감취感取할 수 있다. 이것이 바로 이른바 그의 후기시의 출발점을 짓는 것이다. 그는 과거에 얻은 그의 명성을 연연해하지 않은 채 지금은 전연 다른 맛으로써 독자의 흥미를 돋우기 시작한 것이다. 《탑(*The Tower*)》(1926), 《구부러진 계단과 시(*The Winding Stair and Other Poems*)》(1933), 《녹색 시계탑의 왕(*The King of the Green Clock Tower*)》(1934) 등의 특색은 정서의 간결과 엄격한 언어의 경제에 있다고 할 수 있겠다. 그의 후기의 작품에는 논설집 《통찰력(*Vision*)》(1925), 자서전 《젊은 시절의 환상(*Reveries over Childhood and Youth*)》(1915), 《베일의 떨림(*The Trembling of the Veils*)》(1922) 그리고 아베이극장을 위해서 번역한 소포클레스의 《오이디푸스 왕(*Oedipus the King*)》 같은 것들이었다.

그는 1917년에 조지 리이즈와 결혼하여 1남 1녀를 얻었고 많은 영예와 명성이 그의 만년을 장식하였다. 1923년에는 "한민족의 정신을 표현하는 가장 예술적인 서정시"를 쓴 그의 부단한 노력에 보답하는 뜻으로 노벨문학상이 그에게 수여되었다. 그는 애란자유공화국의 상원의원에 임명되었으며 1931년에는 옥스퍼드대학으로부터 문학박사의 호가 수여되고 1934년에는 프랑크푸르트시의 괴테 소패小牌를 받았다. 토마스 하디가 서거한 후 그는 영국에 생존하는 가장 위대한 작가로 공인되었다.

  예이츠는 지금으로부터 만 10년 전인 1939년 1월 28일에 남불南
佛 니스에 가까운 곳에서 영면하였다. 불란서는 전함으로 그의 유골
을 그의 고향인 슬라이고에 호송하였다고 전한다.

(1949)

미국 문학계의 여류작가

　　미국 문학사상 처음으로 이름난 여류소설가는 미국 동북부 뉴잉
글랜드 지방의 생활을 그린 사라 오른 주잇(Sarah Orne Jewett, 1849~1909)
입니다. 그의 작품《종수지대(從樹地帶, *The Country of Pointed Firs*)》는 너새
니얼 호손의《진홍의 문자》와 마크 트웨인의《허클베리 핀》과 아울
러 가장 생명이 긴 미국 3대 소설의 하나라고 말하는 평론가도 있습
니다.

　　유명한《대지(大地, *The Good Earth*)》의 작자 펄 벅(Pearl S. Buck,
1892~1973)은 그의 부모가 중국에 파견된 감리교 선교 목사였기 때문
에 어려서부터 양자강 지방에서 자랐고 결혼 후에도 남편인 금릉金陵
대학 교수 존 엘 벅 씨와 같이 남경에서 오래 살았습니다(1916년 결혼,
1935년 이혼). 그는 백인들과 떨어져서 중국사람 속에서 산 일도 있습
니다. 한자를 2만 자나 배우고 중국고전에도 조예가 깊습니다. 그는
자기가 가장 관심을 가지는 것이 중국인의 생활이라고 말한 일이 있
습니다. 어떻든 그는 참으로 중국을 이해하는 외국인의 한 사람입니
다. 1938년에 그의 문학적 공적에 대하여 노벨상이 수여되었습니다.
이 영광을 받은 미국 여류작가는 이 분이 처음입니다.

　　그리고 유머라기보다는 풍자적인 시와 소설로 이름이 높은 도로
시 파커(Dorothy Parker, 1893~1967)는 내용에 있어서 뿐이 아니라 필치에
서도 여성의 냄새를 피하도록 노력을 하는 분입니다. 그는 자기가 학

교에서 배운 것은 연필 지우는 고무에다 침을 칠하면 잉크도 지워진다는 것뿐이라고 하였습니다.

미국문학사에 처음으로 있는 여류시인의 이름은 에밀리 디킨슨 (Emily Dickinson, 1830~1886)입니다. 그는 동시대의 영국 여류시인 크리스티나 로세티와 같이 일생을 독신으로 보냈습니다. 그뿐만 아니라 남과 사귀는 것을 피하고 혼자서 숨어서 살았습니다. 26세부터 57세 무렵 세상을 떠날 때까지 자기 집 대문 밖을 나간 일이 별로 없었습니다. 그는 자기가 태어난 집에서 살다가 그 집에서 죽었습니다. 그는 40년간에 1,200편 이상의 시를 썼으나 생전에 세상에 발표된 것은 겨우 4편밖에는 없었습니다. 그의 시는 모두 간결한 것으로서 대개 몇 줄에 지나지 않았습니다. 그의 시는 전보문 같습니다. 전보문도 알리기 위한 전보가 아니라 자기자신에게 암호로 하는 전보입니다.

그 다음 여류시인으로 업적이 큰 분은 이미지즘(사상주의 寫像主義)의 맹장猛將 에이미 로웰(Amy Lowell, 1874~1925) 여사입니다. 이 분은 대단히 호화로운 집안에 태어난 분으로 사치한 생활을 하였으며 외국여행도 많이 하였습니다. 그의 시의 특징은 영상이 또렷하고 색깔이 다채한 자유시를 썼습니다. 그의 시는 반짝이고 뛰고 박력이 있습니다. 그는 시를 쓴 이 외에 문학이론가로 또 키츠 연구가로 생명이 있습니다. 그는 12시부터 일을 시작하고 새들이 잠을 깰 때면 잠을 자기 시작하여 오후 3시경에 일어나서 조반을 먹었습니다. 남자와 같이 거대한 체구를 가지고 성미가 폭군적이며 여송연을 쉴 새 없이 피웠답니다.

(1949)

애란문학 개관

1. 애란문예운동의 선구자들

1890년대에 시작된 애란문예부흥은 애란민족운동의 문학적 부면이며 애란의 전설 민요, 그리고 모든 전통적 문화를 연구하여 이것을 소재로 민족정신을 앙양昻揚하는 작품을 창작하고, 한편 잃어버렸던 모국어(게일어)를 찾으려는 운동이었다.

애란인으로서 과거에는 골드스미스, 셰리단, 근래에 와서 오스카 와일드와 버나드 쇼 같은 문인이 있었으나 이들은 영국문학을 쓴 사람들이지 참된 애란적 사상과 정서를 나타내지 않았다. 토마스 무어의 〈아일랜드 노래들〉 속에서 우리는 약간 애란감정의 여운을 들을 뿐이었다.

애란문학의 선구자로 찰스 더피, 제임스 망간, 새뮤얼 퍼거슨 경, 스탠디쉬 오그래디, 고전번역가 조지 시거슨과 더글라스 하이드가 있다. 더피는 1842년 애란청년상 기관지《국가》를 발간하였다. 이 신문에는 독립을 주장하는 토마스 데이비스와 그의 동지들의 논문이 실렸으며 애란민족정신을 고취하는 시가 모여들었다. 《국가》지에 기고한 시인들은 애국심은 강하였으나 켈트 전통을 부활시키지 못하였으며 문학적 가치보다는 정치적 의의에 치중하였으므로 현대 애란시 발달에는 기여한 바가 적다.

다만 모간은 애국지사일 뿐더러 천품이 있는 시인이었음으로 켈트를 처음으로 영어로 표현하였다. 퍼거슨은 탁월한 고고학자였으며 그의 저작著作은 문학뿐만 아니라 역사, 건축, 법률, 음악, 고고학 등 전문화 영역을 점하였다.

오그래디는 1778년《아일랜드의 역사》중 영웅시대를 발간하고 1880년에 전권을 완성시켰다. 그는 빛나는 영웅설화와 찬란한 전통을 통하여 역사가로서 애란문예운동에 가장 큰 영향을 주었다.

시거슨은 게일릭어로 된 고전을 영어로 번역하는 데 공헌이 많았으며 더글라스 하이드는 켈트어와 문학을 일상생활에 부활시키키 위하여 게일릭 협회를 창설하고 이 운동에 그의 전 생애를 바쳤다. 그는 영국색 구축운동(De-Anglicisation)의 맹장猛將이었으며 그의 제자들은 국어는 민족의 상징이므로 애란어로 쓰지 아니한 문학은 애란문학이 아니라고까지 주장하였다. 1888년에 출판된《젊은 애란 시와 발라드》는 더글라스 하이드외 존 토드 헌터, 캐서린 타이난, 로즈 카바나, T. W. 롤스턴, 윌리엄 라미니 등 시인들의 시가 들어 있으며 이 시집의 특색은 시들이 정치적 색채를 벗어나 문학적 가치를 갖게 되었다.

애란문예운동의 결정적인 결실로서 문인들의 결합체가 생겼다. 처음 1883년 런던의 사우스웍에 사우스웍 애란문학 클럽이 생겨 주로 남南런던의 애란아동들의 교육에 더 직접적 문학활동이 요구되어 1892년에 애란문학의 새육성을 조장한다는 기치旗幟를 들고 더블린에는 전통 문학회가 생기고 런던에는 애란 문학회가 생겼다. 런던협회 회원으로는 라이오넬 존슨, 스톱퍼드 부루크, 앨리스 밀리건, 캐서린 타이난, 존 토드헌터 등이 있으며 더블린 협회의 회원으로는 시거슨, 예이츠, 스탠디쉬, 오그래디, 그리고 윌리엄 라네이니 등이 있다. 이들은 당대 영국 애란문단의 거성을 총망라하였으며 이 두 협회는 회원들과 사상을 교류하면서 애란문예운동의 주동主動이 되었었다.

2. 시

W. B. 예이츠

조지 무어는 애란문예부흥이 예이츠에서 시작하여 예이츠에서 끝났다고 말하였고 어네스트 보이드는 애란문예부흥은 곧 예이츠라고까지 말하였다. 아무튼 그는 위대한 민족운동의 제1인자라 할 것이오 전설수집가로 편집인으로 극장 경영자로 연출가로 그리고 무엇보다도 시인으로 애란문학에 기여한 그의 업적은 지대하다. 한 민족의 사상을 표현하였다는 찬사와 함께 그는 1927년에 노벨상을 받았다. 현대시인이며 대 비평가 T. S. 엘리엇은 그를 가리켜 20세기 최대 시인이라고 부르며 미국시인 아치볼드 맥클리시는 그를 키츠 이래 최대 시인이라고 말하였다.

예이츠의 초기 시는 애란의 전설과 불란서 상징시 및 윌리엄 블레이크의 신비주의의 영향을 받았다. 그의 처녀시집은《오이신의 방랑과 다른 시편》(1889)이며 초기 시의 대표작은 그후에 나온 시집《갈대 속의 바람》(1899)이다. 갈대 속의 바람소리가 그의 시요 애란황혼의 향수가 또한 그의 시다. 그 시들은 운율의 고요함이 산중의 호수와 같고 애련한 빛은 진주나 비둘기 같다. 그의 시가 한 절정에 이르렀을 때에 애란문예부흥의 일부로서의 극운동劇運動을 전개하기 위하여 희곡을 쓰기 시작하였다. 그것은 극이 다른 문학형식보다도 대중에게 평소平訴하는 바가 크다고 믿었기 때문이다. 그의 극은 운문으로 쓴 것이 많으며 산문으로 쓴 사실적 극도 본질에 있어서는 극이라기보다는 시들이었다. 그가 초기에 쓴 극들은 신비스럽고 아름다운《캐슬린 백작부인》(1892),《마음 욕망의 땅》,《캐서린 니 훌리한》(1902),《욕망》(1907) 등이다.

그 후 그가 쓴 시는 겨울 나무와 같이 헐벗고 뼈만이 남았다. 그의 시집《책임》(1914)에 이르자, 그는 찬란한 꿈에서 깨어나 황야를 걷게 되었다. 그가 〈외투(Coat)〉라는 시에서 말한 바와 같이 신화와 경의耕衣를 벗어 버리고 벌거숭이로 걷게 되었다. 초기 시에서 그가 즐겨 쓰던 'dream', 'rose', 'heart', 'lovely', 'holy', 'quiet', 'tears', 'shadowy', 'dim', 'twilight', 'faery', 'pale' 등 어휘를 버리고 험하고 속된 생활 언어를 쓰기를 주저하지 않았다. 'Violent', 'foul', 'bitter', 'terrible', 'malicious', 'drunken', 'rogged', 'torn', 'hote' 같은 말들을 썼다.

그러나 때로는 "숲은 가을의 아름다움을 지니고"라고 노래한《쿨 호수의 백조》(1917) 같은 청아한 시를 쓰기도 했다. 후기의 시에는 새벽같이 차디찬 현명賢明과 억압된 정열과 품위를 잃지 않은 풍자가 있다. 용어가 간결적절한 것은 수법이 세련된 까닭이다. 그는 난해하고 애매한 동양 육괘六卦와 같은 달의 양상들을 시에다 가져 오기도 하였다. 예이츠의 산문으로는《켈트의 황혼》(1893),《비밀스런 장미》(1897),《선하고 악한 생각들》(1903),《달의 친절한 침묵(Per Amica Silentia Lunae)》(1918), 그의 철학을 체계화한 논문《비전》(1925), 그의 자서전《어린시절과 유년시절의 회고》(1915)와《베일의 떨림》(1922) 등이 있다. 애란이 자유국이 되자 그는 문호로서의 영예와 존경을 누리고 상원 원로로도 추대되었다. 숙환으로 남불피경지南佛避景地 니스에 가까운 로케룬에서 정양靜養하다가 1939년 1월 28일에 별세하였다. 불란서는 최대의 국가적 경의의 표시로 그의 유골을 전함에 실어 그가 자라난 슬라이고로 호송하였다. 예이츠는 버스값이 없어서 잉크병을 들고 런던 거리를 걸어 다니던 때도 있었다.

조지 W. 러셀(George William Russell, 1867~1935)

러셀은 A. E.라는 아호로 널리 알려져 있으며 탁월한 신비파 시인으로서 부흥기에 있어서 예이츠 다음으로 꼽아야 한다. 예이츠는 말하기를 A. E.의 시는 그 시대에 애란인이 쓴 시중 가장 섬세하고 예리한 시라고 하였다. 1902년 소인素人극단이 상연한 그의 극《디드로》의 창작은 후일 애란민족극장(Irish National Theatre) 전설의 첫 걸음이라고 할 수 있다. 그는 또한《애란 정치인》의 편집인이었다.

A. E.의 작품의 기본요소는 운문에 있어서나 산문에 있어서나 간에 절대적 신실성信實性이다. A. E.의 신비주의는 예이츠에게 신비주의자라고 낙인찍게 한 상징주의와는 전혀 다른 것이다. 예이츠의 시에 있어서 수식어가 되는 것은 A. E.에 있어서는 근본적 진리의 표현이 된다. A. E.의 시는 그의 혼이 보편적 혼에게 부르짖는 호소이며 인간의 혼은 인류 전체의 영혼의 근원이 되는 신(神, Oversoul)과 교통할 때 황홀의 극치에 이른 순간들을 그리고 있다. 자연의 신성은 A. E. 신념의 본질이다. 지구는 우리가 거기서 나서 다시 돌아갈 어머니이므로 자연은 곧 신이다. 그의 시중에는 지구를 찬양하는 훌륭한 시들이 있어 범신교적 황홀억경恍惚憶境을 그린 시로는 비견할 만한 것

이 없다. 유명한 것들을 들면 〈지구의 기쁨〉, 〈숨쉬는 지구〉, 〈자궁 속에서〉, 〈지구정신 처녀 어머니〉 등이다.

다음 세대 시인들

훌륭한 지적 지도자인 A. E.는 1904년 《새 노래들》을 선집選集함 으로 자기세대와 다음 세대를 잇는 고리의 역할을 하였다. 이 작은 시 집에서 그는 자기주위에 모여서 영향을 받았으며 영란시단英蘭詩壇의 신국면新局面을 전개할 시인들을 소개하였다. 그들은 패드릭 콜럼, 토 마스 켈러, 앨리스 밀리간, 수전 미첼, 시머스 오셜리반, 조지 로버츠, 엘라 영 등이다. 이 시인들의 대부분은 은둔 집단(Hermit Society)에 속 하며 거기서 A. E.에게 신비주의의 진수를 배웠다. 《새 노래들》에 수 록된 시들은 그의 제자들의 작품이라고 할 수 있으나 이들은 A. E.로 부터 지식을 배웠지 문학적 수법을 배운 것은 아니므로 A. E.의 자취 를 그 추종자들의 사상에서 찾아야지 문학에서는 찾을 수 없다. 그러 므로 동인지로서 《새 노래들》처럼 거리가 먼 작품들이 모인 시집은 드물 것이다.

앨리스 밀리건의 시에는 신비주의적 흔적이 없으며 전설시대를 노래하고 있으며 전원田園을 묘사하는 영웅을 등장시키리만큼 정치 에 몰두하였다. 1908년에 발간한 《영웅론》에서는 그의 영웅 숭배심 이 전설의 영웅과 현대 애란 독립운동의 영웅들을 동일시하고 있다. 이 여류시인은 아까 말한 《국가》의 시 경향을 가지고 있다.

이와 반대로 접신운동接神運動을 몰랐다면 엘라 영과 수잔 미첼은 그들이 쓴 시를 쓸 수 없었을 것이다. 각각 작은 시집 하나씩— 영은

《시편들》(1906)을, 미첼은《살아 있는 성배》(1908)를 냈음— 이 비평의
대상이 될 그들의 작품 전부이다. 두 시인은 확실히 신비주의에 감염
되었으며 그 신비주의에서 느낀 심오한 감정을 표현하려고 애를 썼
다. 〈지식의 별〉, 〈황혼〉, 〈처녀 어머니〉는 엘라 영의 시의 본질을 나
타내고 있으며. 수잔 미첼의《살아 있는 성배》와 〈외로움〉은 신비주
의를 표현하는 이 시인 독특한 창작력을 보여주고 있다.

조지 로버츠와 토마스 켈러는《새 노래들》의 출판으로 획득한 성
공을 계승하지 않았다. 로버츠는 영란(English-Irish)문학 발간에 주력
하였으며, 켈러는 1906년 〈헌신자의 노래〉를 발표한 후 시작을 중단
하였다.

A. E.가 소개한 젊은 시인들 중에 모든 점에서 그들의 동료들과
다르지만 특기特記해야할 두 시인이 있다. 그들은 시머스 오설리번과
패드릭 컬럼인데 그 작품의 독창성과 강한 개성 때문에 처음부터 예
이츠와 그 동료들의 유망한 후계자라고 지목되었다.

《새 노래들》의 동인으로서 최초로 개인시집을 발간한 사람은 시
머스 오설리번이었다. 1905년에 그의 걸작들을 모은《황혼의 사람
들》을 내고 3년 후 다시《성스럽고 속된 시편》을 내었다. 오설리번의
시는 황혼의 보드라운 미경을 찬양하며, 우아하고 사색적인 감정을
나타내고 있다. 〈길〉, 〈양〉, 〈목축인〉 등은 이 시인의 내재적 용조龍
調와 외계外界가 잘 조화된 특출한 작품들이다. 1920년에 발간한《시
편들》은 혼잡한 시가市街를 소재로 한 시를 실려 부흥기 시인으로서
새로운 국면을 보여주며 1914년 발간한《에필로그 그리고 다른 시편
들》에는 유암幽暗의 달콤한 꿈을 그린 훌륭한 시가 있다.

패드릭 컬럼은《새 노래들》에서 그의 천분天分을 인정받고 1909

년《야생 지구》라는 최초이자 마지막 시집을 발간하였다. 단 한 권의 시집이 있다면 시인으로의 존재로 의심할지 모르나 제목이 표시하는 것처럼《야생 지구》의 신선한 품미品美와 순박하고 짙은 땅 냄새를 풍기는 훌륭한 시를 써서 시인으로서의 가치를 충분히 드러내고 있다. 그는 자연의 미를 문학이나 철학적 정리에 부합하도록 명상하지 않고 근소한 예술적 사색을 통하여 땅과 접근하여 살고 있는 인간에 관하여 최대한의 시적 효과를 나타내고 있다. 그의 시는 흙쟁이, 땅과 들에서 일하는 가축 그리고 이것들과 더불어 사는 인간들을 그대로 그리고 있다.

제임스 스티븐즈는《새 노래들》의 동인은 아니지만 시집《반란》을 발간한 이후로 시단에 진출하였다. 그는 이 시집을 내기 전에 소설가로서 상당한 명성을 얻었기는 했으나 시집은 큰 환영을 받지 못하였다. 다음 시집《황금 항아리》가 출판된 후 재평가를 받았다. 그의 초기시는 제목이 말하는 것처럼 애란문학의 전통에 대한 반기를 들었기 때문에 비애란적이라고 비난을 받았다. 그는 농촌보다도 도시를 더 많이 읊으며 전설을 소재로 삼지 않을뿐더러 신비적 명상瞑想도 없고, 그 명상은 도시소년들처럼 지적이다. 그러나 후기시집《비전의 언덕》에는 초기에 가졌던 도시를 버리고 애란적인 농촌으로 들어가 선녀들을 노래하고 있다.

얼스터 지방의 문학운동의 결정체로서 얼스터 문예극장이 1904에 섰으며《울라드》라는 문예지가 발간되었는데 이 문예의 편집인이며 많은 기고를 한 조세프 캄헬은 1905년에《벌들의 정원》을 발간하였으나 습작들이 많으며 특히 예이츠의 모방이 많았다.《산의 가수》는 1905년에서 1909년까지 쓰인 그의 걸작들을 모은 가치 있는 시집이었으며, 전원생활과 전설을 노래한 것과 기독교 전설을 노래한 것의 이종二種으로 나눌수 있다.

토마스 맥도나는 이 시인들보다 1년 앞서 시집《상아 문을 통하여》를 발간하였지만 처음부터 켈트 전통에 깊이 젖었으며 애란정신을 충분히 발휘하였다. 혁명운동에 가담하며 1916년 애란폭동 때 총살당하였다. 그는 운율론의 저자이니만큼 정확한 운율로 시를 썼으며 켈트시 번역을 통하여 훌륭한 운율의 솜씨를 보여주며 애국심을 고취하였다.

다음으로 번역가로 유명한 알프레드 퍼시발로 시인 패트릭 퍼스, 켈트 신비주의자 플런켓, 20세 전에 명시《피온의 복수》를 쓴 오스틴 클라크 등이 있다.

3. 연극운동

애란문예부흥기에 있어서 가장 중요한 역할을 한 것이 연극이었다. 그러므로 극작가들은 시인이나 소설가보다 더 한층 주목의 대상이 되고 있다. 연극을 전후양기前後兩期로 나누며 부흥기의 가장 훌륭한 성과라고 할 애란국민극장(Irish National Theatre)의 창설 이전을 전기로 하고, 극장 창건 이후를 후기로 할 수 있다. 전기의 건설자들 중에는 후세에 남을 만한 사람이 적고 오히려 후기의 풍요한 결실의 걸음이 되었다. 예이츠, 에드워드 마틴, 조지 무어는 자유극장〔불(佛)의 자유극장(Theatre Libre)과 독(獨)의 자유민중극단(Freie Buhne)〕을 본받아 비영리적인 소규모 극장을 더블린에 세울 것을 합의하고 이어 레이디 그레고리, 존 앨릭턴과 더불어 애란문예협회의 후원 밑에 애란문예극장(Irish Literary Theatre)을 1899년에 창건하였다. 예이츠는 주로 애란전설을 소재로 삼았으며 마틴과 무어는 사회적 심리적 연극에 주력하여 처음부터 의견이 대립되었다.

문예극장 창립 당시에 극장의 명명자이며 물질적 많은 원조를 한 에드워드 마틴은 초기의 최대 극작가로 칭송을 받았다. 그는 극작을 시작하기 전에 스위프트의 솜씨를 모방하여 풍자문 일권을 써서 문명(文名)이 알려졌다. 1899년 애란문예극장에서는 예이츠의《캐슬린 백작부인》다음 제2회로 그의《히스 들판》을 상연하여 성공하고 다시《매브》를 상연하였다. 이 극의 테마는 현실과 이상의 충돌을 입센의 수법으로 그린 것들이다.《굽어진 가지》,《마법에 걸린 바다》그리고 풍자시〈장소 사냥꾼〉, 여성문제를 취급한《그레인지콘》등의 작품이 있다. 애란문예극장은 전설과 농민극을 상연하려는 예이츠와 스칸디나비아와 러시아 현대극을 상연하려는 예이츠와 스칸디나비아와 러시아 현대극을 상연하려는 마틴과의 의견 불일치로 1902년에 해산하여 전기가 끝났다.

애란문예극장이 해산된 후 1902년에 예이츠를 회장으로 애란국립극단이 조직되었다. 이 회會는 배우 프랭크 페이와 그 아우 윌리엄 페이가 다른 배우들을 결합하여 조직한 애란민족극단과 합작하여 1905년에〈애란국민극장(The Irish National Theatre)〉을 창설하였다. 그럼으로 이 애란국민극장은 애란국립극단이 발전하여 된 것이다. 애란문예극장의 후신은 아니다. 애란민족극장은 영국 유지 호니만 부인의 재정적 원조를 얻어, 조그마한 건물을 마련하여 사용하였다. 이 건물이 저 유명한 애비 극장이다.

6년 동안의 짧은 활동을 통해서 현대 애란극에 거족足跡을 남긴 천재 작가 J. M. 싱그(Synge)를 발견한 것은 애란국민극장에 있어서 가장 중요한 일이었다. 대륙에서의 오랜 방랑생활 후 1898년경 예이츠와 파리에서 만나 귀국했을 때는 이미 자연과 인간에 대한 깊은 이해와 외국어 특히 불어를 통하여 얻은 운율에 대한 날카로운 어감을 가지고 있었으며, 볼테르(Voltaire)나 아나톨 프랑스(Anatole France) 같은 작가들의 영향을 받아 음관적吟觀的 유머와 조관적嘲觀的 환멸을 가지고 있었다. 일막극《글렌의 그림자》,《바다로 나가는 사람들》같은 완전한 민속적 비극에서 성공하고 1905년에는 애란국민극장으로서 처음으로 국제적으로 알려진《성인들의 우물》을 썼다. 실험적인 이막극〈사색가의 결혼〉을 통하여 삼막극《성자들의 우물》에서 완숙기에 들어서 있었다.《성자들의 우물》의 주제는 장님 거지가 마술에 의하여 눈을 고쳤다가 다시 잃는다는 일반적(애란적이 아닌) 인생문제를 취급하고 있다.

　그는《서구세계의 플레이보이》에서 불후의 명성을 얻었다. 주인공 크리스티 만혼이 부친을 죽였을 때 승리의 쾌감과 자신을 재인식하게 된다는 것은 소박한 애란생활에서는 비난받아야 할 일이지만 싱그의 천재는 깊은 직관을 통하여 정당화하고 있고, 이 산문극은 그가 아란도 방언에서 얻은 켈트식 영어의 독특한 운율과 악센트를 가져, 한 훌륭한 시극이라고도 할 수 있다. 극의 배경이나 농부들의 인물묘사는 사실적이며, 도덕적 요소와 생리적 요소가 혼합되어 구체적인 인간성을 나타내고 있다.《시와 번역》(1909)과《슬픔의 디드로》(1910)는 그의 최후의 두 걸작이다. 부흥기는 싱그를 창조한 것이 아니고 오히려 그에게서 찬란히 빛나는 독창성을 발견하고 이 밝은 빛으로 애란의 미와 추악을 우리에게 함께 비쳐 보여주며 이 빛을 통하여 시간과 공간을 초월한 영원한 영역을 보여주고 있다.

싱그 다음으로 꼽을 사람은 패드릭 컬럼이다. 그는 최초로 애란 농촌생활의 현실을 극화한 사람이다. 《파괴된 땅》(1903)으로 시작하여 《폴리가》와 《이오간의 아내》를 이어 《토지》(1905), 《토마스 마스커리》(1910) 등의 걸작을 내었다.

레이디 그레고리는 1903년 첫 작품 《25》를 위시하여 20여 개의 희극, 비극을 썼다. 예이츠의 충실한 조력자도 애란국민극장의 관리 사업을 하였으며 몇 개의 극을 예이츠와 합작하였다. 그의 비극에서는 순박한 장엄성을 볼 수 있고 희극에서는 날카로운 유머가 있다. 농민들의 말을 그대로 옮겨놓았다. 《7개의 단막극》(1908), 《이미지》(1910), 《애란 민요 사극》(1912), 《새 희극들》(1913) 등 애란국민극장에 큰 공헌을 하였으며 그 외 게일족(Gaelic) 극을 번역하였다. 그의 극은 킬타르탄 방언을 쓰는 농부들의 생활을 그대로 옮긴 것들이나 무대 효과를 위하여 일막극을 썼으며 성공하였을 경우에는 같은 수법을 되풀이하였다.

레이디 그레고리와 같은 경향의 극작가로서 윌리엄 보일이 있다. 그는 킬타르탄 방언은 쓰지 않았지만 농촌생활을 테마로 한 일련의 극을 썼다. 《웅변적인 뎀프시》, 《개인 비서》, 《존 리건 장군》, 《가족 해체》, 《광물 노동자들》 등 걸작이 있다.

시머스 오켈리도 《슐이러의 아이》, 《매치메이커》, 《이방인》 등 농촌극을 내었으며 조지 피츠모리스는 《시골 재단사》, 《피디쉬 가족》, 《월광단원》, 《도킨디 인형들》, 《마법의 소년들》 등 많은 극을 썼다.

던시 경은 이들과 달리 독특한 길을 걸었다. 1909년에 발간한

《번쩍이는 문》은 천국문 앞에 선 두 강도의 심리묘사를 한 사실적인 작품이며 신앙에 대한 심각한 조소를 그렸다. 《아지메네스 왕과 무명의 전사》(1911), 《다섯개의 극》(1914), 《해시계 : 페가나의 유리》등 감각적 미와 미묘한 매력을 가진 작품들이다.

애란국민극장의 북부지파로서 1904년에 얼스터 문예극장(Ulster Literary Theatre)이 창립되어 루이스 푸셀, 조세프 캠벨, 리더포드 메인 등이 활동하였다.

현대 애란 애비극장(Abby Theatre)에 싱그의 중요한 후계자로 숀 오케이시(Sean O'casey, 1884~1964)가 있는데 그의 두 걸작 《주노와 공작(Juno and the Peacock)》(1924)과 《쟁기와 별들》(1926)은 영국에 대한 애란인의 반란을 주제로 한 극들이다. 그들은 소박한 희극과 깊은 비극의 훌륭한 혼합체이며 그 작가가 깊은 시적 통찰력의 소유자임을 보여주고 있다. 그 후의 극은 이 극보다 수준이 낮다.

4. 소설과 산문

애란문예부흥에 있어서 시와 극은 풍부하지만 산문소설은 빈약하였다. 에밀리 로리스는 1886년 《후리쉬》를 발간하여 명성을 얻었으며, 엘리자베스 시대의 전쟁을 그린 《아일랜드의 에섹스》(1890)로 문명에 더럽혀지지 않은 아란섬 생활을 묘사하였으며 《크레니아》(1892) 등 소설을 내었다.

제인 바로우는 농민생활을 주제로 한 소설을 펴냈으며 농촌 경치를 잘 묘사하였다. 지방 소설가로서 시머스 맥 마누스가 있다. 그는

《도네가로 가는 길》(1896)에서 전설화하였으며《러쉬즈의 반지(*Ring O' Rushes*)》(1896),《애란 전원시》(1901) 등 단편소설집을 내었다.

조지 무어의《만세와 안녕》은 애란소설에 포함할 수 있다. 그가 런던에서 와서 애란에 거주하고 있는 동안 단편집《경작되지 않은 들판》(1903)와 소설《호수》(1905)를 냈다. 이 작품들은 애란생활의 인상을 그대로 잘 표현하였으며《경작되지 않은 들판》은 현대애란단편집의 백미이며《호수》는 부흥기의 가장 훌륭한 소설이다.《무스린 극》(1886)은 애란생활을 분석 묘사하였으나 이것은 애란적이라기보다는 외국인이 본 애란을 그린 것이다.

포레스트 레이드는 얼스터지방 소설가이며《울라드》지에 기고하였다. 1905년에《황혼의 왕국》을 발간하고《정원신(The Garden God)》을 내어 촉망을 받고 1911년에 정숙定熟한 소설《브랜크넬 가(*The Bracknels*)》를 발간하였다. 처음부터 그는 신비주의에 젖었으며《봄 노래》(1916)에 자연적 신비주의를 조화 있게 그리고 있으며 애란적인 소설로는《따라오는 암흑》(1915),《입구의 문에서》등이 있다.

다니엘 코커리는 1916년《먼스터 황혼》을 내어 농민생활에 대한 동정을 표시하고《경야(*The Wake*)》나《토지》는 포(Poe)의 작품과 같이 기괴하다. 그의 역작은 1717년에 발간한 소설《오비엣의 입구》인데 사실주의 수법으로 도스토예프스키를 연상시키는 웅장한 말을 보여주고 있다.

애란소설가로서 세계적으로 그 명성을 떨친 이는 제임스 조이스(James Joyce)이다. 그는 1907년 엘리자베스 조풍朝風의 시집《실내악》을 내었을 때는 거의 알려지지 않았다. 최초의 단편집《더블린 사람들》(1907)이 발간되었을 때는 단 한 권 저자에게 남기고 다 검열관의 손으로 소실되어 1940년에야 비로소 발간되었다. 1909년에《젊은 예술가의 초상》도 런던에서 발간할 수 없어 뉴욕에서 발간하였으며 1922년에 발간한《율리시즈》는 런던이나 뉴욕이 다 거절하기 때문에 파리에서 발간하였다. 이 작품들을 통하여 보면 조이스처럼 애란적인 작가는 없으리만치 작품 속에 그 민족과 전통의 흔적이 많다. 《젊은 예술가의 초상》이나《율리시즈》에 있어서 주인공은 다 같이 스티븐 데드러스이며, 그 주인공이 생활의 환경의 공포와 숙명성에 사로잡혀 변화하는 심리적인 변화를 잘 기록하고 있다. 그는 주인공에게서 가톨릭적인 신앙을 빼버리고 다신교적 신앙을 넣어 저속한 애정을 맺게 하므로 더블린 사회의 저속성과 추악성을 드러내며 그만큼 많은 악이 서식할 수 있는 사회조직에 대한 멸시를 나타내고 있다. 이것이 검열관으로 하여금 출판을 금하게 하였다.

《율리시즈》는 현대소설 중에 가장 중요한 소설로서, 스티븐 데드러스의 어떤 하루 24시간 동안의 모든 사건의 분석을 727쪽에 달하는 큰 책에 쓰고 있다. 《젊은 예술가의 초상》에서 시작한 독특한 수법이 여기에 이르러 한 스타일화하고 있다. 여러 군데 나오는 독백, 각 인물 수의 심리묘사, 긴 대화 등이 작품 중에 자유자재로 구사되고 있다. 제목이 표시하는 것처럼 조이스는 모든 사건을《오디세이》에 일어나는 사건과 부합시키려고 하였다. 이 책의 구조는 매우 기교적이어서, 모든 사건이 그날의 어떤 때와 또 몸의 어떤 부분과 관련을 가지게 되어, 각 사건이 모두 한 상징이 되고 있다. 그의 다음 작품《피네간의 경야》(1939)는 반 영어, 반 조어로 쓰여졌기 때문에 이해하기 곤란하다. 그는 대담한 천재로서 매우 독창적인 소설들을 썼기 때문에 젊은 작가들에게 많은 영향을 끼쳤다.   (1956)

미국 문단의 근황

문인생활

　미국사회에 있어서 작가의 경제적 지위는 중류에 속한다. 교육을 받은 것 외에는 유산을 받은 사람은 드물고, 수입은 의사나 변호사보다는 못 하나, 목사보다 좀 많으며 대학교수들과 비슷하다.

　그러나 사회적으로 중류계급같이 생활하지 않고 어떤 이는 부자같이 행세하며 어떤 이는 가난한 시민같이 생활한다. 작품의 내용을 비평한다는 것은 문학을 업으로 하는 사람들 간에 있는 일이고 일반 대중에 있어서는 인기가 있느냐 없느냐 하는 것이 문제다. 책이 몇백만 권 팔려서 인세가 얼마나 들어왔느냐가 그 작가의 사회적 지위를 결정한다.

　작가는 정치와 거리가 멀어서 작가로서 국회의원이 된 사람은 하나도 없고 3백만이나 되는 공무원 자리 중에서 문인을 위한 자리란 국회도서관에서 시인을 위하여 한 자리를 마련하고 있을 뿐이다.

　미국 정부는 문학이나 예술에 대한 상금·메달 같은 영예를 수여하지 아니한다. 그러나 학술기관이나 단체에서 여러 가지 형태로 대접을 한다. 예일대학도서관의 볼링겐상, 시카고 대학을 통하여 주는 해리엇 먼로상, 그리고 유명한 퓰리처상 등이 있다.

　제2차 세계대전 이후에 유수한 각 대학에는 적어도 한 사람의 시인이나 작가가 교직원으로 와 있었다. 대학 전속 시인으로 암허스트 대학에는 로버트 프로스트가 있었고 케니언 대학에는 존 크로우 랜섬이 있고 미네소타 대학에는 알렌 테이트, 예일대에는 로버트 펜 위렌, 워싱턴대에는 뢰트케, 하버드대에는 아치볼드 맥클리시와 리처드 윌버, 노스 캐롤라이나 대학에는 랜덜 쟈렐이 있다. 대학에 시인이 있다고 하여 학생 중에 유망한 시인이 반드시 난다고 할 수 없겠지만 시인을 사랑하는 총명하고 비판적인 독자가 많이 생긴다는 것은 사실이다. 소설가들보다 수입이 적은 시인들은 그들의 경제생활을 위해서 대학에 직업을 얻으려고 한다.

시 낭독회 유행

요즘 시인들에게는 낭독을 하여 약간의 수입을 얻는 길이 생겼다. 이 낭독회가 유행이어서 음악회에 가서 독주를 듣는 기분으로 시 독서회로 몰려든다. 여기에는 물론 일종의 허영이 없지 않다. 읽어도 잘 모를 시들을 낭독하는 것을 듣고 재청 삼청하고 야단법석이다. 큰 대학에서는 이 낭독을 위한 기금까지 세우고 있다. 유명한 시인들은 자기 시를 녹음하여 거기에서 오는 수입(인세라고 할까)을 받는다.

작년여름 윌러스 스티븐스가 세상을 떠났으나 팔순이 넘은 로버트 프로스트를 비롯하여, 칼 샌드버그, 존 크로우 랜섬, 콘라드 에이컨, 마리안느 무어, E. E. 커밍스, 윌리엄 칼로스 윌리엄스 그리고 미국으로 귀화한 W. H. 오든 등이 많은 시를 발표하고 있고 젊은 시인으로 리차드 에버하트, 칼 J. 사피로, 리차드 윌버, 오스카 윌리엄스, 케네스 피어링, 로버트 로웰, 오그덴 내쉬, 랜덜 자렐, 시어도어 뢰트케, 델모어 슈발츠 등 많은 중견시인들이 있다.

현대 미국시는 T. S. 엘리엇과 그 동료들이 쓴 것처럼 생략적인 시에서 벗어나려는 방향으로 가고 있다. 오든이나 스펜더, 그 외 다른 영국시인들이 영향을 받아서 시를 일상용어로 표현하며 직접적 의사소통을 피하고 전시대처럼 고전인용으로 인한 난해를 피하며, 도서관에서 나와(엘리엇 일파가 여러 가지 인류학적 문학적 전설을 도서관에 쌓인 고서에서 인용했으므로 이렇게 말함) 실사회로 되돌아가서 일반적 의사소통이, 예술이 가진 의무의 일부라는 시적 르네상스(Poetic Renaissance) 시대로 돌아가는 경향이 있다. 시는 대개 풍자적이고 환멸적이고 사실적이다.

미국에 있어 시의 독자는 인구에 비하여 적은 편이다. 시집이 출판되면 시인들만 사 본다는 말까지 있다. 그러나 이 숫자로는 많지 않은 시의 독자들은 대개가 직접 간접으로 교육에 관여하는 사람들이다. 그리고 현대문학이 급속도로 대학의 강의과목으로 발전하고 있다.

제2차 세계대전 전까지만 해도 큰 대학에서 현대시를 강의하는 것을 꺼렸으나 지금은 살아 있는 젊은 시인까지도 연구의 대상으로 하고 있고 현대시에 대한 학구적 관심이 나날이 커가고 있다. 미국의 교육발전을 따라 견실 독자층이 해마다 늘어가리라고 믿는다.

소설

제2차 세계대전 이후로 서적 출판비가 두 배가 되어서 그런지 모르지만 장편소설 독자가 현저히 줄었다. 서부 활극 이야기나, 소위 격렬한 사랑 이야기, 탐정소설 등만 많은 독자를 가지고 있다. 대중은 무엇보다도 공포와 폭력에서 오는 스릴을 요구하고 있다. 그러나 한편 인간의 존엄성과 인간미를 잃지 않고 인간의 발전을 믿는 소설이 꾸준히 나오고 있다.

윌리엄 포크너(William Faulkner), 어니스트 헤밍웨이(Ernest Hemingway), 존 스타인벡(John Steinbeck), 캐서린 앤 포터(Katherine Anne Porter) 등 대가들이 활발히 창작을 계속하고 있으며, 중견이라 할 윌리엄 샤로안, 제임스 T. 패럴, 어스킨 콜드웰, 콘래드 에이컨, 로버트 펜 워렌 등이 건전하고, 신인으로 유도라 웰티, 피터 테일러, 윌리엄 마치, 캐롤라인 고든 등이 수많은 작가 중에서 촉망을 받고 있다.

미국에서 가장 많은 독자를 가진 것은 탐정 소설이다. 매년 출판 수는 모든 소설의 20%를 점령하고 독자는 약 2억5천만. 어린이 외에는 1년에 연수소설延數小說을 두서너 권 읽지 않는 사람이 없다는 말이 된다. 탐소설가로 유명한 사람은 미키 스필레인, 얼 스탠리 가드너 등이다. 특히 미키 스필레인의 소설은 팔린 것을 도합하면 무려 2천3백만 권이나 된다고 한다.

과학소설의 발달이 미국의 특수한 현상이다. 물질문명이 고도 발달된 미국에 있어서 이것이 현대문학의 독특한 분야를 점령하게 된 것은 우연한 일이 아닐 것이다. 그로프 콘클린 편《최고의 공상과학소설(*The Best of Science Fiction*)》(1946), 《공상과학소설 사화집(*The Treasury of Science Fiction*)》(1948), 《공상과학소설 빅 북(*The Big Book of Science Fiction*)》(1950), 도널드 A. 윌하임 편《휴대하기 쉬운 공상과학소설(*The Portable Novels of Science Fiction*)》(1945) 등이 있다.

미국 문단의 한 모퉁이를 차지하고 점점 자라고 있는 것은 유머 문학이다. 유머 문학가 중의 거장은 제임스 서버, 돈 마퀴스, 오그덴

나시, 클라렌스 데이, 도로시 파커, 윌 로저스 등이다. 문학의 한 분야로서 전기와 자서전이 많이 나오고 있다. 우수한 전기에 대하여서는 풀리처상이 제정되어 있다. 이 전기문학의 수위를 점하는 것은 칼 샌드버그의 《에이브러햄 링컨》이다.

극작가들

현재 뉴욕에는 32개의 연극을 위한 극장이 있다. 2, 3년 전만 하더라도 이보다 두 배나 더 있었다고 한다. 1920년만 하여도 한 시즌에 200개 이상의 새로운 작품이 상연되었지만 1929~50년에는 60개로 줄어들었다. 이같이 연극은 부진 상태이며 뉴욕 외부에는 거의 직업적 연극장이 없다. 다만 30년대에 우연히 생긴 하계극장(summer theatres)이 아직 꽤 성행한다. 그러나 도시에서도 직업적 연극을 볼 기회가 적어지고 이 대신 소인극(素人劇)이 판을 치고 있다.

근래 와서 소인극이 활기를 띠어서 브로드웨이에 있는 구식 극장보다 훨씬 잘 단장한 약 300개의 대학극장과 시민극장(Civic playhouses)이 있다. 이 소인극들은 대부분이 실험적 성격을 띠고 있고 어떤 해에는 126개 대학에서 상연된 400개 극 중에 다만 7개만이 창작희곡이었다 한다.

영화, 텔레비전, 그 밖의 이유로 연극은 위기에 처하였으나 미국 사람들은 30년 내 쇠퇴하여져 가는 극장에서도 어느 나라보다도 좋은 극들을 연출하였다고 자부하고 있다. 이 연극 중에서 대표적인 것은 엘머 라이스의 《덧셈 기계(The Adding Machine)》, 맥스웰 앤더슨의 《영광의 대가(What Price Glory?)》, 폴 그린의 《스커플타운 무법자(The Scuffletown

Outlaws)》, 마크 코닐리와 조지 S. 코프먼의 합작《말 탄 거지(*Beggar on Horseback*)》, S. 하워드의《로마로 가는 길(*The Road to Rome*)》그리고 듀보즈 헤이워드의《포기(*Porgy*)》등이다. 위에 들은 극작가의 뒤를 이어 손턴 와일더, 윌리엄 서로이언, 릴리언 헬먼, 클리퍼드 오데츠 그리고 신진 테네시 윌리엄스, 아서 밀러 등이 배출하는 것도 사실이다.

신비평

비평가 R. P. 블랙머는 페이지 위에 씌여 있는 말, 즉 작품 자체만을 엄밀히 검토해야 된다고 주장한다. 그는 신비평이라는 비평 방식을 따르는 한 사람이다. 신비평을 신봉하는 다른 비평가로는 영국에는 I. A. 리처즈, 윌리엄 엠프슨, 프랭크 R. 리비스가 있고 미국에는 존 크로우 랜섬, 로버트 펜 워런 그리고 클린스 브룩스가 있다.

이 비평 방식이 현재 환영을 받는 이유는 비평가가 작자의 생애나 사회적 배경에 비추어 작품을 논하지 아니하고 작품 자체만을 정직하고 정확하게 논하는 데 있는 것이다.

시인이며 비평가인 J. C. 랜섬도 작품 자체의 형태와 기교에 대하여 최대의 관심을 가지고 있다. 그의 평론으로는《세계의 몸(*The World's Body*)》이 있다. 그는 과학과 낭만주의를 싫어하며 문화전통을 귀히 여기며 시에 도덕적 비판을 내리는 것을 반대한다.

랜섬의 동료 브룩스는 독창적인 비평가는 아니나 많은 시를 예리하게 설명하여《현대시와 전통(*Modern Poetry and the Tradition*)》과《잘 다듬어진 항아리(*The Well-wrought Urn*)》를 내었다. 브룩스는 신비평을 실천에 가장 잘 옮기는 사람으로 지금 새로운 방법으로 대학생들을 위하여 로버트 펜 워런과 같이 《시의 이해(*Understanding Poetry*)》와 《소설의 이해 (*Understanding Fiction*)》 냈다. 이외에 《시와 시대(*Poetry and the Age*)》를 쓴 랜 덜 자렐을 들고 싶다. 그는 기지와 직각력과 넓은 교양을 가졌으며 하 고 싶은 말을 겁내지 않고 할 수 있는 용기를 가지고 있다.

한편 케네스 버크는 문학을 심리학적, 철학적 혹은 사회학적으 로 분석하고 있다. 미국에는 이념(idea)에 흥미를 갖는 사람이 많아, 버크의 독자는 대단히 많다. 그의 유명한 저서로는 《반진술(*Counter Statement*)》, 《영속성과 변화(*Permanence and Change*)》, 《문학 형태의 철학 (*The Philosophy of Literary Form*)》 그리고 삼부작인 《동기의 문법(*A Grammar of Motives*)》, 《동기의 수사학(*A Rhetoric of Motives*)》, 《동기의 상징(*A Symbolic of Motives*)》 등이 있다. 그의 경지는 언제나 이념과 철학이다.

아이버스 윈터스는 논리를 생명으로 여기는 비평가로 진리에 대 한 절대적인 신념을 가지고 작품을 논한다. 그는 다른 비평가와는 달 리 헨리 제임스보다는 이디스 워튼을 칭찬하며 예이츠, 엘리엇, 에즈 라 파운드보다도 로버트 브리지스와 토마스 스터지 무어를 더 높게 평가한다.

윈터스가 윤리에 대한 신념을 가졌다면 앨런 테이트는 시인에 대한 절대적인 신념을 가졌다. 그는 시인을 창조자로서 경애하며 과 학을 신뢰하지 아니하고 문학을 가리켜 인류 경험에서 얻은 전 지식 이라고 말한다. 그의 평론집으로 《시와 사상에 관한 반동적 에세이 (*Reactionary Essays on Poetry and Ideas*)》가 있다.

《시와 기대》의 저자라고 불리는 랜덜 자렐은 기지, 직각력 그리 고 넓은 교양적 배경을 갖춘 우수한 비평가다. 그리고 그는 그가 생각 하는 바를 솔직히 말할 수 있는 용기를 가지고 있다. 그는 문학에 있어서 언제나 창작이 주(主)이요, 비평은 다만 부수적 역할을 할 뿐이라고 말한다.

문학의 고귀성과 위엄을 주장하는 일군의 비평가들이 있으니 반 윅 브룩스, 에드먼드 윌슨, 라이오넬 트릴링 그리고 작고한 F. O. 매티슨 등이다.

이상 간단히 중요한 몇몇 비평가를 들었으나 미국에는 작가보다도 비평가의 수가 훨씬 더 많다. 대학을 졸업하고 저널리즘으로 들어간 사람들, 그리고 많은 교수와 강사들이 비평을 쓰고 있다.

(1956)

셰익스피어 비극:《안토니오와 클레오파트라》

안토니오와 클레오파트라가 극진한 사랑을 하게 된 내력은 아래와 같다. 안토니오가 파아리앤스족을 정복하려고 나선 길에 실리시아에 도착하였을 때, 그는 거기서 이집트 여왕 클레오파트라에게 특사를 보내었다. 그가 특사를 보낸 목적은 이집트 여왕 클레오파트라가 안토니오의 원수인 캐시우스와 브루투스 등과 한 패가 되어서 안토니오에게 항거한 죄에 대한 벌을 받기 위하여 실리시아로 오라고 하는 명령서를 전달하기 위한 것이었다. 델리우스라는 장수가 이 명령서를 가지고 이집트로 가서 여왕을 만나 보니, 여왕 클레오파트라의 용모며 목소리며 말재주가 하도 아름다우므로 안토니오 같은 천하호걸이 이 여왕을 대해 보면 벌은커녕 며칠 안 가서 연애를 하게 될 것임에 틀림없다고 생각하였다. 그래서 클레오파트라 여왕에게 아무런 염려도 말고 안심하고 안토니오를 찾아 가 뵈라고 권면하였다. 일찍이 로마의 집정관인 줄리어스 시저, 또 그 다음에는 폼페이 등을 홀려서 제 손아귀에 넣었던 클레오파트라는, 특사의 말을 믿는 동시에 이번에도 안토니오를 녹여 보려고 만반의 준비를 하고 떠나기로 하였다.

옛날 줄리어스 시저나 폼페이를 녹여 낼 때에 클레오파트라는 아직 철 모르는 젊은 여자였으나, 지금은 여성으로서의 최고의 매력을 발휘할 수 있는 중년기에 들어섰으므로, 자기의 미모와 수완에 대하여 더 한층 자신을 가지고 길을 떠난 것이었다. 그는 금은 보석으로 장식한 휘황찬란한 비단 옷을 입고 배를 타고 안토니오를 만나러 갔다. 금박을 올린 배의 돛은 자주빛 비단이요, 배 젓개들은 은박을 입혀 눈이 부신데, 배 안에 탄 악대가 연주하는 음악 리듬에 맞춰 짓는 은빛 배 젓개는 파아란 물을 헤치며 전진하는 것이었다. 배 한 중간쯤 누각에 비단 막을 치고 그 안에 클레오파트라가 비스듬히 누워 있는데, 그의 몸 차림은 비너스 여신(아름다움과 사랑을 상징하는 여신)같이 차리었고, 좌우 쪽에는 큐피드(사랑의 신)의 복장을 한 남자 아이들이 둘러서서 여왕에게 부채질을 해 주고 있었다. 그리고 여러 시녀들은 모두 다 인어처럼 차리고, 뱃사공과 시종들도 모두 울긋불긋한 비단 옷을 입었는데, 배가 항구에 들어서자 향내가 육지 위에까지 퍼지어서, 구름같이 모여 선 구경꾼들의 코를 찔렀다. 이 배가 입항했다는 소문이 쫙 퍼지자 전시(全市) 사람들이 모두 다 해변가로 배 구경을 나가서, 그 시가지 한복판에 단을 쌓고 옥좌를 놓은 곳에 앉아서 클레오파트라의 항복을 받으려고 대기하고 있던 안토니오는 측근 시종 무관들에게 둘러싸여 텅 빈 광장에 고독하게 앉아 있게 되었다. 시민들은 방금 비너스 여신이 배를 타고 와서 바쿠스(포도주를 사랑하는 신)와 만나서 전 아시아 대륙에 축복을 내려 준다고 기뻐 날뛰는 것이었다.

클레오파트라가 탄 배가 닿았다는 소식이 안토니오에게 전달되자, 그는 곧 특사를 보내서 클레오파트라에게 저녁을 함께 먹자고 초청하였다. 그러나 클레오파트라는 배에서 내리지 않고, 그 특사에게 안토니오를 모시고 배로 와서 배에서 저녁을 같이 하자고 초대하였다. 안토니오는 호남자인지라 쾌히 승낙하고 배로 나가 그 향기 풍기는 배 위에서 클레오파트라 양인은 마주앉아 저녁을 먹었다. 바로 이

날 밤, 안토니오와 클레오파트라 양인은 끊을래야 끊을 수 없는 사랑에 얽혀 매이고 말았다.

이때, 안토니오의 아내인 풀비아가 시저를 반대하여 전쟁을 일으키고 남편의 원병援兵을 청구하는 것도 응하지 않고, 안토니오는 클레오파트라에게 흠뻑 반하여서 아내도 돌아보지 않고, 전쟁도 집어치우고, 클레오파트라와 함께 이집트의 도시 알렉산드리아로 가서 매일같이 어린애들처럼 즐겁게 놀기만 하였다. 그들, 두 남녀는 하루도 서로 떨어져 있기가 싫어서 하루는 클레오파트라가 안토니오를 청하여 연회를 열고, 먹고 마시고 놀고는 그 이튿날은 또 안토니오가 클레오파트라를 초대하여서 종일 먹고 마시고 놀았다. 음식을 차릴 때 얼마나 호화스럽게 차려 먹었는가를 짐작할 수 있는 예를 들면, 이런 일이 있었다. 즉, 그 당시 알렉산드리아에 필로타스라는 의사가 살고 있었는데, 그이가 어떤 날 안토니오의 저택에 가 보았더니, 부엌에서 새벽부터 요리를 차리는데, 이 세상에서 사람이 먹는 고기란 무슨 고기든지 없는 것이 없고, 더욱이 놀란 것은 하루 동안에 돼지 여덟 마리를 차례차례 구워내는 것이었다. 이러한 광경을 본 의사는,

"아아니, 웬 손님을 그리 많이 청했노?" 하고 감탄했더니 숙수의 대답이,

"흥 손님이라곤 열두 명 이상 되는 일이 절대로 없지요. 하지만, 안토니오 장군은 통돼지가 아니면 절대로 안 잡숫는데, 그 식사 시간이 일정하지가 않아서, 어떤 날은 일찍 잡숫고, 어떤 날은 늦게 잡숫는다오. 그리고 장군님이 식사를 가져오라고 명령을 내릴 때, 즉시 대령하여야지, 좀 늦어지든지 또는 군 고기가 좀 식었든지 하면 안 잡숫고 벼락이 내리기 때문에, 이렇게 온종일 굽고 있다가 언제나 들여오

라 할 때에 얼른 들어가려고 하루에도 십여 마리 돼지를 계속해 굽고 있는 것이라오" 하고 대답하면서 웃더라는 일화가 있다.

클레오파트라는 밤낮 없이 잠시라도 안토니오를 못 보면 안절부절을 못하여서 종일 쫓아다니면서 마주앉아 둘이서 놀음도 하고 술도 마시고 산보도 꼭 같이 다니는데, 어쩌다가 안토니오가 술이 취하여 거지 복색을 하고 길거리로 돌아다니면서 싸움도 걸고 남의 집에 무단출입을 하거나 할 때에는 클레오파트라는 하녀로 변복하고 꼭 그 뒤를 따라다니었다. 더욱이 요절을 할 일은 하루는 안토니오가 낚시질을 나갔다가 물고기를 한 마리도 잡지 못하여 골이 잔뜩 난 일이 있는데, 그 다음 날에는 안토니오가 낚시질을 나가기 전에 하인들을 시켜서, 물고기를 미리 잡아서 준비해 두었다가, 안토니오가 클레오파트라와 함께 배를 타고 낚시질을 나가서 낚시를 던질 때마다 잠수부潛水夫가 고기를 들고 물 속으로 숨어 들어가서 낚싯대에 꿰어 주도록 하였다. 그리하여 삽시간에 고기를 수십 마리를 낚아 내고 안토니오가 아주 의기양양하여 뽐내는 것을 보고 클레오파트라는 내용을 아는지라, 속으로 우습기 한이 없었으나 겉으로는 아주 낚시질 선수라고 안토니오를 마음껏 추어 주어서 그의 마음을 흡족하게 하여 주었다.

그러나 그날 대궐로 돌아와서는 시녀들을 모아 놓고 낮에 안토니오가 낚시질하던 이야기를 하며 허리를 잡고 웃는 것이었다. 그러고는 한 가지 꾀를 내서 그 이튿날 또다시 낚시질을 가자고 안토니오를 꾀어, 여러 손님들을 함께 데리고 나갔는데, 안토니오가 멋도 모르고 낚시를 던졌더니, 금시에 아주 큰 고기 한 마리가 물려 올라왔다. 안토니오는 아주 뽐내면서 건지어 보니 그 물고기는 산 고기가 아니라,

소금에 절인 고기였다. 그것은 클레오파트라가 잠수부를 시켜서 소금에 절인 고기를 안토니오의 낚싯대에 꿰어 주게 꾸미었던 것이다. 클레오파트라뿐 아니라 모든 손님들도 허리가 끊어지도록 웃었다. 한참 웃고 난 클레오파트라는 안토니오더러 그대는 여러 나라와 왕들을 낚는 재주는 비상하나 물고기를 낚는 재주는 없는 사람이니까, 이제부터는 낚시질은 집어치우자고 하여서 그때부터 낚시질을 하지 않기로 되었다.

이렇듯이 소꿉놀이처럼 재미가 깨가 쏟아지게 노는 동안에 뜻밖에도 안토니오에게 놀라운 소식이 한꺼번에 두 곳에서 왔다. 그 첫 소식은 이탈리아에 내버리고 와서 돌보아 주지 아니한 아내 펄비아가 자작 군대를 이끌고 시저에게 도전하였다가 참패하여 이탈리아에서 쫓겨나서 외국으로 망명을 했다는 소식이요, 둘째 소식은 라버에너스 왕이 안토니오의 영토인 아시아 전 지대를 점령해 버렸다는 놀라운 소식이었다. 이런 소식들을 받은 안토니오는 그야말로 취했던 술이 갑자기 깨는 모양으로 정신이 번쩍 들었다.

안토니오는 즉시 군대를 이끌고 라버에너스 왕을 추격하여 아시아 주 피니시아 국까지 쳐들어갔다. 거기서 그는 자기 아내 펄비아로부터 보내 온 호소 편지를 받았는데, 그는 그 즉시로 다시 아내가 거느린 군대를 응원할 목적으로 방향을 돌리어 로마로 쳐들어가기로 결심하였다. 그리하여 이탈리아에서 망명해 나온 군인들을 모으게 되었는데, 그들의 입으로부터 이번 이탈리아 내란은 시저가 시작한 것이 아니라 순전히 안토니오의 아내 펄비아가 자기 남편이 클레오파트라한테 홀려서 본처인 자기를 돌보지 않는 데 질투를 느끼어 이탈리아에서 소란을 일으키어 안토니오로 하여금 클레오파트라를 버리고 이탈리아로 돌아오도록 하기 위한 연극이었다는 사실을 듣고 그는 대로大怒하였다. 바로 그때, 남편 안토니오를 만나려고 길을 떠났던 그의 아내 펄비아가 중로中路에서 병사했다는 소식이 왔다.

그래서 안토니오는 시저에게 향하였던 오해와 적개심이 자연 풀어져서 로마 정벌을 중지하고, 그냥 평화적으로 로마 시로 들어가니, 시저도 안토니오를 적대시하지 않고 친우로 맞아들였다. 로마의 위정자들은 물론, 시저와 안토니오가 싸우는 것을 좋아하지 않았으므로, 이 두 수령을 한 자리에 모아 화해시키고 대로마국 영토를 양분하여 동반부는 안토니오에게, 서반부는 시저에게 맡기는 조약을 맺어 무사하게 되었다. 그리고 이 수령의 의를 더 한층 강하게 할 목적으로 시저의 누님인 옥타비아와 안토니오 두 사람을 결혼을 시켜서 한 가족을 만들도록 극력 주선하여 성공하였다. 시저 누님 옥타비아는 전 남편을 사별하고 과부가 되어 있었는데, 안토니오도 이번에 상처를 당했으니, 이 두 남녀의 재혼은 정당하였고, 또 내란을 방지하기 위하여서도 가장 훌륭한 정책이라고 하였다. 옥타비아는 시저의 극진한 사랑을 받는 누님일 뿐 아니라, 상당히 현숙한 여인이므로, 이 옥타비아가 안토니오의 아내가 되면 자기 남동생 시저와 남편 안토니오 사이를 잘 조화시켜서, 내란이 일어나지 않으리라고 모두들 믿게 되었다. 그 당시 로마국 법률로 따지면, 과부가 전 남편이 죽은 지 열 달이 차기 전에 재가를 하는 것이 금지되어 있었으나, 어떤 방법으로든지 꼭 안토니오와 시저를 조화시켜서 국가 평화를 유지하고 싶은 생각이 간절하여, 임시 국회를 열어 과부 재혼에 관한 법률을 개정해서 옥타비아와 안토니오가 합법적으로 결혼하도록 한 것이었다.

실은 그 당시, 로마국 수령은 세 사람이었는데, 그 하나인 섹스투스 폼페이우스(폼페이라고도 부름)는 홀로 시실리 도에 웅거해 있으면서, 그 당시 유명했던 해적 떼들의 두목들인 메나스와 메네크라헤스 등과 결탁해 지중해 해상 권리를 독점하고 있었다. 그는 시저와는 사이가 좋지 못하나, 안토니오에게는 호의를 보여서, 안토니오의 전처 펄비아와 안토니오의 어머니가 시저에게 쫓겨나서 국외로 망명해 다닐 적에 시실리 섬에 맞아들여서 후대해 준 일이 있었다.

지금 와서, 시저와 안토니오가 화해하였을 뿐 아니라, 남매 간이 된, 이 좋은 기회에 폼페이까지 끼어서 세 영수領首가 다 같이 화해하여 국내 평화를 영구히 유지하도록 하자고 하여 국회가 주동이 되어 세 영수가 해변가 미세나 산상에 모이게 되었다. 이 회의에서 폼페이에게는 시실리와 사르디니아 섬을 직속 영토로 주기로 하고, 그 대가로 폼페이는 지중해를 공개하여 해적 떼를 다 평정시키는 동시에 매년 얼마씩의 밀을 로마 정부에 바치기로 하여, 서로 양해가 성립되어 조약에 서명하기에 이르렀다.

이 세 영수가 평화조약에 서명을 마치자, 셋이서 돌려 가며 한턱씩 내기로 하고, 그 턱 내는 순서는 제비를 뽑아 정하기로 합의되어서 제비를 뽑았더니, 폼페이가 제일차로 한턱을 내게 되었다.

"자, 그럼 어서 먼저 한턱 내시오. 그런데, 장소는 어디로 하시려오?" 하고 안토니오가 물으니, 폼페이는 서슴지 않고 바로 항구에 정박되어 있는 자기 배를 가리키면서,

"저기 저 배 위에서 내지요. 내가 우리 아버님한테서, 유산으로 물려 받은 것이라고는 저기 저 배 위에 세운 한 채 누각밖엔 없소" 하고 대답하였다. 폼페이가 이런 말을 하게 된 원인은 그때 안토니오가 폼페이 부친의 집을 차지하고 있는 것을 꼬집어 말한 것이었다.

그 배 안 누각에서 주연을 배설하기로 결정이 되어서, 배를 해변에 바싹 다가 대어 닻을 주어 놓고, 미세나 산봉우리로부터 이 배에 이르기까지 널판지로 다리를 놓았다.

　세 영수가 한 자리에 모여서 술이 거나하게 취하여 농담들을 하고 있을 때, 귀순한 해적 떼 두목 중 하나인 메나스가 폼페이 곁으로 바싹 다가와서 귓속말로,

　"장군님! 그래, 장군님께서는 시실리와 사르디니아 두 섬으로 만족하실 작정이십니까? 지금 슬쩍 닻줄을 끊고 배를 바다로 끌고 나가면, 저 두 분은 독 안에 든 쥐가 안 되겠습니까? 그리 되면, 장군님이 이 로마 대국을 총 통치하는 유일한 대왕이 되실 터인데!" 하고 꾀었다. 술이 취한 폼페이가 이 말을 듣고 한참 동안 묵묵히 생각을 하더니, 한숨을 길게 쉬면서,

　"여보게, 자네가 그런 생각이 있으면 나한테 알릴 필요 없이 자네 마음대로 실행했으면 좋을 것을 나한테 미리 물어 보니 나더러 배신자가 되란 말인가? 이제 별수 없이 우리의 이 처지에 만족하고 지낼 수밖에 없게 되었네. 나로서야 어찌 신의를 배반할 수 있으며, 또 후세에라도 나를 반역자로 돌리면 그런 수치가 또 어디 있겠는가!" 하고 대답하였다.

　세 번 연회가 다 끝난 후 폼페이는 시실리로 돌아가고, 시저와 안토니오는 로마에 남아서 둘이서 공동으로 나라를 다스려 나가게 되었다. 그런데, 이상한 일로 사사건건 시저가 안토니오보다 우세하였다. 안토니오 자신도 이것을 자각하여 내심으로 심히 우울해 하였다.

　안토니오가 이집트에 있을 동안에 언젠가 한 번 이집트에서 제일 유명하다는 점쟁이를 불러, 자기 사주팔자를 본 일이 있었는데, 그 점

쟁이가 클레오파트라에게 매수를 당하여서 그랬는지, 혹은 클레오파트라가 안토니오와 떨어져서는 불행할 것이라는 데 동정을 해서 그랬는지, 또 혹은 안토니오의 사주를 그대로 숨김 없이 똑바로 해석해 주었는지, 그 어느 것인지는 똑똑히 알 수 없으나 하여튼 그 점쟁이는 안토니오의 팔자도 물론 대단히 좋지마는, 시저의 팔자와 비하면 언제나 시저에게 눌리게 되어 있으니까 될 수 있는 한, 안토니오는 시저와 같이 있지 말고 따로 떨어져 있는 것이 좋으리라고 경고한 일이 있었던 것이다. 점쟁이는 아주 노골적으로,

"당신의 혼魂은 시저의 혼을 언제나 두려워하고 있을 팔자입니다. 그러므로, 당신이 시저와 갈려서 따로 있을 때에는 당신의 혼이 대단히 용감하고 또 고상하나, 그러나 시저와 가까이 있게 되면, 당신의 혼은 시저의 혼에게 눌려서 기를 펴지 못하게 될 것입니다" 하고 예언하는 것이었다. 그 점쟁이 예언이 과연 맞는지, 안토니오와 시저가 로마 시내에 같이 살면서 심심할 때 주사위 놀음을 하거나 트럼프 놀음을 하면, 번번이 안토니오는 시저에게 지는 것이었다. 가끔 닭싸움을 붙여 보아도 어쩐 일인지 안토니오의 닭이 시저의 닭에게 매번 지곤 하는 것이었다.

그러는 동안에 안토니오가 맡아 다스리는 아시아 영토 내에서 반란이 일어났기 때문에 안토니오는 로마를 떠나서 그리스로 가서 아텐스 시에 주둔하게 되었는데, 이 두 영수가 떨어져 있는 동안에 여러 가지 잡음雜音이 두 사람 사이에 이간을 붙이려 하였다. 시저의 누님이며 안토니오의 아내인 옥타비아는 동생과 남편 틈에 끼어서 매우 고민하다가 동생을 좀 달래 보려고 로마로 돌아왔더니, 시저는 도리어 매부가 누님을 학대하다가 내쫓고 말았다고 투덜거리었다. 옥타

비아가 그렇지 않고 두 사람 사이에 화해를 붙여 볼 목적으로 왔노라고 누누이 변명하였으나, 시저는 그 말을 곧이 듣지 않고 누나더러 안토니오와는 이혼하라고 강요하였다. 그러나, 옥타비아는 자기 남편의 집에 눌러 있으면서 자기 전 남편과의 소생인 아들과 안토니오와의 소생인 아들을 기르면서 동생과 남편이 전쟁을 일으키기까지에는 이르지 않도록 빌고 있었다.

안토니오는 도로 알렉산드리아로 가서 클레오파트라와 함께 살게 되었다. 그리고, 안토니오는 클레오파트라를 이집트, 사이프러스 (키푸로스), 리디아, 시리아 등 여러 나라의 여왕으로 대한다고 공포하였다. 또 안토니오는 클레오파트라의 몸에서 난 자기 아들 알렉산더를 아메니아, 메디아, 파디아 등 여러 나라 왕 중 최고 대왕으로 대한다고 공포하였다. 그리하여서, 알렉산더에게 원 알렉산더 대왕이 즉위할 때 입었던 그 왕복을 입고 즉위식을 거행하게 하고, 또 클레오파트라에게는 아이시스 여신(천지를 주재하는 여신) 모양으로 차리게 하여 즉위식을 거행한 후, 전 국민에게 새로운 아이시스 여신이 하강하였다고 선포하였다.

로마에 있는 옥타비우스 시저는 이러한 정보가 입수되는 쪽쪽 국회에 보고하고, 안토니오를 공격하고 타매唾罵하는 연설을 하여서, 전 로마 시민의 여론이 안토니오를 악평하게 되도록 힘을 기울였다.

안토니오는 또 안토니오대로 시저를 공격하는 글을 써서 계속적으로 전국에 공포하였다.

시저는 꾸준히 원정 준비를 해 오다가 군세가 넉넉하게 되자, 클레오파트라에게 선전포고 하고 안토니오는 이미 자기 영토 전부를 클레오파트라의 아들에게 양여讓與했으니 이 전쟁에 관여할 권리가 없다고 통고하였다.

전쟁은 크게 벌어졌다. 이때 양측 군세를 비교하여 보면, 안토니오는 500척 이상의 배를 가지고 있었으나, 이 배들은 전함이라기보다는 차라리 승전 축하용 선박이라고나 할는지, 너무나 무겁고 둔해서 전투에는 부적당한 배들이었다. 그 외에 보병 약 10만 명, 기마병이 약 1만2천 명이 안토니오 명령 하에 있었다. 시저의 군세를 보면 250척의 전투함, 8만 명의 보병, 약 일만 이천 명의 기병으로 쌍방 군세가 백중伯仲하게 보이었다. 안토니오의 병선兵船 수는 시저의 약 배나 가지고 있었으나, 그 배들을 조종할 줄 아는 선원들이 부족하여서 임시로 그리스 등 지에서 강제로 아무나 징집해 모아 놓으니 그 사람들이 쓸모가 없는 것은 분명한 일이었다.

시저는 만반의 준비를 갖추어 놓은 후, 안토니오에게 특사를 보내서 싸우려거든 어서 싸우러 오라고 독촉하였다. 안토니오는 배에 군사 20만 명을 싣고 선원 2천 명을 부리어 해중으로 나아가 시저의 해군과 일 대 해전海戰을 하려고 하였다. 안토니오로서는 아무리 전쟁이라고 하여도 클레오파트라를 이집트에 남겨 두고 혼자 이탈리아로 상륙 작전을 하기는 싫어서 클레오파트라와 함께 해군을 이끌고 지중해로 가서 결전을 시試할 결심이었다. 그러나 그의 부하들은 해전 경험이 통 없고 육전 경험이 많으므로, 해전은 이집트 해군이나 페니시아 해군에게 맡기고 안토니오는 육군을 이탈리아 본토에 상륙시켜서 육지에서 시저의 군대를 한꺼번에 무찔러 버리는 것이 상책이라고 여러 번 제의했으나, 안토니오는 응하지 않고 바다에 그냥 남아 있었다.

시저의 해군과 안토니오의 해군은 격전을 거듭하였으나, 좀처럼 승부를 결정짓기가 어려웠는데, 어쩐 일인지 갑자기 클레오파트라가 타고 있는 배가 전투를 중지하고 도망하는 것을 본 안토니오는 그만 용기를 잃고 자기 명예도 다 내버리고, 그리운 클레오파트라의 품 속으로 들어가고 싶은 욕망을 걷잡을 수 없어서, 자기도 싸움을 그만 집어 치우고 뱃머리를 돌려 클레오파트라의 배를 따라서 알렉산드리아로 돌아가고 말았다. 정신 없이 용감히 싸우고 있는 부하들을 내버려두고 안토니오는 클레오파트라의 뒤를 따라간 것이다.

안토니오가 클레오파트라의 궁전으로 찾아가니 클레오파트라는 반가이 맞아들여 그 날부터 둘은 밤낮을 가리지 않고 술이 만취하여 놀기만 하였다. 그러나 이 놀이는 자포자기의 놀이었다. 그래서 클레오파트라는 최후의 경우에는 자살을 해버릴 결심까지 하였다. 그리하여, 시종을 시켜서 여러 가지 독약을 구해다가 놓고는, 사형선고를 받고 감옥에서 죽을 날을 기다리고 있는 죄수들을 하나씩 불러내다가 한 가지씩 먹여보아서 죽을 때 얼마나 고통스러워 하는가를 시험해 보았다.

독약을 먹고 죽는 사람들은 그 어떤 종류의 독약임을 막론하고 몹시도 고통스러워 하고 나서야 죽는 것을 보고 클레오파트라는 독약을 먹고 자살할 생각은 버리고, 혹시 독사 뱀들에게 물리어 죽는 것이 어떠한가하는 생각으로 한 사람씩 시험해 보았더니, 독사에게 물린 사람은 별로 고통스러워 하는 빛을 보이지 않고, 그저 머리가 좀 아프다고 하더니 이어서 잠들듯이 죽어 버리는 것이었다. 그래서 클레오파트라는 죽을 때에 이르면 독사 뱀에게 물려 죽기로 내심 결심하고 있었다.

그러면서 또 한편으로는 클레오파트라는 시저에게 특사를 보내어, 자기는 이집트 여왕 자리를 사퇴할 터이니 허용하고 자기 아들에게 양위하도록 허락해 달라고 하였다. 또 안토니오도 시저에게 특사를 보내서 만일에 자기가 이집트에 살고 있는 것을 못마땅하게 생각한다면 자기는 그리스로 가서 아덴 성에서 평민 생활을 하겠으니 허락해 달라고 간청하였다.

시저는 안토니오의 청을 전적으로 거절하고, 클레오파트라에게는 만일에 그가 안토니오를 죽여 버리거나 그렇지 않으면 안토니오를 국외로 추방해 버리면, 그의 청을 들어 주겠다고 회답하였다. 이 시저의 답장을 가지고 알렉산드리아로 온 시저의 특사는 타이리우스라고 하는 사람이었는데, 이 사람은 매우 슬기 있고 수완이 있는 사람이었다. 그는 클레오파트라를 한 번 보자, 곧 그 아름다운 자태에 놀라고 탐복하여서, 시저가 이 클레오파트라 여왕을 한 번 만나 보기만 하면 처벌은커녕 도리어 연애에 빠져 버리게 될 것이니, 여왕은 아무 염려도 말고 안토니오만 내쫓아 버리면 자기가 로마로 돌아가서 시저에게 잘 아뢰어서 왕위를 그대로 보존하도록 해 주겠노라고 하면서 살살 꾀었다. 클레오파트라가 귀가 솔깃하여 그 특사를 극히 후대하였다. 그러나, 너무나 오랫동안 시저의 특사가 클레오파트라와 단둘이서 수근거리는 것을 본 안토니오는 질투심이 끓어 올라서, 시저의 특사를 붙들어다가 볼기를 실컷 때린 다음, 시저한테로 가서 안토니오가 대로하여 특사를 볼기를 때려 쫓아 보냈으니, 시저도 골이 나거든 그때 인질로 시저에게 잡혀 있는 안토니오의 부하 히필추스를 볼기를 때려 내 쫓든지 목을 매 죽이든지 마음대로 하라고 일르더라는 것을 보고하라고 엄명한 후 로마로 돌려보냈다.

시저의 군대는 아프리카에 상륙하여 필루시움 시를 점령하니, 전세는 가일층 험악해졌다. 클레오파트라는 수 많은 노무자를 동원

시켜서 아이시스 성당 근처에 여러 개의 가짜 무덤을 쌓아 놓고 그 무덤들 속에 자기가 가진 금은 보화를 모조리 감추기 시작하였다. 알렉산드리아 시가 시저 군에게 함락되더라도 클레오파트라는 자기 재물을 다 감추어 놓고 내놓지 않을 심산으로 그렇게 한 것이었다.

전쟁은 점점 더 안토니오에게 불리하게 되어서 시저는 자신이 군대를 거느리고 바로 알렉산드리아시 교외까지 다가들어서 성외에 진을 치게 되었다. 안토니오는 특사를 성외로 내보내서 시저에게 단둘이 만나 승부를 결단하자고 교섭하였으나, 시저는 그것을 거절하고 육해군을 통틀어서 시가를 습격해 들어가겠노라고 호언하였다.

그날 밤, 안토니오는 부하 장수와 병졸들을 모아 놓고 술을 나누면서 자기는 천운이 다하였으니, 여기 그냥 머물러 있지 말고 시저에게로 가서 항복하고 시저 편이 되라고 권하였으나, 부하들은 눈물을 흘리면서 생사를 같이 한다고 맹세를 하는 것이었다. 그러나 졸병들은 대개가 다 일이 이미 틀린 것을 깨닫고 그 날 밤 자정 때 성문을 열고 모두 빠져 나가서 시저 군에 가담하고 말았다.

이튿날 아침 일찍이 안토니오가 바다로 향한 성루 위에 올라가 서서 클레오파트라의 해군이 시저의 해군과 최후 접전을 하는 모양을 구경하고 섰노라니, 뜻밖에도 이집트 해군은 시저의 해군 앞으로 배를 저어 가서 싸우지도 않고 그대로 항복해 버리고 도리어 시저의 해군과 합세하여 성을 향하여 밀려오는 것이었다. 이 광경을 본 안토니오는 이 때까지 자기가 자기 목숨까지 내 걸고 클레오파트라를 위하여 싸워 주었는데, 그 클레오파트라는 인제 도리어 자기를 배반하고, 적 시저에게 달라 붙었다고 크게 노하여 시내로 뛰어 내려왔다. 안토니오가 대로하였다는 소식을 들은 클레오파트라는 겁이 나서 이미 지어 두었던 가짜 무덤 안으로 시녀들만 데리고 들어가 숨어서 안으로 문을 잠가 버린 다음 안토니오에게 사람을 보내서 클레오파트라는 죽었다고 보고하게 하였다. 이 소식을 들은 안토니오는 놀라고도 애통하여 방으로 들어가서 갑옷을 훌떡 벗어 버리고,

"아, 아! 안토니오야, 너는 인제 무슨 면목으로 이 세상에 살아 남아 있겠느냐? 내가 제일 귀애하던 나의 애인이 이미 죽었으니… 아, 그러나, 클레오파트라야 안심하라. 내 지금 곧 그대의 뒤를 따르리라" 하고 독백하면서 그의 시종 무관 에로스를 불러서 세워 놓고 자기의 칼을 빼어 내밀면서,

"자 에로스, 그대는 이전부터 내가 명령하면 언제든지 이 칼로 나를 찔러 죽여 주기로 약속했지? 자, 지금 그 때가 이르렀으니, 이 칼로 나를 찔러 죽여 다오" 하고 말하였다. 에로스는 묵묵히 그 칼을 받아 들고 번쩍 높이 들어, 안토니오를 찌르지 않고 자기 몸을 찔러 금방 죽어나가 넘겨졌다. 이것을 본 안토니오는,

"아, 영웅다운 에로스! 나는 그대의 이러한 행동에 감사하오. 그대는 나에게 내가 마땅히 실행하여야만 할 행동의 모범을 보여 주었구나" 하고 감탄하면서 안토니오는 에로스의 몸에 꽂힌 칼을 뽑아들고 자기 자신의 몸을 찔러 자살하고자 하였다. 그는 자기 배에 칼을 꽂고 조그만 침대 위에 엎드리었다. 그러나, 그는 얼른 죽지 못하였다. 잠시 기절했다가 도로 깨어나서, 자기가 아직 죽지 않고 살아 있는 것을 알자, 그는 시종들에게 어서 빨리 죽여 달라고 애걸하였으나, 한 사람도 감히 장군의 몸에 손을 대지 못하고 슬금슬금 다 도망해 나가고 말았다. 안토니오는 고래고래 소리를 지르며 고민하였으나 얼른 죽어지지가 않았다.

바로 이 때 가짜 무덤 안에 숨어 있던 클레오파트라가 안토니오를 모시어 오라고 보낸 사자가 나타났다. 이 사자에게서 클레오파트라는 죽지 않고 무덤 속에 숨어 있다는 말을 들은 안토니오는 어서 빨리 자기를 클레오파트라가 있는 곳으로 데려가 달라고 애걸하였다. 부하들은 죽어 가는 안토니오를 부축하여 클레오파트라가 숨어 있는 무덤 문앞까지 모시고 갔다.

클레오파트라는 무덤 문을 열지 않고 이 층 창문이로부터 필육을 내려 보내서 안토니오의 몸을 매어 끌어 올리려고 하였다. 무덤 안에는 클레오파트라 외에 시녀 두 사람만이 있는 고로, 그 세 여인이 제 아무리 힘을 합하여 끌어 올려도 그 육중한 안토니오의 몸은 좀처럼 끌려 올라가지 않았다. 죽어가는 안토니오는 두 팔을 벌리고 클레오파트라를 쳐다 보고 있었으나, 여자들의 힘으로는 그를 끌어 올릴 도리가 없었다. 마침내는 클레오파트라가 죽을 힘을 다 내어 앞 몸집을 창문턱에 걸고 안토니오의 팔을 붙잡아 끌어 올린 다음, 세 여자가 부축하여서 침대 위에 눕혀 놓고, 다 죽어 가는 안토니오를 내려다보면서 클레오파트라는 제 손톱으로 제 얼굴을 할퀴면서 미친듯이 날뛰었다. 이윽고 좀 진정되자, 자기 옷자락을 찢어서 안토니오 몸에 묻은 피를 닦아 주면서 자기 얼굴을 그의 가슴에 파묻고,

"오! 나의 남편, 나의 주인, 나의 황제님" 하고 울부짖으며 통곡하였다.

안토니오는 부드러운 음성으로 위로의 말을 하며 술을 한 잔 청하였다. 술을 한 잔 쭉 들이키고 나서 안토니오는 클레오파트라에게 과히 슬퍼 하지 말고, 행복스럽게 살라고 권하면서, 자기는 이 세상에 나서 영웅이 되었다가 영웅답게 죽으니, 아무런 유한도 없노라고 말

하고 숨이 끊어졌다.

바로 이 때, 시저가 보낸 특사 프로쿨레이우스가 무덤 앞에 나타났다.

안토니오가 제 칼로 제 배를 찌르고 엎드려 신음하다가 부하들에게 부축되어 클레오파트라에게로 갈 적에 그 부하 중 한 놈이 슬그머니 안토니오의 배에 꽂힌 칼을 빼어 감추어 가지고 몰래 성문을 빠져 나가서 그 피 묻은 칼을 시저에게 바치면서 안토니오가 자살을 하려 했다고 알려 준 것이었다. 이 피 묻은 칼을 받아 쥔 시저는 혼자 골방으로 들어가서 슬피 울었다. 돌이켜 생각해 보면 안토니오는 그의 친우이었고, 매형이었고, 또는 자기와 동등권을 가진 대 로마국의 통치자의 하나가 아니었던가? 오늘날 이렇듯이 비참한 최후를 보게 되다니! 시저는 남자다운 울음을 금할 수 없었던 것이다.

한참 울고 난 시저는 프로쿨레이우스를 불러서 클레오파트라를 찾아가 보라고 하였다. 만일에 클레오파트라마저 죽어 버리면, 그 여왕이 가졌던 온갖 보물을 감춘 곳을 몰라서 전리품을 가지고 로마로 돌아갈 수 없게 되는 것이 염려될 뿐 아니라, 그보다도 이집트 여왕을 산 채로 잡아서 로마로 끌고 가면 자기 인기가 더 한층 높아질 것을 기대하였기 때문이었다.

클레오파트라는 시저의 특사에게 무덤 문을 열어 주지도 아니하고, 또는 시저를 만나 보라고 아무리 권하여도 시저는 만나 볼 필요가 없다고 똑 거절하는 것이었다. 그러고는 시녀를 시켜서 무화과 장수 노파를 곧 불러 들이라 하였다. 무화과 장수 노파가 들고 들어온 과일 광주리 속에는 독사 뱀이 숨겨 있었던 것이다.

(1957)

영국 인포멀 에세이

　영문학에서 유달리 중요한 차리를 차지하고 있는 에세이(Essay)는 포멀 에세이(formal essay)와 인포멀 에세이(informal essay)로 나뉘어져 있다. 이 두 종류는 내용과 표현 방식에 있어서 서로 전혀 다른 것들로 그 후자가 우리가 말하는 수필에 해당하는 것이다. 〈인포멀〉이란 말은 정격正格이 아니라는 말이다. 이것은 그 내용에 있어 객관적 진리는 무게 있는 지식을 전달하는 것을 목적으로 하지 아니하고 다만 독자들에게 기쁨을 주는 것을 목적으로 한다. 그리고 독자를 자극시키지 않고 마음을 늦추게 하는 글이다. 한가한 시간에 쓰여지는 글이며 한가한 시간에 읽을 글이다.

　이 에세이는 논문이 아니므로 무엇을 증명한다거나 어떤 결론에 도달하여 필자의 주장을 독자에게 설명을 시키려 들지 않는다. 정연한 논리적 전개도 필요로 하지 않으며 오히려 원회遠廻와 탈선을 하다가 제 길을 찾아 들어서는 버릇이 있다. 명상적이고 철학에 가까운 경우에 있어서도 결코 조직적 체계는 설립시키지 아니한다. 그리고 포멀 에세이에서는 반드시 정확하여야 할 인용구, 인유, 참조들도 어느 정도의 오류는 용인을 받는다. 그러나 그렇다 하여 인포멀 에세이는 횡설수설하는 잡담이나 만담은 아니다. 적은 사물들을 자유롭게 모아서 가볍게 다루어 한 아이디어를 살린 예술품이다. 그리고 이 작품은 즉석에서 쓴 감을 주며, 퇴고하였다 하더라도 그러한 흔적은 전혀 없어야 한다.

〈인포멀 에세이〉를 퍼스널 에세이(personal essay)라고도 한다. '퍼스널'이라는 말은 필자의 취미, 기분, 성격 등 뚜렷한 개성이 나타나는 것을 의미한다. 에세이의 주제보다도 거기에 나타나는 에세이스트의 개성과 그의 스타일이 더 흥미를 끈다. "글은 사람"이라는 말이 있지만 에세이같이 작자 자신을 보여주는 글은 없다. 그리고 언제나 대개 '나'라고 하는 일인칭으로 쓰여진다.

인포멀 에세이는 패밀리어 에세이(familiar essay)라고도 불리운다. 정다운 편지나 담화 같은 친밀감을 주는 까닭이다. 필자는 독자들과 우정이 있는 전제를 하고 글을 쓴다. 그러므로 자기의 사생활, 구차한 하소연, 모든 개인적 약점까지도 숨김없이 드러낸다. 때로는 대단치 않은 이야기도 그저 하고싶어 하는 수도 있다. 필자는 친구에게 말하듯 아무 거리낌 없이 쓰며 점잖이나 허세는 아예 부리지 아니한다. 그러므로 독자도 필자를 사랑하는 마음, 관대한 마음, 아무거라도 받아들일 수 있는 마음으로 이 글을 대하여야 한다. 찰스 램은 사랑하는 사람만이 그의 '에세이'의 묘미를 맛볼 수 있을 것이다.

인포멀 에세이에 있어서의 영국의 뚜렷한 전통적 특징은 유머(humour)와 서글픔(pathos)을 자아내는 데 있다. 우리들의 미소는 눈물과 같이 다 감성의 산물이다. 포멀 에세이가 지성에 속하는 것이라면 인포멀 에세이는 감성에 속하는 것이다. 그러므로 지성적인 위트(wit)보다는 감성적인 유머가 더 귀중한 요소가 된다.

이 유머를 익살이나 우스꽝스러운 편(fun)으로 알아서는 안 된다. 편을 위주로 쓴 글은 소극(farce)이라고 하며 만문漫文이나 만담과 같은 것이다. 유머는 섬세한 정서를 내포하고 있다. 편은 누구나 즐길 수 있지마는 유머의 센스(Sense of humour)를 가진 사람만이 쓸 수도 있고 읽을 수도 있다. 에세이는 우아하고 점잖은 품이 있다. 남의 아픈 상처를 건드리는 풍자는 아니며 동정을 가지고 인간의 약점을 취급하며 조소보다는 자혜慈惠스러운 미소를 띠우고 있다. 에세이는 슬픔에 있어서도 비통하거나 침울하지 않고 그저 애련하다. 사회의 암흑면, 인간의 저속한 면은 전혀 볼 수 없다. 에세이의 맛은 그리 짜거나 쓰거나 맵지 않다. 향기가 있을 뿐이다.

영국의 에세이스트는 프란시스 베이컨을 시조라 하고 18세기에는 유명한 쌍벽 조제프 애디슨과 리처드 스틸이 있었으며 19세기에는 찰스 램을 비롯하여 윌리엄 해즐릿과 토마스 드 퀸시, 리 헌트, 로버트 루이스 스티븐슨 등이 배출되었으며, 20세기에 와서는 에드워드 V. 루카스, 알리스 메이넬, 맥스 비어봄, G. K. 체스터턴, 올더스 헉슬리, 서머셋 몸, 로버트 린드, A. A. 밀른 등이 에세이스트로서 명성이 있다.

에세이의 제재는 인간의 흥미를 느끼는 자연, 사회의 모든 현상, 가지각색 사물들이 다 될 수 있다. 유명한 에세이들의 제목을 예로 든다면 〈옛날 중국 자기〉, 〈연통 소제부 예찬〉, 〈결혼한 사람에 대한 독신자의 불평〉, 〈철학자가 안 된 까닭〉, 〈무지의 기쁨〉, 〈무위無爲〉, 〈게으름뱅이의 변〉, 〈부끄러움〉, 〈수줍은 아빠〉, 〈남자의 옷〉, 〈정원〉, 〈내 얼굴〉 같은 것들이다.

이상 간단하게나마 본고는 끝맺기로 하고 끝으로 에세이의 본질에 가까운 나의 〈수필〉이라는 글을 여기에 붙여두고 싶다.*   (1958)

---

* 피천득의 수필 〈수필〉은 여기서 생략하였다.

소네트 시형(詩型)

세익스피어의 작품 전부를 시詩라고 할 수 있다. 그러나 극이 아닌 시로 가장 중요한 것은 〈소네트 시집(the Sonnets)〉이다. 물론 세익스피어의 극 속에 들어 있는 수많은 노래들도 문학적 가치가 있는 아름다운 것들이다. 또 그에게는 〈비너스와 아도니스〉(Venus and Adonis), 그리고 〈루크리스(Lucrece)의 능욕凌辱〉 등 중요한 두 서사시敍事詩와, 기타 3, 4종이 있으나, 세익스피어의 작품으로 손색이 있는 것들이다.

소네트는 영국문학에 있어 가장 정형적인 시형이다. 소네트는 14행으로 되어 있으며, 1행은 아이앰빅 펜타미터로 되어 있다. 아이앰빅은 액센트가 약강弱强으로 된 운각韻脚을 말하며 이 운각이 다섯 개로 된 것을 아이앰빅 펜타미터라고 한다. 소네트에는 이태리형과 영국형 2종이 있다. 이태리형은 14행이 8행의 전대절前大節과 6행의 후소절後小節로 이루어진다. 전절前節에서 일으켜진 시상詩想이 후절에 와서 결結을 보게 된다. 영국형 소네트에는 또 세익스피리언 소네트(Shakespearian sonnet)와 스펜시리언 소네트(Spenserian sonnet)의 두 가지 타입이 있으나, 거의 비슷하다.

영국형 소네트는 14행이 나뉘어져서 4행씩으로 세 분단分段이 전장이 되고 마지막 2행이 후행이 된다. 이 4행씩의 세 분단은 내용적 구분으로, 겉으로는 나타나 있지 않고, 마지막 2행만이 표시되어 있다. 마치 한시漢詩의 절구絶句에 있어서의 기승전결起承轉結과 같이, 먼저 세 분단에서 전개된 상상想이 마지막 두 줄에 와서 클라이맥스적인 안정을 갖게 되는 묘미가 있다. 이 마지막 두 줄은 우리나라 시조의 후장後章에서와 같이, 순조로운 흐름을 깨뜨리며, 비약飛躍의 미美와 멋을 보여주는 것이다.

셰익스피어의 이 〈소네트 시집詩集〉은 전부 154편으로 대개 1590년대부터 1609년 사이에 창작創作된 것들이다. 초판이 발행된 것이 1609년이다. 편자編著라고 인정되는 T. T. (Thomas Thorpe)가 쓴 헌정사는 왜 셰익스피어 자신이 아니 썼는지, 또 헌정의 상대인 W.H.가 누구인지 아직도 의문시되고 있다. W.H.는 펨브룩 백작인 윌리엄 하버트(William Herbert, Earl of Pembroke)라는 설이 유력하기도 하나, 확실하지는 않다.

이 〈소네트 시집〉은 그 이야기의 줄거리는 대단히 단순하며, 인물은 시인인 작가와, 그의 고귀하고 수려한 젊은 친구와, 살결이 희지 않고 눈과 머리털이 검은 여인(a dark lady)의 세 사람이다. 시인은 그의 친구를 끔찍이 아끼고 사랑한다. 그 사랑은 우정 이상의 것으로, 마치 애인에게 주는 것과 같다. 그런데 그 친구는 그를 배반하고 시인에게서 '검은 여인'을 빼앗아간다. 시인은 일시 몹시 상심하나, 관대寬大 이상의 관대한 마음으로 다시 친교를 회복한다. 그는 그 여인을 악마惡魔라고까지 비난하나, 자기 친구는 유혹받은 천사天使로 여긴다.

이 등장인물이 실제로 누구인지 확실치 않다. 학자들은 전기적傳記的 흥미를 가지고 연구하여 왔으나, 만족할 만한 해답에 도달하지 못하였다. 가장 유력한 학설은 'The Southampton Theory'와 'The

Pembroke Theory'의 두 설이다. 사우드앰프턴 백작은 본명 Henry Wriothesly(1573~1624)로, 셰익스피어의 후원자(patron)였다. 그는 우아 수려優雅秀麗했으며, 문학 애호자였으며, 1593년 셰익스피어는 그에게 〈비너스와 아도니스〉, 그 이듬해에 〈루크리스〉를 헌정하였다. 그는 셰익스피어보다 나이가 아홉 살 아래이며, 〈소네트 시집〉 124편 1행에 언급된 'Child of state'이기도 하였다.

〈소네트 시집〉을 헌정받은 W. H. 도 Henry Wriothesly의 H. W. 를 일부러 거꾸로 W. H. 라고 썼다는 설도 있다.

'The Pembroke Theory'는, 〈소네트 시집〉의 주인공인 시인의 친구는 펨브룩 백작인 William Herbert(1580~1630)라는 것이다. 하버트는 당시 일반의 경애敬愛를 한몸에 지니고, 엘리자베스 여왕의 총애를 받던 사람이다. 그의 나이는 셰익스피어보다 16세 아래이다. 그는 여왕의 Maid of honour(우리나라의 궁빈宮嬪과 같은 관직)인 Mrs. Mary Filton에게 연정戀情을 가져 사생아私生兒까지 낳게 되었다. 그 결과로 둘이 다 조정에서 추방되고, 일시 투옥까지 당하였었다. 이 여인이 바로 〈소네트 시집〉의 '검은 여인'이라고 말하는 학자들도 있다. 그리고 William Herbert와 시인詩人의 친구와 〈소네트 시집〉을 헌정받은 W. H. 는 동일인이라는 설이 또한 유력하다. 어쨌든 이 두 파는 아직도 논쟁을 하고 있다. 그 외에도 여러 다른 주장들이 있어 흥미를 끌고 있다.

〈소네트 시집〉은 2부로 나뉘어지는데, 제1부(1~126)는 시인이 주로 젊은 친구에게 찬사와 충고를 주며, 제2부(127~154)에서는 주로 여인의 미美를 예찬하고 그의 부정不貞을 비난한다. 이 구분은 그다지 정당한 것은 아니다. 제1부 중 약 80편의 소네트들은 대명사代名詞와 기타 용어用語로 남성에게 말한 것이 증명되나, 나머지 40편에는 성별性別이 나타나 있지 않다.

소네트 105, 116, 119, 121 같이 명상적 독백도 있고 66, 123같이 죽음이나 세월에게 향하여 기원祈願하는 것도 있다. 제2부 역시 이색적인 것들이 있으며, 특히 마지막 153, 154 두 편은 희랍시대의 전설傳說을 소재로 한 시를 영어로 자유역自由譯한 것들이다. 제1부 소네트 1로부터 17까지는 친구에게 결혼하기를 권하는 것이 주제로 된 것들인데, 좀 지리한 감을 준다.

〈소네트 시집〉은 연가連歌나, 연결된 이야기로는 명료하지 않은 점이 있다. 어떤 시편詩篇은 거의 관련성이 없기도 하다. 이 〈소네트 시집〉 각편各篇은 큰 우열愚劣의 차를 가지고 있다. 어떤 것들은 다만 기교技巧 연습에 지나지 않고, 좋은 것들은 애정의 환희와 고뇌를 우아하고 재치 있게 표현하였으며, 그 속에는 진실성과 심오한 철학이 있다.

이 〈소네트 시집〉은 같은 빛깔이면서도 여러 종류의 구슬이 섞여 있는 한 목걸이로 볼 수도 있고, 독립된 구슬들이 들어 있는 한 상자라고 할 수도 있는 것이다.

그의 친구의 아름다움이 과장되어 있으며, 수다스러우면서도 너무 단조롭기도 하다. 그러나 우정 또는 애정이 이리도 숨김없이 종횡무진하게 토로된 것은 드물 것이다. 여기에는 단순한 기교가 조화되어 있으며, 대부분의 시편들이 우아명쾌優雅明快하다.

특히 좋은 시편들은 영문학사상 가장 위대한 걸작품으로, 제 12, 15, 18, 25, 29, 30, 33, 34, 48, 49, 55, 60, 66, 71, 73, 97, 98, 99, 104,

106, 107, 115, 116, 130, 146 등이 여기에 속한다.

(1958)

《J. A. 프루프록의 연가》(T. S. 엘리엇 작) 시 분석

   《J. A. 프루프록의 연가(The Love Song of J. Alfred Prufrock)》는 T. S. 엘리엇이 하버드 대학에서 수학하던 1910년에서 1911년에 걸쳐 쓰여진 시로 알려져 있다. 일찍이 이 시를 발표한 바 있는 《포에트리(Poetry)》지의 해리에트 먼로라는 사람에게 엘리엇이 1916년 7월 6일에 낸 서신에 의하면 엘리엇 자신이 이 시를 그 당시에 쓴 여느 시보다도 높이 평가하고 있다는 것이다.

   물론 엘리엇의 대표시로는 1922년의 《황무지(The Waste Land)》와 1930년에 발표된 《성회 수요일(Ash Wednesday)》과 1943년의 《사중주(Four Quartets)》가 있지만 엘리엇의 시를 읽으려는 독자는 그의 시집(1909~1935)의 첫머리를 장식하고 있는 《프루프록의 연가》를 빼놓을 수 없을 것이다. 그것은 이 130여 행의 시가 함축하고 있는 의미와 내용이 너무나 넓고, 암시하는 주제가 종래의 시와 달리 너무나 특이한 것이라는 사실보다도 엘리엇이 처음으로 대담하게 자기의 독특한 수법으로 이런 시작을 시도했다는 것일 것이다. 엘리엇의 독특한 수법이라고 해서 우리는 엘리엇의 시에서 헤아릴 수 없이 찾아낼 수 있는 다른 시인이나 철학자 혹은 그들의 작품에서 오는 영향을 경시하려고 하는 것은 아니다.

   처음으로 《J. A. 프루프록의 연가》를 읽는 독자는 이 시가 다른 시와는 달리 어느 주인공이 있어서 독백을 하고 있는 듯한 느낌을 얻을 것이다. 이런 독백체로 쓰여진 시는 일찍이 영시에 없었던 것은 아니며 브라우닝(Robert Browning, 1812~1889)의 시나 테니슨(Alfred Tennyson, 1809~1892)의 《율리시즈(Ulysses)》 또는 에이미 로웰(Amy Lowell, 1874~1925)의 《패턴즈(Patterns)》 같은 시에서도 넉넉히 찾아볼 수 있는 것이다. 그러나 엘리엇에 와서는 그런 독백체가 그들의 시에서보다 훨씬 모호해져 독자는 첫째로 독백의 내용을 머리를 써가며 귀를 기울여 알아들어야 하고 다음으로는 독백에서 숨기고 말하지 않는 의미까지도 상상해낼 수 있어야 하는 것이다. 그러므로 자연히 이런 시는 난해하고 불명不明할 수밖에 없는 것이다. 그러나 이 작자作者가 일부러 시를 난해하게 만들거나 의미가 통하지 않는 언어를 써서 독자를 당황하게 만든 것은 아니며 작자의 의도하는 바의 주제를 나타내 보이는 외관상으로 만이 아니라 내면적으로 혹 때로는 시공을 초월해서 다른 제재와 연상하고 비교해서 결국에는 훨씬 더 분명하게 그 주제의 진실을 여러 모로 그리려는 것으로 생각한다.

《J. A. 프루프록의 연가》에서 엘리엇은 '프루프록(J. Alfred Prufrock)'을 통하여 독자에게 주인공의 심적 상태와 처한 입장을 알려주는 내면적인 독백을 들려주어, 그 주인공을 점차적으로 가상해 가도록 하고 있다. 엘리엇은 시가 평면적이 아니라 입체적으로 독자에게 드러나게 하기 위하여 항상 배경을 생각하며 연극과 같은 분위기를 구성한다. 이렇게 처음부터 장면을 만드는데 있어 엘리엇은 '의식의 흐름'이라고 흔히 불려지는 수법을 적용하고 있는 것이다.

프루프록이라는 주인공의 이름은 엘리엇이 세인트 루이스(St. Louis)의 가문에서 빌려온 이름이라는데 앞에 내세운 대문자 'J'자와 함께 생각해보면 어딘지 제목 중의 '연가'라는 말에 어울리지 않는 사무적이고 공식적인 명칭처럼 들린다. 어쩌면 엘리엇은 고의로 이렇게 어울리지 않는 제목을 내걸어 처음부터 주인공 '프루프록'의 심적 태도를 조소하고 시의 테마가 비극적인데 반하여 오히려 희극적인 분위기를 조성해 가려는 의도가 아닌가 한다. '프루(Pru)'는 '프루던트(Prudent)'라는 말에서 왔고 '프록(Frock)'은 '프록코트(Frock coat)'를 가리키는 것으로서, '조심성 있는 신사'를 상징하는 이름이라고 볼 수도 있다. 제목에 이어 엘리엇은 단테의 신곡 중 《지옥편(*Inferno* XXVII, 61~66)》에 나오는 말을 인용하고 있다.

> 내 대답이 세상에 다시 돌아갈 수 있는 자에게 한다고 믿는다면
> 이 불길은 이제 더 흔들리지 않으리다. 그러나 내 들은 바가 참이
> 라면
> 이 지옥에서 살아 돌아간 이 없었으므로 이름을 더럽힐 걱정 없이
> 내가
> 그대에게 대답하련다.

이 말은 《지옥편》에 나오는 대화 중에서도 퍽이나 심각한 내용의 어구인데 이것을 소위 '연가'라는 시의 첫머리에다 내건 것은 퍽 재미있는 일이다. 지옥에서 이 말을 하는 사람은 구이도 몬테펠트로라는 자로 본래 루마니아의 기베린당의 당수로 있다가 후에 프란체스코회에 들어간 사람이다. 그는 단테의 지옥에서도 가장 깊숙한 제8옥의 제8구에서 세상에서 한 이중생활 모양으로 몸에 불길을 두르고 신음하고 있는 것이다. 이 자가 세상에서 범한 죄는 그가 자백하고 있는 대로 프란체스코 수도원에 들어가 겉으로만 수도생활을 했고 또 어

느날 콘스탄틴 대제가 자기를 찾아와 상의하던 끝에 구이도는 지혜를 악용하여 '남을 속이면 성공한다'는 말을 가르쳤던 것으로, 그곳에는 모두 이처럼 세상에 살 때에 온갖 계략으로 남을 속여먹은 자들만이 있다.

이 시의 주인공 프루프록은 구이도처럼 세상에서 실제로 죄를 저지른 일은 없으나 나태한 몽상의 세계를 헤매면서 지성을 남용하고 내심으로 매사에 주저하고 항상 수동적으로 자기자신을 변명하고 합리화함으로써 구이도가 처한 지옥과 같은 자기 속박의 테두리에서 벗어나지 못하고 있는 것이다. 이렇게 생각하면 구이도의 말을 인용한 것이 프루프록의 자기 조소처럼 들리는데 실상 그는 앞으로 독자와 자기의 입장을 구이도와 그를 방문한 비르지리오 및 단테의 입장으로 보고 자기의 세계를 우리에게 고백하려고 하고 있는 것이다.

이 시의 첫머리를 프루프록은 이렇게 시작하고 있다.

> 그러면 가자, 너와 나,
> 저녁이 마치 수술대 위에 마취된
> 환자처럼 하늘에 번져 갈 때에.

첫 줄에 나오는 이인칭 대명사 '너(You)'라는 말은 다른 시에서 흔히 주인공이 독자를 불러 '그대'라고 하는 그런 의미만은 아닌 것 같다. 이 시는 어디까지나 프루프록의 내면적 독백이며 다른 시에서처럼, 독자를 초대해서 단순히 자기가 애호하는 장소를 구경시키려는 그런 목적만을 가진 것은 아니다. 그리고 보면 '너'란 말은 사람이 거울 속에서 자기를 들여다볼 수 있듯이 자기 속에 존재하는 자기를 닮은 내재인을 프루프록이 부르는 말로 생각할 수 있는데, 바꾸어 말하면 인간에게는 다 있는 자연의 본능 혹은 프로이트가 말하고 있는 것과 같은 이성에 반하는 욕망이라고 해도 좋을 것이다.

여하튼 프루프록은 단테의 지옥 속 깊이 파묻혀 있는 구이도처럼 원천한 이중인격의 사람이며 내성적이고 우울하며 신경이 과민하고 소심하고 공포를 느끼는 중년 신사로 등장하고 있는 것이다.

이 시의 줄거리는 헨리 제임스(Henry James)가 1909년에 발표한 《곱슬머리 고닐리어(*Crapy Cornelia*)》라는 작품에서 암시를 받았을 것이라는 말이 있다. 그 얘기 줄거리는 한 중년 독신자가 '워팅감'이라는 부인에게 구혼하려다가 생각을 돌이켜 자기는 이미 늙었다고 주저하는 내용이라는 것이다.

이 시에서 주인공 프루프록이 독백을 시작하는 시간은 10월의 어느 날 저녁이며 연극적인 배경처럼 꾸며진 장면으로는 인적이 거의 그치고, 안개가 끼고, 우울하고, 불결한 거리— 말하자면 항도의 뒷골목처럼 값싼 여관이 있고, 바닥에 톱밥을 깔은 식당이 늘어서 있는 그칠 새 없이 잇달은 길이 보인다.

가자, 인적이 반이나 그친 거리 거리로,
값싼 일박—泊 여관의 싱숭생숭한 밤이며
굴 껍질에 톱밥깔린 식당들이 있는
떠들어대는 으슥한 곳을 지나 가자.

주인공 프루프록은 이런 거리를 통하여 어느 목적지를 방문하고자 하는 것이다. 그는 앞서 말한 자기 속의 '너'라고 호칭되는 존재를 동반하고 가는데, 방문의 목적을 묻지 말고 그저 그 압도적인 문제로 '너'를 이끌어갈 것 같은 거리를 지나가서 방문해 보자는 것이다.

  오오, 묻진 말게, 〈그게 뭐냐?〉고,
  우리 가서 방문해 보자.

  방안에는 여인들이 오간다,
  미켈란젤로를 얘기하면서.

　이 여인들이 르네상스 시대의 대표 조각가 미켈란젤로에 관해서 대화하고 있는 것으로 보아 퍽 상류층의 여인들로 생각되나 실상은 엘리엇이 미켈란젤로라는 인물과 그 여인들의 사소하고 무용한 대화를 대조시켜 그들의 경박하고 현학적인 성미를 풍자하고 있는 것이다.
　앞서 소개한 이 시의 첫머리를 보면 엘리엇은 10월의 저녁을 수술대 위에 누워 마취된 환자에 비하고 있는데, 이런 비유는 예전 시에서는 찾아볼 수 없는 대담한 묘사이며 이 한마디로서 변태적으로 권태로운 현대의 일모日暮를 특정지었다고 하겠다. 다른 시를 읽으면 저녁은 대개 포근하고 고요하고 아늑하고 부드러운 날개처럼 온누리를 내리덮는 것처럼 되어 있지만 여기서는 저녁이 마치 환자의 몸에 마취제가 퍼져 가듯이 하늘에 번져 간다는 것이다.
　그 다음 구절에서 우리는 재미나는 안개의 묘사를 보게 된다. 엘리엇이 안개를 무슨 동물에다 비하고 있는지 살펴보기를 바란다.

유리창에 등을 비벼대는 노란 안개가
유리창에 주둥이를 비벼대는 노란 연기가
저녁의 구석구석으로 혀를 날름거리고

수채에 괸 물 웅덩이 위를 머뭇거리며,
굴뚝에서 떨어지는 검댕을 제 등에 받고
축대 옆으로 미끄러져 살짝 뛰어내려
때가 아늑한 10월 밤인 줄을 알고는
집을 한 바퀴 돌아 잠들어 버린다.

　엘리엇은 이렇게 교묘히 안개와 고양이를 연결하고 있다. 칼 샌드버그라는 시인이 안개를 고양이로 묘사한 시가 생각난다. 그러나 엘리엇의 안개는 샌드버그의 안개처럼 단순하지 않다. 이 고양이 아닌 안개는 금방 보아온 거리의 풍경을 독자에게서 격리시키고 다른 문제로 우리를 이끌어 간다. 또한 이 안개는 10월의 저녁과 주효하여 프루프록의 세계의 대표적인 일면인 권태와 무능력을 나타내고 있다.
　시간은 시시각각으로 흘러가지만 프루프록은 우유부단하며 여전히 망설일 뿐 아무 결심도 할 수 없다는 말을 하고 있다. 준비하고 행동할 시간도 있고, 문제를 야기시킬 시간도 있고 수백 번 망설일 시간도 있기는 있다는 것이다.

너에게도 시간, 내게도 시간,
또한 백 번씩이나 망설일 시간,

백 번씩이나 생각하고 돌이켜 생각할 시간은 있으리.

프루프록은 그 뒤에도 다시 강조하여 시간은 있으나 아무 결단을 못 내리는 자신을 드러내고 있다.

실제로 시간은 있으리.
〈감히 내가?〉 또 〈감히 내가?〉
하고 의심해 볼 시간은.

과민한 프루프록은 격식을 갖춘 자신의 '코트'와 '칼라'와 '넥타이'를 생각하여 자존심을 북돋으려 하나 뒤에서 자신을 조소하는 여인들의 목소리가 귓가에 들려오는 것이다.

〈어쩌면 저이 머리가 저렇게 성길담!〉…
〈그러나 어쩌면 저이 팔다리가 저렇게 가늘담!〉

프루프록은 이렇게 숱한 시간을 흘려 보내면서 아무 실제적인 일을 시작하지 못하고 있으나, 다음의 말을 들어보면 프루프록이 몽상의 세계를 방황하면서 얻은 바를 들을 수 있다.

나는 이미 그것들을 다 알고 있다.
저녁과 아침과 오후를 다 알고 있다.
나는 커피 스푼으로 내 삶을 재어 보았다.

더구나 그는 음악이 들리는 저편 방에서 지껄이는 여인들의 목소리며 그들의 눈초리— 그리고 그들에게 사로잡혀 꼼짝 못하고 바늘에 꽂힌 곤충처럼 팔다리를 벽 위에 허우적거리며, 인간이 원죄의 과실의 잔해를 뱉어버리지 못하듯이 자기가 걸어온 나날의 찌꺼기를 뱉어버리지 못하는 자신을 이미 다 알고 있다는 것이다.

> 나는 그 눈을 알고, 그것들을 다 알았다—
> 틀에 박힌 말투로 빤히 바라보는 눈을,
> 그래서 나도 틀에 박혀 바늘 위에 몸부림칠 때,
> 내가 바늘에 꽂혀 벽 위에 꿈틀거릴 때,
> 그때 내 어찌 내 세월과 노정의
> 남은 찌꺼기를 모두 뱉기 시작하랴?
> 그런데 내 어찌 주제넘으랴?

한 걸음 더 나아가 프루프록은 알고 있는 바를 좀 더 구체적으로 밝힌다.

> 나는 그 팔을 알고, 그것들을 다 알았다—
> 팔찌 끼고, 드러난 흰 팔을,
> (그러나 등불 밑에서 보니 부드러운 밤색 솜털이 돋았구나!)
> 나를 이처럼 탈선시키는 것은
> 옷에서 풍기는 향내일까?
> 식탁 가에 두었거나, 숄을 여미는 팔.
> 그런데 내 주제 넘으랴?
> 그런데 내 어떻게 시작하랴?

그러나 프루프록은 이런 여인의 세계를 알고 있는 반면에 황혼이 깃든 좁은 골목에서 할일없이 소일하는 남자들을 본 경험을 말한다.

> 셔츠 바람에 창밖으로 기대앉은 외로운
> 사내들의 파이프에서 오르는 담배연기를
> 내가 보았다고 말할까?…

아마도 프루프록이 여기에서 의미하는 바는 자기도 역시 그들과 다름없는 사람이라는 것이다. 그러나 우리가 생각해야 할 것은 프루프록은 그들처럼 외로운 사람이지만, 근본적으로 다른 세계에 살고 있다는 것이다. 프루프록은 도저히 그들처럼 고독하고 할일없으므로 해서 안위롭지는 못한 것이다. 프루프록은 단테의 지옥에서 불길이 피어 흔들리고 있는 구이도처럼 항시 압도적인 문제를 짊어지고 심적으로 번뇌하고 울고 단식하고 기도하고 있는 것이다. 그 뒤에 오는 구절에서 프루프록은

> 그러나 내가 울고 단식하고, 울고 기도하였지만 ……

이라는 자백을 하고 있다. 다시 말하면 프루프록은 자기의 시간을 일일이 분석하고, 자기에게 주어진 문제를 생각하고 또다시 돌이켜 생각하지만 처음 의도한 방문을 강행하지 못하고 있다. 그러나 그렇다고 해서 골목길의 창가에서 소일하는 머리가 단조로운 사람들의 세계로 돌아갈 수도 없는 것이다. 여기에서 이 시의 주인공 프루프록은

나는 차라리 고요한 바닷밑을
어기적거리며 지나는 한쌍의 쪼개진
게의 집게발이나 되었으면

하고 한탄을 하는 것이다. 잡음 없이 조용한 바다 밑을 거닐다가 먹을
것이 집게발에 닿기만 하면 어떤 주저나 가책 없이 받아들이면 되는
천한 게의 신세를 동경하는 것이다.

프루프록의 생각은 앞에 나온 방으로 되돌아 간다. 여기서 다시
금 그는 자기를 저울질 해본다.

(약간 벗어진) 내머리가 쟁반에 담겨
들어오는 걸 내가 보았어도
나는 예언자는 아니다— 그러나 여기선
큰 상관은 없다.

예언자 요한이 '살로메'의 사랑을 거절한 결과로 목을 잃은 것과
마찬가지로 프루프록이 만일 그런 결단을 내려서 목을 잃어 자기의
머리가 쟁반에 담겨 들어오는 것을 상상해봤자 자기는 대의를 위하
여 육욕을 버리는 와일드의 작품 《살로메》의 주인공은 못 된다는 것
이다. 이런 생각을 하면서도 프루프록은 죽음이 자기의 옷자락을 붙
들고 낄낄 웃고 있는 것을 보고 두려워 떨고 있는 것이다.

이처럼 끝내 주저하는 프루프록은 앞으로도 프루프록처럼 내성
적인 사람이 그러하듯이 자기가 자기의 시간을 이끌어서 압도적인
문제에로 도달치 못한 것을 변명하고 합리화하려고 애쓴다.

그런데 결국 그 일이 그만한 보람이 있을 뻔 했을까.

　　……
　　우주를 압축해서 공을 만들어
　　어떤 압도적인 문제를 향해 굴렀던들

'우주를 압축해서 공을 만든다'는 말은 앤드루 마아벨(Andrew Marvell, 1621~1678)의 시 〈수줍은 연인(To His Coy Mistress)〉에 있는 말, 즉 '우리의 온 힘과, 우리의 온 달콤함을 뭉쳐 하나의 공으로 만들자…' 라는 말과 같은 취지인데 프루프록에게 있어서는 압도당하는 대상이 우주로, 그것이 뜻하는 바가 훨씬 광범위하며 프루프록이 지닌 근본 적인 문제를 다 포함하는 것 같다.
　　계속해서 프루프록은

　　〈나는 라자루스, 죽은 사람에게서 왔다.
　　너에게 다 말하려 왔다, 다 말하련다〉고
　　한다 한들— (그일이 그만한 보람이 있을 뻔 했을까?)

라는 말을 하는데 라자루스의 이야기는 〈신약〉의 두 곳에서 각기 다 른 인물로 나오고 있다. 하나는 누가복음 16장의 거지 라자루스이고, 다른 하나는 요한복음 11장에 나오는 마리아와 마르다의 오빠이다. 이 시의 라자루스를 〈신약〉의 전자로 보는 이도 있으나 좀 지나치는 것 같고 그저 죽은 후에 예수에 의해 무덤에서 일으켜진 요한복음서 의 라자루스로 보는 것이 옳은 것 같다. 프루프록이 결국 망자의 세계

를 다녀온 라자루스처럼 자기의 방문을 마치고 와서 다 이야기한다
고 한들 무슨 소용이겠냐고 끝까지 합리화한다.

아니! 난 〈햄릿〉 왕자는 아니다.
그럴 팔자도 못되고.

〈덴마크〉의 왕자 햄릿는 부왕의 복수를 위한 사명을 띠고 직접
행동에 이르는 도중 그의 내성적이며 우유부단한 성격 때문에 결심
을 못하고 주저하여 끝내 일대 비극을 이끌어온 주인공이지만, 자기
는 같은 모양으로 주저하기는 하나 햄릿은 못 되고 그 밑에서 왕에게
아부하는 폴로니어스와 같은 존재라는 것을 자인한다.
프루프록이 이제는 결국 자기가 그 압도적 문제를 일으킬 수 없
음을 깨달아 늙은 자기— 물론 마음으로 더 늙은 자기—를 자각하면
서 이렇게 말한다.

나는 늙어가는 거야…… 나는 늙어가는 거야……
내 바짓가랑이 밑을 말아입게 될 거야.

뒷머리를 가를까? 감히 내가 복숭아를
먹을 수 있을까?

이처럼 과민하고 주저하고 내성적이고 성질이 괴벽한 프루프록
은 자신을 해변에 서 있는 한 노인으로 생각한다. 해변에서 물결을 타
며 노는 여인들의 노래가 들려온다. 그러나 벌써 엘리엇은 그들이 자

기와 같은 늙은이를 위해 노래 부르지 않고 있는 것을 안다. 해변에서 바라다 보이는 풍경은 프루프록의 세계와는 대조되는 젊음과 아름다움과 활기가 넘치는 것 같다.

> 나는 인어들이 서로 노래부르는 걸
> 들었다
>
> 그들이 나한테 노래 부른다곤 생각지
> 않는다
>
> 나는 그들이 물결을 타고 바다로
> 가는 걸 보았다
>
> 바람이 희고 검은 물결을 일으킬 때
> 뒤로 불려오는 물결의 흰 머리를 빗질하면서

돌이켜 생각하면 이 시의 첫머리에서 10월의 해 저문 저녁 길을 지나 이때까지 몽상의 세계에서 방황한 것이 바다 위의 파도를 타고 인어들과 어울린 것이 아니라, 그들을 먼 발치에 두고 바닷속의 침실에서 꿈을 꾸고 있었다고나 할까. —프루프록이 사람의 목소리에 정신이 들었을 때 그는 금방 자기에게는 참아낼 수 없는 현실이 부닥쳐 마치 물 밖으로 나온 물고기마냥 혹은 땅에 사는 동물이 물에 빠진 듯, 다시 바다의 침실로 돌아갈 수도 없고 몽상의 세계를 헤매던 프루프록이 몽상 아닌 현실에서 호흡을 할 수도 없는 것을 말해서 익사한다는 말을 쓰고 있다.

> 우리는 바다의 침실에서 머뭇거렸다.
> 붉고 밤색나는 해초를 두른 바다 처녀 곁에서
> 마침내 사람의 목소리에 깨어나 우리는
> 익사한다.

이 시를 통해서 독자는 매우 신랄한 자조적인 독백을 듣게 되는데 이는 불란서의 시인 라포르그의 영향이라고 한다. 그리고 그 밖의 정신적인 것을 물질적인 것에 비하는가 하는 비유는 17세기 영국 형이상학파 시인에게서 온 영향이 아닌가 한다.

요컨대 주인공 프루프록은 이 시에서 불안하고 초조한 현대인의 일면을 대표하는 사람의 타입일 것이며 혹은 엘리엇이 이 시에서 현대의 '햄릿'이라고 할 지성인의 무능과 주저를 풍자하고 있는 것이 아닌가 한다.

엘리엇의 시를 읽는 독자들은 가능하다면 그의 시에 허다한 영향을 미치고 있는 작품을 선택해서 읽어두는 것이 필요한 일이라고 생각한다. 그러나 시를 읽고 감상한다는 것은 어디까지나 독자의 자유이며 또한 읽는 자의 주관적인 사고를 떠나서 있을 수 없는 일이므로, 시를 정독해가면서 여러 모로 생각해보고 연상하는 것도 빼놓을 수 없는 일이라고 하겠다.

(1960)

워즈워스론

생애

　낭만주의 시대의 가장 큰 시인 윌리엄 워즈워스(William Wordsworth, 1770~1850)는 잉글랜드 북부에 있는 호수지대 컴버랜드의 한 작은 촌락 코커머스에 태어났다.

　그의 아버지 존 워즈워스는 코커머스의 변호사로 한 귀족의 토지 관리인이었다. 그의 어머니는 상인의 딸로 신앙심이 강하고 매우 현명한 부인이었다. 윌리엄은 오남매 중에서 위로 둘째였다. 그는 어린 시절을 아름다운 자연 속에서 자유롭게 보냈으며, 성질이 거칠고 의지가 강했다고 한다. 1788년 그가 아홉 살 되던 해에 어머니가 32세로 세상을 떠나고, 5년 후에 아버지마저 돌아갔다. 그의 오남매를 친척들이 나누어 맡기로 하였다. 삼촌 한 분이 윌리엄의 후견인이 되었다.

　1778년 그는 랭커셔 주의 혹스테드라는 작은 시장 도시에 있는 학교에 입학하였다. 여기에서 그는 대학에 갈 때까지 9년이라는 중요한 소년 시절을 보냈다. 인자한 하숙집 아주머니의 사랑을 받으며 목가적 자연 속에서 자유롭고 순결하게 성장하였다. 그는 공부에 구속을 받지 않았으며, 산과 들을 어린 사슴같이 뛰어 다녔다. 사냥, 낚시질, 배 타기, 스케이팅 그리고 산보를 즐겼다. 올리버 골드스미스와 토마스 그레이의 시를 애독하였다.

1787년 그가 17세가 되던 해, 케임브리지대학에 입학하였다. 케임브리지에서 그는 초서, 스펜서 그리고 밀턴을 읽었으며 16세기 후반기 자연시인 윌리엄 쿠퍼와 조지 크랩의 영향을 받았다. 방학에는 누이동생 도로시와 함께 고향인 호수 지방에서 즐거운 나날을 보내었다.

1790년 그의 마지막 방학에는 대학친구 로버트 존스와 같이 대륙 여행을 하였다. 1790년 대학을 졸업한 그는 얼마간 런던에 있었고 여름에는 웨일스 지방을 여행하였다. 그해 11월에 불어를 습득하고 돌아와 어학 선생이 되겠다는 생각으로 불란서로 건너갔다. 얼마간 파리에 있다가 오를레앙으로 옮기어 그 곳에서 1792년 10월까지 체류하였다.

오를레앙에서 미카엘 보뤼와 사귀게 되었다. 보뤼는 루소의 제자이며 혁명에 헌신하는 육군 장교였다. 워즈워스는 그의 영향을 받게 되었으며 열렬한 혁명 지지자가 되었다.

Bliss was it in that dawn to be alive
But to be young was very Heaven!

그 새벽에 살아 있었음은 행복이요
젊음은 진정 천국이었다

(The Prelude, Bk, XI, 11, 108-9)

그러나 보뤼와의 친교보다 더 큰 사건은 아네트 발롱과의 연애였다. 아네트는 워즈워스보다 나아가 네 살이나 위였고 그녀 또한 고아였다. 이 두 사람의 관계는 워즈워스 사후 반세기가 지난 20세기가 되어서야 세상에 알려진 사실이다. 워즈워스는 아네트에게서 불어를 배우다가 사랑에 빠지게 되었다. 마침내 1792년 12월 15일에는 두 사람의 딸 캐롤린이 태어났다. 순산하기 직전에 워즈워스는 자기의 후견인으로부터 결혼 승낙을 얻으려고 귀국하였다. 누이 동생 도로시가 후견인과 교섭하였으나 실패였다. 도로시는 아네트에게 동정에 넘치는 편지를 보냈으며 아네트로부터는 이해와 참을성 있는 답장이 왔다. 아네트는 공포시대(불란서 혁명 직후) 동안 생명의 위협을 받았다. 워즈워스는 생명의 위협을 각오하지 않고는 불란서에 갈 수 없었다. 아네트는 그가 다시 돌아와 캐롤린을 위하여 결혼해주기를 바랐었을 것이다. 워즈워스를 현명하다고 할지 냉정하다고 할지 그는 결혼을 단념하게 되었다. 오래 비밀로 해두었던 이 사실 때문에 그를 위선자라고 말하는 사람도 있다. 아무튼 이 일은 그의 생애에 있어서 단 하나의 상처요, 또 흠인 것이다. 아네트와 도로시 사이에는 서신 왕래가 계속되었다.

1792년 영국에 돌아온 워즈워스는 한때 윌리엄 고드윈(1756~1836)을 중심으로 하는 과격한 인사들과 사귀었으며 1793년 영국이 불란서에 선전포고를 하였을 때에는 불란서의 승리를 바라기까지 하였다. 그러나 혁명에 대한 그의 신념은 무너졌다. 파리에 있던 전제정부는 더 악독한 독재정권으로 바뀌었다. 그뿐 아니라 그 후 나폴레옹의 제국주의가 노골화되었다. 워즈워스는 마음에 인정을 하지 않게 되었다. 그는 혼자서 영국 각지를 방황하기도 하였다. 얼마간 고민하던 끝에 그는 마침내 영국과 모든 영국적인 것을 사랑하는 애국자가 되었다.

    1795년 1월 그가 간호하던 친구 레슬리 칼버트로부터 900파운드의 유산을 받게 되어 워즈워스는 시작詩作에 전심하는 생활을 할 수 있게 되었다. 한 친구가 도셋서 주 레이스다운에 있는 집을 제공하고 누이동생 도로시가 살림을 보살펴 주었다.

    한 살 아래인 누이동생 도로시는 그 자신도 뛰어난 재원이었으나 자기의 일생을 윌리엄을 대성시키는 데 바치었다. 도로시는 참으로 그의 시적 동반자였으며, 평범한 사물에 대한 섬세한 관심을 가져 예리한 시인의 관찰을 한층 더 보충하였다.

    1796년에 새뮤얼 테일러 콜리지와의 우정이 시작되었다. 이 친교는 두 시인을 위하여서 뿐만 아니라, 영국 문학을 위하여서도 참으로 다행한 일이었다. 성격과 천품이 전혀 다른 이 두 천재시인은 서로 공부하며 영향을 주어 각자의 길을 개척하였다. 1797년 워즈워스가 콜리지를 따라 소머셋에 있는 알폴덴으로 이사 간 후 윌리엄, 도로시, 콜리지 세 사람은 매일같이 만나고 긴 도보 여행을 하였다.

    1798년 9월에는 마침내 그들 각자의 시를 한 책에 모은 《서정가요집》(*The Lyrical Ballads*)이 출판되었다. 이 시집은 영국에서 영국 낭만주의 부흥의 시작을 선포한 획기적 작품이었다.

    이 시집 속에는 워즈워스의 〈틴턴 사원에서 몇 마일 떨어진 곳에서 쓰여진 시편〉 같은 걸작이 들어 있고 콜리지가 완성한 단 한 편의 작품이자 그의 대표작인 〈늙은 수부의 노래〉가 실려 있다(1800년에 출판된 제2판 서두에는 워즈워스의 시적 태도를 밝힌 유명한 〈서문〉(Preface)이 실려 있다. 이 시론에서 워즈워스는 성실성, 민주주의, 자연숭배, 단순하고 가식 없는 언어 등 여러 가지를 새로운 이상으로 찬양하였다. 낭만주의와 워즈워스가 낭만주의에 기여한 공헌을 알고자 하는 사람은 반드시 이 〈서문〉을 읽어야 할 것이다. 《서정시집》

의 출판 당시의 평은 대단히 나빴다. 이 시집은 그를 가장 인기 없는 시인으로 출세시켰다. 평론가들은 이 시집을 '혁명적'이라고 하였다. 영국에서 이 당시 영국 사람들은 '혁명적'이라는 말을 대단히 싫어했다. 그러나 그 후 이 시집의 진가가 인정되어 사학자와 비평가들이 1798년을 영국 낭만주의의 기원으로 삼고 있다. 이 시집을 밀턴 이후의 가장 중요한 시집이라고 말하는 학자도 있다).

1798년 겨울을 워즈워스는 그의 누이와 함께 독일에서 보내고 1799년 봄에 돌아와 웨스트모얼랜드(Westmorland)에 있는 그래스미어(Grasmere) 호숫가의 도브 코티지(Dove Cottage)라고 이름하는 작은 집에 정주하였다.

1802년 워즈워스는 도로시와 같이 불란서에 건너가 아네트와 딸 캐롤린을 만나보았다.

4주일간 체류하면서 저녁이면 산보를 하였다고 한다. 그들은 서로 슬프지만 원한 없는 종말을 짓고 헤어졌다. 그 후 모녀는 남에게 업신여김 같은 것을 받지 않고 곧잘 살아간다 하니 다행한 일이었다.

아네트의 양해를 얻고 돌아온 그는 같은 해에 그의 어릴 적 동무 메리 허친슨과 결혼하였다. 부인은 현모양처로서 누이 도로시와 같이 시인을 도왔다.

1807년에는 《2권의 시집(*Poems in Two Volumes*)》이 출판되었다. 1813년에 그들은 윈더미어 호반에 있는 라이달 마운트라 이름하는 집을 샀다. 여기서 워즈워스는 그가 세상을 떠날 때까지 근 40년을 살았다.

1813년 그는 웨스트모어랜드 카운티의 '우편 담당관'이라는 수입 많은 직업을 갖게 되었다. 그는 이제 완전 보수주의자가 되었다. 그는 혁명적 젊은 세대로부터 이탈하여 '길 잃은 지도자(The lost leader)'가 되었다. 그는 자유보다 안정을 더 평가하게 되었다. 그는 나이 먹으면서 점점 보수적이고 완고해졌다. 1821년까지에는 완강한 보수주의자(Tory)가 되었으며, 그는 의회개혁(Parliamentary Reform)을 반대하고 보통선거(Universal Sufferage)를 반대하고 천주교도 해방(Catholic Emancipation)을 반대하고 언론 자유까지 찬성하지 않았다. 그리고 새 세대를 이해하려 들지도 않았다.

말년에 그의 명성은 점점 높아지고 여러 명예를 갖게 되었다. 1838년에 더블린 대학은 그에게 법학박사의 학위를 수여하였으며 1839년에는 옥스퍼드 대학이 같은 학위를 수여하였다. 1843년 그가 73세 때 로버트 사우디의 뒤를 이어 계관시인(Poet Laureate)이 되었다. 처음에는 사양하였으나 당시 수상이었던 로버트 필 경을 통하여 '살아 있는 시인들 중 제1인자에게 정당히 수여되는 것'이라는 빅토리아 여왕의 분부를 듣고 배수하기를 승낙하였다. 그는 관직으로부터 천 파운드의 국록을 받아왔으며, 1842년 그가 그 직을 사임한 후로는 300파운드의 연금까지 받고 있었다.

그는 1799년에서 1850년까지 반세기 동안을 그가 아름다운 호수 지방에서 평화롭고 유복한 생애를 보내어 왔다. 자기를 신랄하게 비평한 바이런보다 20년 먼저 출생한 그는 이 후배 시인보다 20년을 더 살았다. 메튜 아널드가 이름한 '마지막 시의 목소리'는 1850년 4월 23일에 노래하기를 그치고 그가 사랑하는 산과 호수와 사람들 속에서 영원히 잠들었다.

작품

A. 《서정 가요집(*The Lyrical Ballads*)》은 워즈워스와 콜리지 두 사람

의 시를 모아 1798년에 출판한 것으로 영국 낭만주의 문학의 기원을 만드는 획기적 작품집이다. 전자의 시가 틴턴 사원를 포함한 19편, 후자의 시가 4편 들어있다. 1800년 제2판에 붙은 유명한 〈서문〉은 워즈워스의 혁명적 시론이다. 그는 이 시에서 다음과 같은 점을 내세우고 있다. 시의 자료는 보통 일상생활의 작고 별 대수롭지 않은 사물에 신기한 매력을 주는 것이 워즈워스의 특징의 하나인 것이다. 언어는 중류 이하 계급에서 사용하는 일상 용어, 즉 누구나 알 수 있는 평이한 말이다.

Good poetry is the spontaneous overflow of powerful feelings; it takes its origin from emotion recollected in tranquility.
좋은 시는 힘찬 느낌의 자연스러움이 넘쳐 흐름이 그 근원은 평온할 때에 회상되는 정서에서 온다.

이 시집에 들어있는 워즈워스의 가장 중요한 시는 〈틴턴사원에서 수마일 상류에서 읊은 시(Lines Composed a Few Miles above Tintern Abbey)〉 또는 간단히 "틴턴 사원(Tintern Abbey)"이라고 불리워지는 그의 절창(絶唱)이다. 이 시는 무운시(Blank verse)로 쓰였으며 고요한 명상적 음악으로 흐른다. 그리고 '시는 고요한 회상에서 오는 힘찬 감정의 자연적 흐름'이라고 한 그의 시론을 증명해 준다. 이 시에는 그의 다른 우수한 시들 속에 거듭 나타나는 신념들이 전부 담겨져 있다.

시인은 다섯 해 전에 왔던 와이 강변을 누이동생과 같이 찾아왔다. 그 아름답고 고요한 풍경을 다시 본다. 그가 떠나 보지 못했던 동안에도 그 아름다운 형체들은 때때로 시인의 심안에 비치며 그에게 기쁨을 주었다. 무아경에까지 영혼을 승화시키는 것이었다. 시인은 번뇌와 초조로 답답할 때 숲속을 흐르는 와이강으로 그의 마음은 달음질쳤던 것이다. 그러므로 아름다운 자연을 대하는 것은 현재의 기쁨만이 아니라 미래의 정신적 양식이 되는 것이다.

That time is past,
And all its aching joys are now no more,
And all its dizzy raptures. Not for this
Faint I, nor mourn, nor murmur; Other gifts
Have followed; for such loss, I would believe
Abundant recompense. For I have learned.
To look on nature. not as in the hour
Of thoughtless youth; but hearing oftentimes
The still, sad music of humanity,

그 시절은 갔다.
짜릿짜릿한 기쁨도
아찔아찔한 환희도 다 사라졌다.
이 때문에 나는 실망 않으리, 슬퍼 않으리, 불평 아니하리.
다른 은혜가 뒤따랐다. 내가 믿기엔 잃어버린 것에 대한 충분한 보상이어늘
왜냐 하면 분별없는 어린 시절과는 달리 나는 자연을 보는 법을 배웠노라.
인생의 고요하고 슬픈 음악을 듣고.

이제 시인은 소년 시대와는 달리 자연을 사랑하게 되었다. 그가 어렸을 때에는 자연은 그에게 식욕 같은 본능이었다. 그는 산과 들을 어린 사슴과 같이 뛰어다녔다. 이제 인간의 슬픈 음악을 많이 들은 그는 자연 속에서 위안과 교훈을 발견하게 되었다. 자연은 사상의 안주지(安住地), 마음의 유모 그리고 지도자가 된 것이다.

이제 시인은 석양 속에, 대양에, 푸른 하늘에, 사람의 마음 속에 깊이 침투되어 있는 숭고한 존재를 느끼게 되었다. 그는 자연과 신을 거의 혼동하며 안개같이 희미하고 신비스러운 범신론(Pantheism)에 가까운 종교관을 갖게 된다.

> Nature never betrays the heart that loves her.
> 자연은 결코 자기를 사랑하는 마음을 배반하지 아니한다.

는 신념을 얻은 그는 그의 누이에게 언제나 자연에 접하여 마음으로 하여금 아름다운 것들이 살고 있는 집이 되게 하라는 충고로 이 시의 끝을 맺는다.

B. 《2권의 시집》은 1807년 워즈워스가 40세에 가까웠을 때 발간되었다. 이 시집에는 상권에 69편, 하편에 46편, 도합 115편이 들어있다. 이 시집에서 워즈워스는 《서정 가요집》에서 의도한 바를 발전시키었고 실험 단계를 거쳐 큰 영향을 끼쳤다. 그는 《서정 가요집》에서 거의 무운시와 발라드형만을 사용하였으나, 이 시집에 있어서는 여러 가지 시형을 사용하였고 용어도 반드시 보통인의 일상용어뿐 아니라, 예전 시인이 쓴 말도 썼으며 제재도 범위가 넓어졌다.

이 시집 속에는 〈그는 기쁨의 환상이었다(She Was a Phantom of Delight)〉, 〈의무에게 바치는 송가(Ode To Duty)〉, 〈웨스트민스터 다리 위에서(Composed Upon Westminster Bridge)〉, 〈고요하고 거리낌 없는 아름다운 저녁(It is a Beatiful Evening Calm and Free)〉, 〈런던 1802년(London 1802)〉, 〈수선화(The Daffodils)〉, 〈나는 구름처럼 외롭게 방황했네(I Wandered Lonely as a Cloud)〉, 〈외로운 추수꾼(The Soliatry Reaper)〉, 〈뻐꾸기에게(To the Cuckoo)〉, 〈무지개(My Heart Leaps up When I Behold)〉, 〈마이클(Michael)〉, 〈유년시대를 추상하여 불멸을 아는 송가(Ode on Intimations of Immortality)〉 등 걸작들이 들어 있다.

이 시집의 중요한 작품을 읽어보기로 하자.

〈유년시대를 추상하여 불멸을 아는 송가〉 또는 〈불멸의 송가(Immortality Ode)〉라고도 하는 이 시는 1803년에 그 일부가 쓰여졌고 일부는 1806년에 이루어졌다. 이 송가(Ode)는 모든 지식은 단순히 회상에 지나지 않는다는 플라톤 학설에 의존하고 있다. 어린 아이는 천국에서 온다. 그리고 어려서는 꿈같으나마 천국의 기억을 가지고 있으나, 나이를 먹을수록 전생을 잊어버리게 되고 점점 이 세상 물이 들어 속화해 간다고 한다. 그러나 이 시의 영원한 가치는 이 주제의 진실성에 있는 것이 아니라 이 시가 우리의 보편적 환상을 자극하며 어릴 때의 찬란한 광영은 잃었지만 〈뒤에 남은 것에 힘을〉 찾고 위안과 고무를 갈망하는 애처로운 인간적 공명에 있는 것이다.

> There was a time when meadow, grove, and stream,
> The earth, and every common light,
> To me did seem

Appareled in celestial light,

The glory and the freshness of a dream.

It is not now as it hath been of yore;—

Turn whereso'ver I may,

By night or day,

The things which I have seen I now can see no more.

The clouds that gather round the setting sun

Do take a sober coloring from an eye

That take a sober coloring form an eye

That hath kept watch o'er man's mortality;

Another race hath been, and other palms are won,

Thanks to the human heart by whuch we live,

Thanks to its tenderness, its joys and fears,

To me the meanest flower that blows can give

Thoughts that do often lie to deep for tears.

한때는 목장 숲 시대

대지 그리고 눈에 보이는 모든 것들이

천국의 빛으로 싸여

꿈의 광영과 청신을 지니었었다

그러나 지금은 예전과 달라

밤이건 낮이건

어디를 돌아보나

내가 보던 것이 다시 보이지 않아라

석양을 둘러싸고 모인 구름은
인생의 무상을 많이 본 눈에는
침착한 빛을 띠고 있다
이제 하나의 시련을 겪고
다른 하나의 승리를 얻었다
우리가 의지하고 살아가는 인정에 감사하고
그 자비, 희열, 공포에 감사하노니
가끔 가장 빈약한 한 떨기 꽃도
눈물을 흘리기에 너무나 심원한 생각을 준다

C. 《서곡(*The Prelude*)》은 《한 시인의 마음의 성장(Growth of a Poet's Mind)》이라는 부제를 붙인 자서전과 같은 거대한 장편서사시다. 이 시는 1850년 그의 사후에 출판되었다(자세한 해석은 독립하여 따로 편집될 것이다).

그는 인간의 존엄성을 누구보다도 힘있게 노래하였다. 시인으로서의 그의 사명은 인간을 위로하고 승화시키는 데 있었다. 그를 가리켜 자연시인이라고 한다. 그러나 그는 단지 자연을 묘사하는 시인은 아니다. 고적과 명상 속에서 수도승 같은 시련을 겪으며 그는 반세기 동안 자연과 영적 교섭(Spiritual Communion)을 하였다. 스피노자나 칸트의 생활이 그의 철학사상으로 의의意義있듯이 그의 일상생활에는 시인의 존엄성이 있었다.

The silence that is in the starry sky

The sleep that is among the lonely hills.

별 많은 하늘 아래 있는 정적

적막한 산속에 있는 수면

(〈브로엄 성(Braugham Castle)〉L. 163~4)

이 정적감은 〈루시 시편들〉를 비롯하여 〈수선화〉, 〈외로운 추수
꾼〉 등 많은 시가의 특징인 것이다.

워즈워스의 위대성은 그의 철학이나 사상에 있는 것이 아니다.
그것은 체계 있는 것도 아니요, 심오한 것도 아니다. 그의 자연관이나
종교관은 안개가 낀 것 같이 막연하고 신비스럽고 때로는 자연과 신
을 혼동하는 범신론이었다. 그의 영원성은 그의 자연에 대한 숭고한
사랑과 그것이 발전하여 이루어진 인간애에 있는 것이다.

There is one great society on earth

The noble living and the noble dead.

대지 위에는 한 위대한 사회가 있다.

숭고한 산 사람들과 숭고한 죽은 사람들

(〈서곡(The Prelude)〉, Book XI L. 393)

그는 인간의 존엄성을 찬양하였다. 시인으로서의 인간을 승화시
키는 데 있다.

워즈워스는 애련하고 소박한 수많은 노래를 지었다. 〈가련한 수잔의 몽상(The Reverie of Poor Susan)〉, 〈루시에 대해 쓴 시5편(Lucy Poems)〉, 〈루시 그레이, 일명 적막(Lucy Gray or Solitude)〉, 〈마가렛의 상심(The Affliction of Margaret)〉, 〈두 사월 아침(The Two April Mornings)〉, 〈샘(The Fountain)〉, 〈외로운 추수꾼(The Solitary Reaper)〉. 이 중에서 〈외로운 추수꾼〉의 가장 함축성 있는 한 구절을 읽어보면,

Will no one tell me what she sings?
Perhaps the plaintive number flow
For old unhappy, far-off things,
And battles long ago
Or is it some more umble lay,
Familiar matter of today?
Some natural sorrow, loss or pain
That has been, and may be again.

저 처녀는 무엇을 읊조리나
아마도 저 슬픈 노래 마디는
아득한 옛날 슬픈 이야기
오래된 전쟁
아니면 그것은 이즈음 일어나는 일,
그저 소박한 노래인가
예전에 있었고 다시 또 되풀이할
언제나 있을 슬픔, 이별, 고통인가

이 얼마나 함축성있는 표현인가. 워즈워스는 우수한 예술가가 그러하듯이 보통의 흔한 재료를 가지고 보통 아닌 아름다운 시를 썼다.

메튜 아널드가 주장하는 바와 같이 그의 장시인 〈서곡〉(1850)이나 〈소요(The Excursion)〉(1814) 등이 그의 걸작이 아니고 오히려 작은 작품들 중에서 그의 진가를 발견할 수 있다. 큰 작품 속에는 가다가 아름다운 곳이 처처에 있고 한결같이 고르지가 못하여 무미하고 지리한 곳이 많다. 그러나 짧은 시에는 주옥 같은 것이 수없이 많은 것이다.

워즈워스는 60년 동안이나 시를 계속하여 썼다. 그 양으로 말하면 아주 작은 활자를 이단으로 짜서 인쇄해도 1000쪽이 더 된다. 그러나 그의 걸작이라고 할 작품은 약 1할, 즉 100쪽에 지나지 않는다. 그리고 그 창작 기간도 1798년부터 1808년까지 약 10년 동안에 좋은 작품은 다 나오고 만 것이다. 그가 40세가 되자 그의 시적 영감은 감퇴하기 시작하였으며 그후 40년간은 직업적으로 또는 습관적으로 시를 썼다.

그는 작고 평범한 것을 세밀히 보는 눈을 가졌다. 그는 우리가 보지 못하고 지나치는 것을 우리에게 보여주는 진실한 보는 자(Seer)이다. 비극적 열정, 초자연적인 환상, 이런 것들은 그의 영역이 아니고 자연과 인생에서 언제나 있을 수 있는 작은 사물을 우리에게 신기하게 보여주는 것이다. 그는 침통하지 않고 열정적이지 않으며 치열한 갈등이 없고, 따라서 박력이 없고 유머가 없다.

그러나 그는 성실하고 안정성이 있고 엄숙하였다. 그리고 전체적 부피와 양에 있어서는 물론 걸작이라고 할 우수한 작품에 있어서도 다른 낭만시인에게서는 그만한 분량을 찾을 수 없다.

그 자신이 큰 시인이요, 가장 우수한 비평가의 한 사람인 메튜 아널드(1822~1888)는 워즈워스의 업적을 셰익스피어와 밀턴 이후 최대의 것이라 하였다. 영국 낭만문학의 대표적 시인으로 워즈워스의 영원성을 믿지 않는 비평가는 한 사람도 없을 것이다.

아널드는 1860년 워즈워스의 별세 즈음하여 쓴 〈추도시(Memorial Verses)〉에서 다음과 같이 읊었다.

> Time may resore us in his course
> Goethe's sage mind and Byron's force;
> But when will Europe's later hour
> Again find Wordsworth's healing power?

> 세월은 우리에게 다시 가져올 수도 있을 거다.
> 괴테의 예지를, 바이런의 힘을
> 그러나 유럽의 미래는 어느 시절에
> 워즈워스의 치유하는 효능을 찾을 것인가?

참고 문헌

A. 작품집

Thomas Hutchinson : *The Poems of William Wordsworth*, The Oxford Wordsworth, Oxford.

Matthew Arnold : *Poems of Wordsworth*, Golden Treasury Series, Macmillan.

B. 평전

F. W. H. Myers : *Wordsworth*, English Men of Letters Series, Macmillan.

S. T. Coleridge : *Biographia Literaria*, Oxford.

Ernest De Selincourt : *Wordsworth's Prelude*, Oxford.

Helen Darbishire : *The Poet Wordsworth*, Oxford.

R. D. Havens : *The Mind of A POET*, 2 vols., The Johns Hopkins Press.

Matthew Arnold : *Essays in Criticism*, Second Series, Macmillan.

A. C. Bradley : *Oxford Lectures on Poetry*, Oxford.

(1960)

소네트에 대하여

소네트(SONNET)는 이태리·프랑스·스페인·영국 등 여러 나라의 시형詩型으로 약 13세기경 이태리나 프랑스에서 시작되었다고 한다.

영국에서는 16세기 엘리자베스 조朝 때 이태리로부터 들어와 성왕하게 되기 시작하였다. Philip Sidney, Edmund Spenser, Shakespeare 등이 당시 유명한 소네트 작가들이며, 현대 시인들에 이르기까지 많은 시인들이 소네트를 써왔다. 소네트는 영국에 있어 가장 정형적定型的인 시형이다. 소네트는 14행으로 되어 있으며 1행은 10개의 음절音節, 즉 엄밀히 말하면 아이앰빅 펜타미터(iambic pentameter)로 되어 있다. 아이앰빅(iambic)이란 말은 액센트가 약강 약강으로 된 운각(韻脚·foot)을 말하며, 이 운각이 다섯 개로 된 것을 아이앰빅 펜타미터라고 한다. 블랭크 버어스(blank verse)나 히로익 커플렛(heroic couplet)을 위시하여 영국의 대부분의 시행詩行은 이 아이앰빅 펜타미터로 되어 있다. 영국에 있어서 소네트는 두 가지 형이 있는데, 하나는 이태리형 소네트요 다른 하나는 영국형 소네트이다. 이태리형 소네트는 피트라칸 소네트(Petrarchan sonnet)라고도 하며, 영국형 소네트는 셰익스피리언 소네트(Shakespearian sonnet)와 스펜시리언 소네트(Spenserian sonnet)의 두 가지 타입이 있다. 이태리형 소네트는 옥타브(Octave)라 부르는 전장前章 8행과 세스텟(Sestet)이라 부르는 후문장後文章 6행으로 되어 있다.

이 옥타브와 세스텟은 그 라임(rhyme)이 abba abba cde(후장의 세스텟에 있어서는 cdcdcd 또는 cde cde로 변하기도 한다)로 되어 있다. 영국형 소네트에 있어서는 4행씩으로 된 세 분단이 전장이 되고 마지막 두 줄이 후장이 된다. 그 라임은 세익스피리언 소네트에 있어서는 abab cdcd efef gg로 되어 있고, 스펜시리언 소네트에 있어서는 abab bcbc cdcd ee로 되어 있다. 이태리형에 있어서는 전장에서 일으켜진 시상이 후장에 와서 결結을 보게 된다. 다시 말하면 전장에서 지시된 문제나 서술이 후장에서 풀리고 대답되는 것이다. 마치 바다의 물결이 들이쳤다가 다시 바다로 나가는 것과 같다고 할 수 있다. 영국형 소네트에 있어서는 한시漢詩 절구絶句에 있어서의 기승전결起承轉結과 같이 먼저 세 분단分段에서 전개된 상상이 마지막 두 줄에 와서 클라이맥스적인 안정을 갖게 되는 묘미가 있다. 일반적으로 영국형은 우아하고 재치 있고, 영시에 있어서의 이태리형은 정중하고 심각深刻하다.

마치 시조를 풍월이라고 하듯이 소네트를 시의 스포츠라고 말한 사람이 있다. 즉 가벼운 장난이나 재담이란 말이다. 사실 엘리자베스조朝 소네트 속에는 가볍고 재치 있는 말재주들이 있다.

그러나 엄숙하고 심원深遠한 사상을 밀턴이나 워즈워스는 소네트로 발표하였다. 또 소네티어(sonneteer)라고 낮추 불러 소네트 작가들은 멸시하는 때도 있다. 그래서 워즈워스는 〈소네트 작가를 멸시하지 말라〉는 소네트까지도 쓴 일이 있다. 소네트라고 하여 시형詩型에다 말만 채워 넣어 기계적인 빈약한 것들을 써낸 사람들이 있었기 때문이다. 우리나라 시조時調에도 한시漢詩를 그냥 가져오거나 한시에다 토를 달거나 유교적儒敎的 윤시倫詩를 나열한 것들이 많아, 시라고 할 수 없는 것들이 있는 것과 마찬가지이다.

소네트는 한순간의 기념비記念碑란 말이 있다. 소네트가 단일하고 간결한 시상詩想을 담는 형식이므로 이 순간의 기념비란 말에 진리가 없는 바는 아니나, 이 순간적 표현으로 시상이 결정화되기까지에는 뿌리 깊은 상상想이 오래 숨어 있다가 되나오는 수가 많다. 소네트가 너무 짧아서 심원한 상을 담기 어려운 감도 있으나 소네트들의 연결, 즉 시퀀스 오브 소네트(Sequence of sonnets)를 쓸 수도 있다. 시드니(Sidney)의 〈별의 애인愛人과 별〉(Astrophel and stella), 스펜서(Spenser)의 〈사랑〉(Amoretti), 또 브라우닝 부인(夫人·Mrs. Browning)의 〈포르투갈인의 소네트〉(Sonnet from the Portuguese), 크리스티나 로제티(Christina Rossetti)의 〈이름 없는 귀부녀貴婦女〉(Monna Innominata) 등이 있다. 소네트 오브 소네트(Sonnet of sonnet)라고 하여 열두 개의 소네트를 연결시킬 수도 있다.

우리나라 시조時調에서 과거에 퇴계退溪 도산십이곡陶山十二曲, 율곡栗谷의 고산구곡高山九曲, 윤고산尹孤山의 오우가五友歌, 근래에 와서 춘원春園·노산鷺山·가람 같은 분들의 연시조聯時調를 연상케 한다. 이런 경우에 있어 시조 하나하나가 서로 의존하지 아니하고 독립해서 존재할 수 있으며, 또한 연결 속에 통일성統一性을 가져야 하는 것과 같이 시퀀스 오브 소네트에서도 그러하다. 소네트는 엄격한 정형시定型詩이기 때문에 시인은 표현에 있어 많은 제한을 받게 된다. 즉 압축된 농도 진하고 간결한 표현을 하기 위하여 모든 시적 기교技巧를 부려야 한다. 그리고 소네트는 시상詩想의 집중체集中體이므로 한 말 한 말이 다 불가결한 것이라야 하며 존재存在의 이유가 있어야 한다. 감정이나 사상의 무제한한 토로가 아니고 재고 깎고 닦고 들어맞춘 예술품이라야 한다. 이런 시형에 맞추느라고 노력하는 중에 뜻하지 아니한 좋은 표현을 할 수도 있다. 수백 년 간 지켜내려 온 소네트형에는 영국민족英國民族에게 생리적으로 부합되는 무슨 자연성이 있는가 싶다. 그러기에 대시인大詩人 셰익스피어는 154의 소네트를 썼으며, 워즈워스는 5백 수首를 넘어 쓰고, 밀턴과 키이츠도 많은 위대한 소네트를 썼다. 시드니·스펜서·셰익스피어 등 엘리자베스 조朝 소네트 작가들은 영국형 소네트를 썼으며, 밀턴과 워즈워스는 이태리형을 더 좋아하였고, 키이츠는 두 형을 다 같이 아울러 잘 썼다. 아무러나 16세기부터 현대에 이르기까지 소네트는 영국에서 가장 많이 사용한 정형적定型的 시형이다.

특히 여류시인들이 소네트를 사랑하여 엘리자베스 브라우닝(Elizabeth Browning)·크리스티나 로제티(Christina Rossetti), 현대에 이르러 에드나 빈센트(Edna Vincent)·밀레(Millay)들이 많은 아름다운 소네트를 썼다. 그들은 우리나라의 황진이黃眞伊를 생각게 한다.

끝으로 소네트와 우리 시조를 비교하여 본다면, 첫째 둘 다 유일唯一한 정규적定規的 시형詩型으로 수백 년 간 끊임없이 사용되었다는 점, 둘째 많은 사람들이 써왔다는 점이 같고, 영국에 있어서 시인 아닌 사람들도 소네트를 써왔으며, 우리나라에 있어서도 학자나 시인 이외에 임금으로부터 서민에 이르기까지 시조를 써 왔다. 현존現存 시조가 2천수首 밖에 안 되나 그 중에 작가 미상을 제외하고 알려진 작자만 해도 2백 명을 초과한다. 셋째 소네트에 있어서나 시조에 있어서나 전 대절前大節과 후소절後小節이 내용에 있어서나 형식에 있어서나 확실히 구분되어 있다. 특히 영국형 소네트는 우리나라 시조와 매우 같다 할 것이며, 소네트의 마지막 두 줄은 시조의 종장終章에서와 같이 순조로운 흐름을 깨뜨리며 비약의 미美와 멋을 보여주는 것이다. 넷째 내용에 있어 소네트나 시조 모두 다 애정을 취급한 것이 많다. 엘리자베스 조朝 소네트의 거의 대부분은 사랑을 취급하였으며, 후세인 시인이 사랑에 대하여 읊을 여지가 없이 만들어놓았다는 말까지 있다. 우리나라 시조로 말하더라도 시조류이詩調類耳 1,450수首 중 조윤제趙潤濟 박사의 통계에 의하면 352수가 남녀의 사랑과 이별사상離別思想을 취급하였다.

소네트와 시조時調의 상이점을 들어본다면, 엇시조나 사설시조를 제외하고는 평시조 한 편만을 소네트와 고려考慮할 때 시형詩型의 폭이 좁다고 할 것이요, 따라서 시조에서는 시상의 변두리만 울려 여운을 남기고, 소네트에 있어서는 적은 스페이스 안에서도 설명과 수다가 많다.

영시英詩에 있어서도 자연의 미美는 가장 중요한 미의 하나를 차지하고 있지만, 시조에 있어서와 같이 순수한 자연의 미를 예찬한 것이 드물다. 시조는 폐정閉靜과 무상無常을 읊는 것이 극히 많으며, 한恨 많고 소극적이나 소네트의 시상은 낙관적이며 종교적 색채를 가진 것이 많다.

소네트나 시조나 복잡다단한 현대 생활에서, 시의 주류적主流的인 역할은 할 수 없으나 마땅히 일면一面을 차지하고 나갈 것이다. 서양인 생활에도 소네트 시형에 맞는 면이 있고, 시조에도 우리의 생리와 조화되는 점이 지금도 있을 것이다. 시조의 경지는 초현실주의(超現實主義·Existentialism)나 실존주의(實存主義·Surrealism)보다는 더 가까운 데가 있다.

(1964)

영미의 포크 발라드와
한국 서사민요의 비교연구*

I. 서론

이 논문의 목적은 영미의 포크 발라드(Folk Ballad)와 한국 서사민요를 비교연구하여 지리적, 역사적, 사회적인 요인을 달리하고 있는 양자의 특성을 대조적으로 규명하고, 내재하는 공통점과 차이점을 검토하므로써 양자가 지닌 문화적 배경을 민속적으로 고찰함에 다소 나마 도움을 주려는 데 있다.

이와 같은 연구가 결실된다면, 발라드가 구미歐美의 전유물처럼 여겨오던 사고에 반증이 될 것이고, 서사민요의 특성을 상대적으로 해명함과 아울러, 이 방면의 연구가 중요함이 한층 명백히 드러나게 될 것이다.

이상의 전제는 첫째로, 영미의 포크 발라드의 역사와 특성을 고찰할 필요성과 아울러 이에 대응하는 비교연구의 장르로서 한국의 서사민요가 과연 이에 해당되느냐를 입증할 필요를 불러 일으킨다.

대부분의 발라드는 적어도 15세기 이전부터 구라파에서 구전되어 내려오다가 18, 9세기에 와서 여러 사람들에 의하여 수집되고 활자의 힘을 빌어 정착된 작자 불명인 설화체說話體의 민요다. 구라파

---

* 심명호(서울대 명예교수)와 공동연구

중에서 특히 영국의 내륙지방(스코트랜드와의 접경지역)과 스페인 남부 및 스칸디나비아 북부에서 많은 발라드가 발견된 것으로 전한다.

영국의 발라드는 일련의 수집가 비숍 퍼시(1729~1811), 조세프 릿슨(1752~1803), 월터 스콧 경(1771~1832), 로버트 제미슨(1780~1844), 윌리엄 마더웰(1797~1835) 등이 수집한 서사민요에 원고와 사화집을 기초로 하여 하버드대학 교수였던 F. J. 차일드가 1882년에서 1898년 사이에 전통적인 발라드라고 그 자신이 판단한 305유형을 가려내고 이편異篇을 더하여 다섯 권으로 집대성한 것이 오늘까지 영국의 발라드를 연구하는 표준본이 되고 있다.

본 연구에서는 차일드 교수의 《영국과 스코틀랜드 민중 발라드》 (1904) 외에, 역시 하버드 대학 교수인 알버트 B. 프리드만이 편집한 《바이킹 영어권 세계 민중 발라드》를 영미 발라드의 기초 자료로 삼았다. 후자는 차일드 교수가 수집한 영국의 전통적인 발라드를 바탕으로 하고, 거기에다 그 전통을 이어받은 미국의 발라드를 첨가하여 전체 약 350편의 영미 발라드를 엮어 놓았다.

영미 발라드의 특징을 살펴보면 첫째로, 발라드는 〈이야기가 담긴 노래, 또는 노래로 전해지는 이야기〉라는 점이 될 것이다. 둘째로, 발라드는 이야기의 줄거리가 단일하고, 음률 구조가 간략하며 셋째로, 언어는 수식이 없는 직접적인 표현을 택하고 넷째로, 대부분의 발라드는 연으로 나뉘어 있고 다섯 번째는, 작자나 창자唱者의 입장에서 볼 때 그의 개성이 드러나 있지 않은 설화체 민요이다.

…(중략)

다음으로 발라드의 주제를 살피면 대부분의 발라드가 현대 일간지의 사회면에 실릴 내용을 다루고 있음을 알 수 있다. 즉 욕정적인 추문, 이웃지간의 복수, 집안 내의 범죄 등등이 단연 우위를 차지하고 있다. 미국의 발라드에도 위와 같은 주제가 보편적임은 흥미로운 일이다.

이처럼 발라드는 일반 대중의 가정 및 사회생활과 직접적으로 관련된 이야기를 노래로 읊은 것이며, 작자나 창자의 개성이나 감정이 내용에 거의 반영되어 있지 않기 때문에 발라드가 전해주는 이야기가 객관적으로 서술된 것이 특색의 하나이다. 따라서 발라드는 가정이나 사회의 현실을 제 3자의 입장에서 생생하게 그리고 있다.

발라드가 수십 년 혹은 수백 년 동안 활자화되지 않고 구전되어 내려 왔으므로 상당수의 발라드가 수개 내지 수십 개의 이편異篇을 낳고 있다. 시간의 흐름뿐 아니라 발라드가 전파된 지역이 넓으면 넓을수록 허다한 이편이 생겨났다.

발라드의 기원에 대해서는 확실한 하나의 정설이 없으나, 학자들 사이에는 발라드가 생겨났을 당시의 사회생활 환경이나 발라드의 문체상 특성을 가능한 범위내에서 다각도로 추론하여 원작자가 개인일 것이라는 개인저작설(Theories of individual authorship)과 부락部落 혹은 공동사회에서 여러 사람의 힘을 합하여 한 편의 발라드가 완성되었을 것이라는 공동부락설(Theories of commual origins)이 한때는 서로 맞서고 있었으나 현대에 와서는 발라드의 발생 자체는 개인의 창작일 것이라는 전자의 학설로 기울어지고 있는 듯하다.

지금까지 거론한 영미 발라드의 특성을 간추린다면 다음과 같을 것이다.

    1. 줄거리가 있는 이야기이다.

2. 노래로 불려진다.

3. 형태와 문체와 내용이 간략하다.

4. 비개성적이다.

5. 단일한 사건이나 사태를 집중적이고 극적으로 취급하고 있다.

6. 시적 어법에 구속을 받지 않으며, 어휘는 일상생활과 밀접히 관계
   되어 있다.

7. 반복법이 현저하다.

8. 관용적 표현이 풍부하다.

9. 주제는 현대 일간지 사회면에 담을 여러 사건을 망라하고 있다.

10. 현실적 사건을 객관적으로 묘사하고 있다.

11. 활자화될 때까지 시간적 공간적으로 허다한 이편을 수반하고 있
    다.

12. 작자불명이다.

13. 율문律文이다.

이 밖에도 발라드의 부분적인 특성이 많겠지만 대부분의 발라드
가 공유하고 있는 주요한 특성을 서론에서는 이만 줄이고 이에 대응
하는 한국 문학의 장르인 서사민요에 대하여 살피기로 한다.

국문학 연구서나 한국 민요사 등을 참조하면 서사민요를 독립된
장르로 파악하여 논술한 경우가 드문 것 같다.

국문학에서는 민요를 시가문학의 중요하고 본질적인 민속문학
자료로 보고 있는 것이 사실이나, 서사민요의 장르적인 특성을 지적
한 예가 드물며, 민요의 작자, 전승, 모체, 형태 등을 논할 때에도 민
요의 특성을 일반적으로 취급한 경우가 많다.

그러나 조동일 씨의 《서사민요 연구》(계명대학출판부, 1970)는 구비
문학의 여러 장르들 중에서 서사민요의 특성을 적절히 밝히고, 다각
적 분석을 시도한 점에서 괄목할 만하다.

조동일 씨는 동연구서의 서론에서 민요를 서정, 서사, 교술(敎述)
의 장르로 구분하고 서사민요를 다음과 같이 파악하고 있다.

1. 보편적인 장르의 하나— 누구나 알고 구연(口演)할 수 있다.
2. 형식과 내용이 단순— 분석이 용이하다.
3. 민중생활과 광범위하게 연결— 민중 전체의 보편적 욕구를 반영
   하고 있다.
4. 서사장르의 하나— 서정민요보다 자료가 풍부하고, 교술민요보다
   잘 짜여 있다.
5. 율문으로 된 장르— 산문 장르보다 더 형식적으로 정제되어 있고
   형식 분석이 용이하다.
6. 서사민요에 대한 기존 연구가 전무하다.

같은 책 제2장 장르론의 제2절은 서사민요의 장르적 성격을 다음
과 같이 기술하고 있다.

1. 일정한 성격을 지닌 인물과
2. 일정한 질서를 지닌 사건을 갖춘
3. 있을 수 있는 이야기

조동일 씨는 한걸음 더 나아가 서사장르 류에 속하는 구비口碑장

르 종으로 현재 확인되어 있는 것들이 신화, 전설, 민담, 서사무가叙事巫歌, 판소리 임을 상기시키고 나아가 서사민요의 장르상의 특성을 들어, 서사민요의 독립된 또 하나의 장르로 위의 범주에 추가될 수 있음을 다음과 같이 예증하고 있다.

1. 서사민요의 인물은 다른 서사장르 종과는 특이한 일상적이고 평범한 인물이다.
2. 초자연적 인물은 없다. 이 점이 서사무가나 민담과의 차이다.
3. 특이한 신분이나 지위에 있는 인물도 등장하지 않는다. 이 점은 판소리 및 민담과의 차이다.
4. 성격적인 대립도 분명하지 않다. 이 점은 민담, 판소리, 서사무가와의 차이가 될 수 있다.
5. 등장인물의 범위가 한정되어 있다. 이 점도 다른 서사장르 종과의 차이이다.
6. 서사민요의 사건은 단순, 단일사건이며, 일상적이고 현실적이면서 극적으로 전개된다.
7. 문체는 규칙적이며 단순하다.
8. 율문이다.
9. 공식적 표현과 관용적 표현이 문체에서 아주 중요한 비중을 차지하고 있다.
10. 서사민요는 일반적으로 슬픔의 정서를 지니고 있다.
11. 어휘에는 두드러진 특징이 있다.
12. 서사민요는 길삼 노동요이다.
13. 길삼 노동에 종사하는 평민 여성의 노래이다.

같은 책의 장르론은 제2절 끝에 가서 서사민요가 세계 문학에 두루 존재할 수 있는 가능성을 시사하고 특히 발라드의 유사성을 지적하고 있는 바 같은 책 50~51쪽의 해당 부분을 그대로 인용하고자 한다.

　　서사민요는 한국 문학에만 있는 것인가, 세계 문학에 두루 존재하는 것인가를 검토하는 게 다음 순서이다.
　　서사민요는 요컨대 노래로 된 이야기니 세계 문학에 두루 존재할 수 있는 가능성이 있다. 노래 즉 구전율문은 구비산문과 함께 구비문학의 두 가지 보편적인 형식이고, 이야기 즉 서사는 보편적인 장르류의 하나이니, 구비율문으로 된 서사가 두루 존재할 수 있는 가능성은 원칙적으로 인정될 수 있다.
　　한국 문학에서는, 구비율문으로 된 서사 또는 이와 같은 의미로서의 구비서사시로서 서사무가, 서사민요, 판소리 셋이 있는데, 서구문학에서는 영웅 서사시와 발라드가 있다. 이 중에서 서사민요와 발라드는 특히 유사성이 뚜렷하다.

　　앞서 열거한 발라드의 특성과 조동일 씨가 《서사민요 연구》에서 밝힌 한국의 서사민요의 성격을 우선 서론적으로 대조하여 보면, 양자 사이에는 적어도 다음과 같은 주요한 유사성이 있음을 명백히 알 수 있다. 즉 영미의 발라드나 한국의 서사민요는

　　1. 사건과 줄거리가 있는 이야기이다.
　　2. 노래로 불려진다.

3. 형태와 문체와 내용이 간략하다.

4. 단일한 사건이나 사태를 집중적이고 극적으로 취급하고 있다.

5. 반복법이 현저하게 사용되고 있다.

6. 주제는 일상적이고 현실적이다.

7. 시대적, 지리적으로 많은 이편을 수반하고 있다.

8. 작자불명이다.

9. 율문이다.

10. 관용적 표현이 풍부하다.

11. 어휘는 일상생활과 밀접히 관련되어 있다.

12. 비개성적이다.

이상과 같은 발라드와 서사민요와의 유사성은 발라드의 자체의 특성으로 열거한 내용을 거의 다 충족시키고 있음이 중요시 된다. 다만 5번과 7번 항목인 반복법과 이편은 서사민요의 성격을 열거할 때 언급이 없었으나, 명백한 양자 공통의 유사성이므로 별도 예증의 필요를 느끼지 않는다.

발라드와 서사민요의 차이점으로는 발라드가 연으로 나뉘어 있다고 한 점외에

1) 서사민요의 인물이 평민이라는 점과, 2) 등장인물의 범위가 한정되어 있다는 점과, 3) 서사민요는 일반적으로 슬픔의 정서를 지니고 있다는 점과, 4) 서사민요는 길삼 노동요이며, 5) 이에 종사하는 평민 여성의 노래라는 점 등이 있다.

이상과 같은 유사성과 차이점에 대해서는 각론에서 재고하겠거니와, 발라드와 서사민요가 세부적인 속성에 이르기까지 완전히 유

사하다면 이 양자를 비교연구할 의의를 거의 상실하게 될 것이다. 요는 여기 서론에서는 영미의 발라드와 한국의 서사민요가 서로 비교 가능한 구전문학의 서사장르임을 입증하기만 하면 되는 것이다. 각론에서는 발라드와 서사민요 사이에서 가능한 한 구체적으로 형태상 내용상의 차이를 검토함에 힘을 기울이게 될 것이다.

그러나 영미의 발라드와 한국의 서사민요를 비교하기에 앞서 생각되어야 할 일은 영미의 발라드는 일련의 수집가들과 연구가들에 의하여 오늘날의 것으로 집대성되고 체계화된 반면에, 한국의 서사민요는 조동일 씨의 연구서를 제외하고는 서사민요의 장르가 독립된 것으로 취급되거나 파악되지 않고 있다는 사실이다.

이에 대해서는 앞으로 이 방면에 더욱 많은 연구가 있어야 할 것으로 아나, 다만 본 연구도 시초부터 한국의 서사민요 독자적 특성을 인정하고 나아가서는 서사민요가 구미의 발라드에 상통하는 장르임을 각론을 통하여 뒷받침하고 있는 것이다.

비교연구에 앞선 문제의 하나는 서사민요의 특성을 인정하면서도 서사민요 전반에 대한 언급을 할 때에는 심히 주저할 수 밖에 없는 일이 '한국 서사민요집' 같은 것이 나와 있거나 일반적으로 인정받을 단계에 와 있지 않으므로 (서사민요 자체가 독립하지 못한 마당에) '한국의 서사민요'가 이러저러하다는 말을 할 수 있겠느냐 하는 것이다.

그러나 앞서 언급한 바와 마찬가지로 본 연구는 한국의 서사민요가 불확실한 마당에서 이를 확실히 하려는 노력과 아울러, 그 특성을 영미의 발라드와 견주어 규명하므로서 본 연구에서 대상으로 삼은 바와 같은 민요가 독립된 장르로 성립됨과 아울러 이와 같은 서사민요를 수집하고 옥석을 가려 정립시키는 작업이 조속히 이루어지기를 촉구하는 바이다.

본 연구를 위한 한국의 서사민요로는 조동일 씨의 연구서에 수록된 14개 유형(총173편)과 임동권 편《한국 민요집》(동국문화사, 1961)에서 필자 나름대로 서사민요의 범위에 들어간다고 판단한 민요 약 45개의 유형(총78편)을 합하여 서론 첫머리에서 언급한 영미의 발라드와 비교연구하는 자료로 삼기로 했다. 발라드와 서사민요의 유형별 목록은 본 논문 후미에 부록으로 붙이기로 한다.

　　…(중략)

　　〔다음에 본론의 내용은 생략하고 소제목만 적어둔다〕

　　Ⅱ. 외형적 특성

　　　　발라드의 외형적 특성

　　　　서사민요의 외형적 특성

　　　　외형적 특성의 비교

　　Ⅲ. 문체적 특성

　　　　1. 발라드의 문체적 특성

　　　　2. 서사민요의 문체적 특성

　　　　3. 문체적 특성의 비교

　　Ⅳ. 내면적 특성

　　　　발라드의 내면적 특성

　　　　서사민요의 내면적 특성

　　　　내면적 특성의 비교

　　…(중략)

V. 결론

서론에서부터 제4장에 걸쳐 영미의 발라드와 한국 서사민요의 특성들을 대체로 외형, 문체, 내면으로 구분하여 분석 검토하고 비교 평가하였다.

서론에서 개관 열거했던 양자의 공통적 특성들이 본 연구를 통하여 다음과 같이 취사선택되거나 수정되었다.

(1) 사건과 줄거리가 있는 이야기

(2) 노래로 불려짐

(3) 연으로 나뉘어 있음

(4) 많은 이편(異篇)을 수반

(5) 작자 불명

(6) 율문

(7) 형태, 문체, 내용이 간략

(8) 단일한 사건이나 사태를 집중적 극적으로 묘사

(9) 반복법이 현저하며 그 용법이 동일함

(10) 주제는 일상적이고 현실적

(11) 관용적인 표현이 현저

(12) 일상생활과 밀접하게 관련된 어휘

(13) 작사나 창자의 입장에서 비개성적

(14) 운명론적 사상이 깃들어 있음

(15) 인간의 정(희로애락, Essential Passions)에 근거를 두고있음

그리고 발라드와 서사민요의 차이점으로는 다음과 같은 사항이 비교연구 후에 존속하게 되었다.

  ⑴ 서사민요의 인물은 서민임에 비하여 발라드의 인물은 봉건사회의 각 계층에서 동원되고 있음.
  ⑵ 서사민요의 주제는 가정생활 중심임에 비하여 발라드의 그것은 대인관계 및 사회적 활동에서 유래되고 있음.
  ⑶ 서사민요에는 일반적으로 수심과 체념의 정서가 지배적인 데 반하여 발라드에는 무자비하고 잔인한 감정의 노출이 많음.
  ⑷ 서사민요는 피동적, 소극적, 사실적인 데 반하여 발라드는 능동적, 적극적, 낭만적임.

위의 공통적인 특성 중에서 특히 중요시되는 것을 제2장 제2절에서 밝혀진 대로 발라드뿐만 아니라 서사민요도 분련체分聯體임이 확실시되며 실상 외형적인 특성에서는 서사민요와 발라드가 대개 일치하고 있음을 알 수 있다.

제3장 문체적인 특성에서 밝혀진 바는 발라드와 서사민요가 문체의 간결성, 반복법의 용법, 관용적 표현 및 일상적인 어휘의 사용에서 대개 동일함이 드러났다.

제4장 내면적 특성에서는 발라드와 서사민요가 주제와 등장인물에서 대상과 범위가 훨씬 다르고 사건의 전개와 결말에서도 다소 형식과 방법이 틀림을 알 수 있었으며, 일반적인 정서와 환경에서 양자가 가족관계나 대인관계나 인간 대 환경에 접하는 태도에서 판이한 감정과 정서를 노출하고 있음을 알 수 있다. 그러나 발라드나 서사민요

의 근저를 이루고 있는 것은 인간 본연의 〈정情〉이며, 이에서 비롯되는 〈인간성〉은 양자를 통하여 변함없이 흐르고 있음을 알 수 있었다.

서사민요가 길쌈 노동요이며 길쌈에 종사하는 여성의 노래라는 견해에 필자는 동감할 수 없었으며, 지금까지 서사민요를 분석 검토해 오는 중에도 이에 뒷받침될 아무런 근거를 얻을 수 없었으므로 이는 서사민요의 한 지엽적인 성격으로 받아들일망정 한국의 서사민요 전체를 규정짓는 특성으로는 볼 수 없으리라고 생각되어 이에 대한 상론(詳論)은 피했다.

제4장에서 드러난 바의 등장인물의 차이는 서구사회와는 달리, 서사민요가 성행했으리라고 여겨지는 17, 8세기(이조 중엽)가 봉건사회 체제 하이면서도 양반 귀족과 서민 간에 서구사회에서와 같은 상호 관련(Interaction)이 없었을 뿐만 아니라 상류사회에 속했던 양반 귀족들에게는 그들만이 전유했던 한시의 창작이나 시가의 영창 등에 있어서 서민들이 즐겨 부른 서사민요에는 접하지 않은 것으로 여겨진다. 따라서 주제도 발라드에서는 다양성을 띠고 있으나 서사민요에서는 서민들의 생활이 단조롭고 활동무대가 좁았던 만큼 가족과 생계를 위한 노력과 작업을 중심하여 취해졌던 탓으로 변화가 적고 흔히 같은 주제가 반복 사용된 예를 볼 수 있는 것이 아닌가 한다.

영미의 발라드와 한국의 서사민요에 대한 총괄적인 결론은 양자가 외형적, 문체적 특성에서 동일한 것이며, 내면적 특성에서는 구미의 등장인물과 한국의 등장인물이 각기 생활해 온 역사적, 지리적, 사회적인 환경이 상이한 만큼 다양하고 현격한 차이를 드러내고 있으나 양자가 지극히 〈인간적〉이라는 근본적인 바탕에서는 공통적이라는 것이다.

(1972)

제 4 부
낭만시론

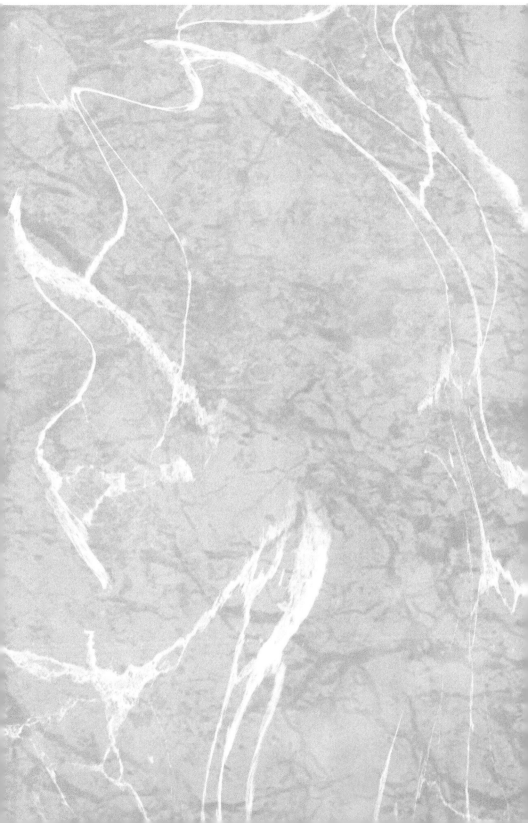

낭만시론[*]

I. 낭만주의의 부활(1798~1832)

영문학은 본질적으로 낭만주의 문학이다. 그러나 18세기는 신고전주의(Neoclassicist)의 시대였다. 그들은 상식과 이성을 개인의 감정보다 존중하였으며 위트를 좋아하고 풍자를 즐겼다. 그들의 생활 배경은 런던이 중심이 되었다. 이 시대의 시는 영웅시격(heroic couplet)으로 표현되었다. 이 시대의 문학에서는 자연성과 단순성이 정확성과 기교에 희생되었다. 그리고 이 시대의 시는 도시를 중심으로 한 시가였고 상상이나 정서보다는 사회, 정치 또는 인물을 비평하고 토론한 것이 많았다.

영문학사에서는《서정 가요집(*The Lyrical Ballads*)》이 출판된 1798년을 낭만시가 시작되는 해라고 한다. 물론《서정 가요집》이 획기적 작품인 것도 사실이지만, 이렇게 정한 것은 편의상 한 것이고 그 전까지는 낭만적 색채가 없다가 1798년부터 갑자기 낭만문학으로 바뀌었다는 말은 아니다. 약 반세기 이전부터 벌써 낭만주의로 돌아가려는 힘이 자라고 있었다. '자연으로 돌아가라'는 루소(Rousseau)의 복음과 미국독립, 프랑스 혁명에서 본 인도주의의 영향을 받았다. 낭만주의의

---

[*] 이 긴 논문은 한국영어영문학편 영미어학문학총서 3권《영시 개론》(1963)에 실렸다(215~307쪽)

부활은 또한 칸트(Kant)의 철학적 영향을 콜리지(Coleridge)를 통하여 받았다.

낭만주의의 특징은 이성에 대한 반항, 감각과 감성, 특히 상상에 대한 예찬이다.

낭만주의 문학자들은 그들의 영감을 자연에서 얻으려 하였으며 그들은 형식보다 내용을 중요시하고 형식으로 하여금 내용을 따르게 하였다. 규칙보다 자유, 보편보다 개성, 그리고 세련된 것보다는 신기한 것을 추구하였다.

초자연적 정서, 중세기 취미, 이국정취, 경이감 등도 낭만주의 문학의 속성이며 반항정신 또한 낭만문학의 중요한 요소이다. 낭만의 기수들은 종교, 정치, 사회 각 방면에 걸쳐 보수적 세력에 항거하여 반기를 들었다.

낭만주의 시대의 시인들을 첫 번째 낭만주의 그룹, 또는 초기 낭만주의자, 두 번째 낭만주의 그룹 또는 후기 낭만주의자로 구분한다. 전자를 호반파(The Lake School), 후자를 악마파(The Satanic School)라고도 한다.

호반파에 속하는 워즈워스와 콜리지는 그레이, 블레이크, 번즈 등 선구자들이 움트게 한 낭만주의 문학을 꽃피게 하였고, 그 뒤에 나타난 소위 악마파의 세 시인, 바이런, 셸리, 키츠는 낭만주의 문학을 결실케 하였다.

이 열매는 19세기 후반 빅토리아 시대에 있어서 더욱 원숙해졌으며 세기말에 이르러 부패하게 되었다.

1. 워즈워스(William Wordsworth, 1770~1850)

(1) 생애

윌리엄 워즈워스의 죽음을 추도하는 〈추도시(Memorial Verse)〉 (1850)에서 아널드는 다음과 같이 읊었다.

> Time may restore us in his course
> Goethe's sage mind and Byron's force;
> But when will Europe's latter hour
> Again find Wordsworth's healing power?

> 괴테의 예지와 바이런의 힘을
> 세월은 우리에게 다시 돌려보내 줄 것이다.
> 그러나 어느 훗날에 구라파는
> 다시 워즈워스의 치유하는 효능을 찾겠는가?

자연의 사도로서 그의 고향인 호수 지방에서 산책과 명상과 시작으로 일생을 산 그는 잉글랜드 북부에 있는 컴벌랜드에서 출생하였다. 아버지 존 워즈워스(John Wordsworth)는 변호사요, 제임스 로더 경(Sir James Lowther)이라는 사람의 토지 관리인이었고 어머니는 호수 지방 고가古家의 딸이었다. 윌리엄은 오남매 중에서 위에서 둘째였다. 그는 몸이 건강하고 성질이 세차고 꿋꿋하였다. 그러나 보는 것, 듣는 것에 대단히 섬세하고 예민한 눈과 귀를 타고났다. 그는 현명한 어머니를 아홉 살에 여의고 5년 후에는 아버지도 세상을 떠났다. 그의 형제들은 친척들이 나누어 맡게 되었으며 삼촌 한 사람이 그의 후견인이 되었다.

1778년 랭커셔의 마켓타운인 호크셰드라는 곳에 있는 학교에 입학하였다. 그는 대학에 갈 때까지 9년 동안이나 그의 가장 중요한 소년 시절을 이곳에서 보냈다. 다행히 그는 마음 좋은 할머니의 사랑을 받았으며 목가적인 자연 속에서 자유롭게 성장하였다. 이때의 그의 성장은 《서곡(The Prelude)》(1850) 제1권과 제2권에 생생하게 서술되어 있다. 여름이면 보트를 젓고 겨울이면 스케이트를 하였다. 그리고 낚시와 승마를 즐겼다. 공부에 구속은 받지 않았으며 올리버 골드스미스와 토마스 그레이의 시를 애독하였다.

1787년 그가 17세 되던 해에 케임브리지 대학에 입학하였다. 케임브리지에서 그는 초서, 스펜서 그리고 밀턴을 읽었으며 16세기 후반기의 자연시인 윌리엄 쿠퍼와 조지 크랩의 영향을 받았다. 방학에는 누이동생 도로시와 함께 고향인 호수 지방에서 즐거운 나날을 보냈다.

1790년 그의 마지막 방학에는 대학 친구인 존스(R. Jones)와 같이 대륙여행을 떠났다. 1790년 대학을 졸업한 그는 얼마간 런던에 있었고 여름에는 웨일즈 지방을 여행하였다. 그해 11월에 불어를 습득하고 돌아와 어학교사가 되겠다는 생각으로 불란서로 건너갔다. 얼마간 파리에 있다가 오를레앙으로 옮겨 그곳에서 1792년 10월까지 체류하였다.

오를레앙에서 미셸 보퓌와 사귀게 되었다. 보퓌는 루소의 제자이며 혁명에 헌신하는 육군 장교였다. 워즈워스는 그의 영향을 받게 되었으며 열렬한 불란서 혁명(1789) 지지자가 되었다.

Bliss was it in that dawn to be alive

But to be young was very Heaven!

그 새벽에 살아있었음은 행복이요,

젊었음은 진정 천국이었다.

《서곡》, BK, 11, 108-9)

　　그러나 보뤼와의 친교보다 더 큰 사건은 아넷 발롱과의 연애였다. 아넷은 워즈워스보다 나이가 네 살이나 위였고 그녀도 또한 고아였다. 이 두 사람의 관계는 워즈워스가 죽은 뒤 반세기가 지난 20세기가 되어서야 세상에 알려졌다. 워즈워스는 아넷에게 불어를 배우다가 사랑에 빠지게 되었다. 마침내 1792년 12월 15일에는 그들의 딸 캐롤라인이 출생하였다. 순산하기 직전에 워즈워스는 자기의 후견인으로부터 결혼 승낙을 얻으려고 귀국하였다. 누이동생 도로시가 후견인과 교섭하였으나 실패하였다. 도로시는 동정에 넘친 편지를 아넷에게 보냈으며 아넷으로부터는 이해와 참을성 있는 답장이 왔다.

　　아넷은 '공포시대'(불란서 혁명 직후) 동안 생명의 위협을 받았다. 워즈워스는 생명의 위협을 각오하지 않고는 불란서에 갈 수 없었다. 아넷은 그가 다시 돌아와 캐롤라인을 위하여 결혼해 주기를 바랐을 것이다. 워즈워스를 현명하다고 할지 냉정하다고 할지, 그는 결혼을 단념하게 되었다. 오래 비밀로 해두었던 이 사실 때문에 그를 위선자라고 말하는 사람도 있다. 아무튼 이 일은 그의 생애에 있어서 단 하나의 상처요, 또 흠인 것이다.

　　1792년 고국에 돌아온 그는 윌리엄 고드윈(1756~1836)을 중심으로 과격한 인사들과 사귀었으며, 1793년 영국이 불란서에 선전포고를 하였을 때에는 불란서의 승리를 바라기까지 하였다. 그러나 불란서 정부는 점점 전체주의적인 경향을 나타냈으며 나폴레옹의 제국주의는 노골화되었다. 얼마 동안 고민한 끝에 그는 영국적인 모든 것을 사랑하는 애국자가 되었다.

1795년에 그가 간호하던 친구 레슬리 칼버트로부터 900파운드의 유산을 물려받자 시작詩作에 전심하게 되었다.

1796년부터 콜리지와의 친교가 시작되었다. 이 친교는 두 시인을 위해서 뿐만 아니라 영문학을 위해서도 다행한 노릇이었다. 1798년에는 마침내 그들 각자의 시를 한 책에 모은 《서정 가요집(The Lyrical Ballards)》이 출판되었다. 이 시집은 영국에서 낭만주의 시대의 시작을 선포한 획기적인 작품이었다. 특히 1800년의 제2판 서문은 그의 시적 태도를 밝힌 글로서 이 글에서 우리는 그의 성실성, 민주주의, 자연숭배, 단순하고 가식 없는 언어에 대한 그의 예찬을 들을 수가 있다. 이 시집을 가리켜 밀턴 이후의 가장 중요한 시집이라는 평을 받게 되었으며, 그것이 출판된 1798년을 비평가들은 낭만문학의 기원으로 삼았다.

누이동생과 함께 독일 여행을 마치고 온 그는 웨스트모얼랜드에 있는 그래스미어 호숫가의 도브 코티지라고 하는 작은 집에 정주하였다.

1802년 그는 누이동생과 같이 프랑스로 건너가 아넷과 딸 캐롤라인을 만나보았다. 그들은 서로 슬프긴 하지만 원한이 없는 종말을 짓고 헤어졌다.

아넷의 양해를 얻고 돌아온 그는 같은 해에 그의 어릴 때의 동무 메리 허친슨과 결혼하였다.

그는 웨스트모어랜드 카운티의 '우편 담당관'이라는 수입 많은 한 직을 얻게 되었다.

그는 이제 완전한 보수주의자가 되었다. 그는 혁명적인 젊은 세대로부터 이탈하여 자유보다 안정을 더 평가하게 되었다. 그는 의회제도혁명, 보통선거, 천주교도 해방을 반대하고 언론의 자유까지 찬성하지 않았다.

말년에 그는 점점 유명해져 마침내 1843년 73세에 사우디(R. Southey)의 뒤를 이어 계관시인이 되었다.

그는 1799년에서 1850까지 반세기 동안을 아름다운 호수 지방에서 평화롭게 보냈다. 아널드가 이름한 '최후의 시적 목소리(The Last Poetic Voice)'는 1850년 4월 23일 노래하기를 그치고 그가 사랑하는 산과 호수와 사람들 속에서 영원히 잠들었다.

(2) 작품

그는 《서정 가요집》의 서문에서 시는 실제로 있는 생활을 읊어야 하며 그 용어는 일상에 쓰이는 말로 써야 된다고 하였다.

자기의 시론을 자기의 시에서 가장 실천화 시킨 시인은 워즈워스이다. 자연에 대한 그의 사랑은 소년 시절에 있어서는 동물적인 것에 가까운 생리적인 것이었다. 그것은 강렬한 본능이었다.

후년 그가 고요한 인류의 음악(the still music of humanity)을 많이 들은 뒤에 자연은 그에게 있어 정신적 지도자요, 마음의 보호자가 되었다. 그리고 모든 그의 윤리적 존재의 영혼(the soul of all his moral being)이었다. 또한 그의 스승은 자연이었다.

One impulse from a vernal wood,

May teach you more of man, moral evil and of good,

Than all the sages can

푸른 숲에서 오는 한 적은 자극은

사람에 대하여, 선과 악에 대하여

모든 성인들을 다 합친 것보다도 더 많이 가르쳐 준다.

(〈The Table Turned〉, 11, 2)

　그의 이와 같은 자연관은 그의 시론과 아울러 여러 시에서 충분히 입증되었다.

　그는 아름다운 자연을 대하는 것은 지금의 기쁨만이 아니라 그 경험이 미래의 마음의 양식이 된다고 하였다. 그러므로 아름다운 것들이 깃들어 있는 과거를 많이 가진 사람이 참으로 행복한 것이라고 생각했다.

He was a priest to us all

Of the wonder and bloom of the world,

Which we saw with his eyes, and were glad

그는 모든 우리들에게

이 세상의 경이와 꽃의 신부님이었다.

우리는 그의 눈으로 보고 즐거워하였다.

(M. Arnold : The Youth of Nature)

그의 자연은 대체로 바이올렛, 수선화, 뻐꾸기 같은 작은 사물을 취급하였다. 그러나 가장 비천한 꽃 한 송이도 그에게 있어서는 눈물을 자아내기에는 너무나 심원한 생각을 그에게 주었다.

산곡山谷의 시인인 그는 고독의 시인이었다. 그의 시는 싱싱한 신선미를 지니고 또 샘물같이 청신하지마는 늘 어딘지 고요하고 쓸쓸한 데가 있었다. 그의 유명한 〈수선화(Daffodils)〉를 들어보자.

> I wandered lonely as a cloud
> That floats on high o'er vales and hills,

> 내 쓸쓸히 산 위에서 거닐었네
> 골짜기와 산 위에 높이 또 있는 구름과 같이.

여기에서는 모든 것을 해탈하고 영혼의 자유를 누리는 신선미가 있다. 이러한 심적 자유는 그가 희구하는 최상의 것이었다. 그가 케임브리지 대학에 있을 때에도 학창생활에 행복을 느끼지 못하고 이러한 자유를 그리워하였다. 《서곡》의 첫머리의 시행들은 도시 생활의 구속에서 해방된 상태를 읊은 것으로 도연명의 《귀거래사》의 서두를 읽는 감을 준다.

> They flash upon that inward eye
> Which is the bliss of solitude

> 그것들은 고독의 축복인

마음의 눈에 번득이었다.

여기에는 불교에서 적멸寂滅의 경지가 있다.

그의 청년 시절의 자서전 같은 시편《서곡》에는 다음과 같은 엄숙한 대목들이 있다.

Oft in these moments such a holy calm

Would overspread my soul, that bodily eyes

Were utterly forgotten

이러한 순간에는 가끔 성스러운

고요함이 나의 영혼을 뒤덮었다

그리고 육안은 전혀 잊어버렸다.

(《서곡》, BK Ⅱ, 348-350)

또는,

The spirit of religious love

In which I walked with Nature

종교적 사랑의 정신

그 속에 내가 자연과 같이 걸은

(ibid, Ⅱ, 357-8)

또는,

...... for I would walk alone,

Under the quiet stars,

나는 고요한 별들 아래

혼자 거닐으니

(ibid, Ⅱ, 302-3)

자연에 대한 그의 사랑은 그를 인간에 대한 사랑으로 인도하였다. 인간에 대한 그의 사랑은 낭만적인 비애, 위대한 이상, 정열이 아니고 애정이었다. 그리고 그는 다른 위대한 시인들과 같이 전쟁영웅은 예찬하지 않았다. 소박하고 평범한 생활, 작고 익숙한 것들을 시재로 하였다. 다만 그는 이러한 평범한 것을 새롭게 보았으며 무한한 동정을 가지고 보았다.

워즈워스의 단순한 서정시들 가운데 가장 유명한 것은 《루시 시편들(*The Lucy Poems*)》일 것이다. 이 시들은 그가 1779년 독일 체재 중에 쓴 것으로 그가 소년 시절에 사귀다가 잃어버린 한 영국 소녀에 대한, 향수와 같은 애조를 띤 시들이다.

그 중에 하나인

She Dwelt among the Untrodden Ways

She dwelt among the untrodden ways

　　Beside the springs of Dove,

A Maid whom there were none to praise

And very few to love:

A violet by a mossy stone
    Half hidden from the eye!
— Fair as a star, when only one
Is shining in the sky.

She lived unknown, and few could know
    When Lucy ceased to be;
But she is in her grave, and, oh,
    The difference to me!

그 애가 '다브' 생가
인적 없는 곳에 살았다.
칭찬해 줄 사람도 없고
사랑해 줄 사람도 거의 없는 소녀

이끼 낀 돌 옆
반쯤 숨은 바이올렛같이.
하늘에 홀로 비치는
고운 별같이

'루시'는 남모르게 살았고
언제 죽은 줄도 잘들 모른다.

그러나 그 애는 무덤에 묻히고

아, 세상이 내게는 어찌나 달라졌는지!

  남녀 관계에 있어서도 그의 사랑은 타는 정열이 아니고 애련한 애정이다. 〈그녀는 기쁨의 환상이었다(She was a Phantom of Delight)〉(1804)는 그가 그의 아내에게 준 찬사이다.

A countenance in which did meet

Sweet records, promises as sweet;

A creature not too bright or good

For human nature's daily food;

For transient sorrows, simple wiles,

Praise, blame, love, kisses, tears, and smiles.

지나간 날의 즐거운 회상과

아름다운 미래의 희망에 고이 모인 얼굴.

그날그날 인생살이에

너무 찬란하거나 너무 선하지 않은 것.

순간적인 슬픔, 단순한 계교

칭찬, 책망, 사랑, 키스, 눈물과 미소에 알맞은 것.

  그는 〈외로운 추수꾼(Solitary Reaper)〉, 〈루시 그레이(Lucy Gray)〉, 〈마이클(Michael)〉, 〈루스(Ruth)〉 〈거머리 수집가(The Leech Gatherer)〉, 〈시몬 리(Simmon Lee)〉 또는 〈매튜(Matthew)〉 같은 소박하고 애련한 이

야기를 읊을 때 그의 위대성을 발휘하였다.

자연 시인 중 워즈워스는 가장 위대한 시인이다. 그의 뒤에 오는 낭만시인들에게 끼친 그의 영향은 지대하다. 자연이 우리에게 미와 정신적 위안을 주는 것과 같이 그의 시는 우리에게 인간의 존엄성과 평화로운 안정을 준다. 그리고 그는 밀턴 이후 가장 엄숙한 시인이었다.

2. 콜리지(Samuel Taylor Coleridge, 1772~1834)

(1) 생애

사무엘 테일러 콜리지는 시골 목사의 아들로 태어났다. 어려서는 데번셔(Devonshire)의 산야를 산보하기를 좋아했으며《아라비안 나이트(The Arabian Nights)》를 애독하였다. 동양의 신비하고 마술적인 세계는 그를 매혹하였으며 환상 속에 사는 그에게 큰 영향을 주었다. 재학 중에 그는 벌써 아편을 먹기 시작하였으며 빚에 쪼들렸다. 1793년 그는 갑자기 학교를 뛰어나왔다. 아버지를 일찍 여윈 그는 당시 런던에 있던 크라이스츠 병원(자선학교)을 거쳐 케임브리지대학에 입학하였다. 그는 런던으로 달아나서 거리를 방황하다가 기병대(Light Dragoons)의 사병으로 지원 입대하였다. 친구들이 이 사실을 알고 그를 다시 대학으로 돌려보냈다.

그러나 1794년 그는 재학 시에 사귄 급진적 공화주의자(Radical Republican)였던 시인 로버트 사우디와 같이 미국에 이상향(pontisocracy)을 건설할 계획을 세웠다가 재정이 없어 실패로 돌아갔다. 이 꿈같은 계획의 덕분으로 이 두 시인은 두 자매와 결혼하여 서로 동서가 되었다. 그 후 그는 여러 가지 정기간행물의 투고자로서 문필생활을 시작하였다. 그러다가 1979년 그가 네서 스토우에서 살고 있을 때에 다행히도 워즈워스를 만나 깊은 우정을 맺게 되었다. 콜리지는 수개월 동안에 《노수부의 노래(*The Rime of the Ancient Mariner*)》(1798)를 완성시키고 〈쿠블라 칸(*Kubla Khan*)〉(1797)과 〈크리스타벨(*Christabel*)〉(1797~1800) 첫 부분을 썼다.

콜리지는 워즈워스에게도 걸작을 속출시키도록 지대한 영향을 끼쳤다. 이 두 시인은 그들의 시를 모아 1798년에 획기적인 시집 《서정 가요집》을 출판하였다. 이 시집에는 콜리지의 《노수부의 노래》가 들어 있다.

1799년 콜리지는 워즈워스 남매와 같이 독일에 여행하였다. 자기 자신을 독일 낭만주의 사상에 적시기 위하여 그는 괴팅겐 대학에서 칸트의 철학을 탐구하였다. 워즈워스 남매는 먼저 귀국하여 그라스미어에 정주하였고, 콜리지 혼자 떨어져 남아 있다가 1800년에 귀국하여 케스윅에 숙소를 정하였다.

그러나 그의 창작적 영감은 고갈되어 가고 있었다. 그는 1804년에 런던으로 와서 아편을 끊은 뒤 수년간 문학, 철학, 종교, 정치 등 다방면을 통하여 강연을 하였다. 그는 매력적인 성격과 영롱한 대화로 젊은 문학도들의 마음을 사로잡았다.

(2) 작품

콜리지의 작품으로 걸작이라 할 것은 워즈워스와의 교분이 한창 두터웠을 때 쓴 《노수부의 노래》 이외에, 미완성 작품으로 아편에 취하여 꿈을 꾸면서 썼다는 〈크리스타벨〉이 있다. 그리고 이외에 우수

작품으로는 《청춘과 노년(Youth and Age)》(1834~1832), 〈프랑스 송가(The Ode to France)〉, 〈실의의 송가(The Ode to Dejection)〉(1802), 그리고 〈한밤중의 서리(Frost at Midnight)〉(1798) 등을 들 수 있다.

a. 《노수부의 노래》(1798)

이 작품은 환상적인 작품이다. 물론 환상적이라 하여 지리멸렬한 것이 아니라 거기에는 통일과 조화가 있다.

한 늙은 수부는 결혼식에 초대받아 온 손님 하나를 붙들고 자기의 경험담을 들려준다. 한 척의 배가 적도를 넘어서 폭풍우를 만나 남극 가까운 한대寒帶에 도달한다. 노수부는 잔인하게도 박애의 정신을 무시하고 알바트로스(Albatross)라는 큰 해조海鳥 한 마리를 쏘아 죽인다. 이 행위로 말미암아 특이한 벌의 과정으로 많은 기괴한 현상이 일어난 뒤, 달밤에 물뱀을 보고 노수부는 자기도 모르게 그 아름다움을 축복함으로써 재앙이 풀리고 그 후에도 많은 파란곡절을 겪은 후 본국에 돌아온다.

시적 진실성이 있고 이미지가 뚜렷한 것으로 이런 것들이 있다.

> As idle as a painted ship
> Upon a painted ocean,

> 칠해진 바다 위에
> 칠해 놓은 배처럼 꼼짝 않고,
> (painted란 말을 oil paint로 생각하면 얼마나 답답하고 더운 감을 주는가?)

라든지

Water, water, everywhere
Nor any drop to drink

물, 물, 어디를 돌아보아도
그러나 마실 물은 한 방울도 없다.

또는

And thou art long, and lank, and brown,
As is the ribbed sea-sand

너는 길고 가늘게 갈색으로 여위다.
마치 갈빗대 주름진 바다 모래처럼.

또는

Her beams bemocked the sultry main,
Like April hoar-frost spread.

달빛은 뜨거운 바다를 비웃다.
마치 4월의 흰 서리같이 퍼져.

또는

Oh sleep! it is a gentle thing,

Beloved from pole to pole!

오 잠이여! 그것은 인자한 것

극에서 극까지 어디서나 사랑받는!

또는

… yet still the sails made on

A pleasant noise till noon,

A noise like of a hidden brook

In the leafy month of June,

That to the sleeping woods all nighr

Singeth a quiet tune.

…… 계속 배는 움직여 갔다.

즐거이 소리내며 한낮까지.

마치 밤새도록 잠자는 숲에게

고요한 곡조를 들려 보내는

6월 달 나무 숲에 가리운

시내소리와 같은 즐거운 소리를 내며,

그리고 오래 모진 풍상을 겪어 낡아빠진 돛을 비유하며

Unless perchance it were
Brown skeletons of leaves that lag.

뒤에 처져 머뭇거리는
잎새들의 갈색 시체가 아니고서는.
(lag이란 말이 얼마나 현실감을 주는 말인가?)

그리고 다음 연의 두운(alliteration)은 순풍과 같은 음악적 효과를 가져온다.

The fair breeze blew, the white foam flew,
The furrow followed free;
We were the first that ever burst
Into that silent sea.

미풍이 불고 흰 물거품이 일고
뒤에 물고랑을 그리며
우리는 아무도 일찍이 들어가 보지 못했던
이 고요한 바다로 돌입했던 것이다.

이 시의 도덕적 주제는 너무나 통속적이고 종교적이다.

He prayeth best, who loveth best

All things both great and small;

For the dear God who loveth us,

He made and loveth all.

크고 작은 만물을 가장 잘 사랑하는 자가

기도를 가장 잘한다;

왜냐하면 우리를 사랑하는 신은

만물을 창조하시고 사랑하셨나니.

이 시는 콜리지의 최대 걸작일 뿐 아니라 영문학사상 가장 유명한 발라드이다.

b. 〈크리스타벨(Christabel)〉(1816)

콜리지는 이 시의 첫 부분을 1797년에 썼고 1부와 거의 다를 것 없는 2부를 1800년에 써서 1816년에 출판하였다. 그는 이 시를 끝내지 못한 이유로서 "이 시의 줄거리는 전부 내 머릿속에 있었다. 그러나 매우 섬세하고 다루기 힘든 이야기를 지금까지 써놓은 부분과 꼭 같이 잘 쓸 수 있을는지 자신이 없었기 때문이다"라고 말하였다.

그러나 우리는 이 시를 통해서 그의 머릿속에 안 씌어진 채 남아 있는 나머지 이야기를 느낄 수 있다. 중세의 괴상한 꿈(weird dream), 초자연적인 경이(supernatural marvel)의 이야기를 소재로 한 이 아름다운 낭만시는 여인이 악을 행하기 위해 자기 얼굴을 아름답게 가장하듯 마녀나 마귀들이 가장하여 나온다는 옛사람(중세인)들의 생각으로 씌어진 이야기이다. 순진한 여주인공 크리스타벨과 마귀 제럴딘 (Geraldine)의 대결을 그린 이야기로 어두운 숲, 음침한 궁성 등의 무시무시한 배경을 가지고 우리에게 초자연적인 세계의 공포와 황홀을 느끼게 한다. 여러 가지 이상한 장면과 소리, 어두침침한 숲, 육중한 성문, 잠자는 사나운 마스티프(영국산 맹견)의 노기 띤 신음소리, 죽어가는 불의 재 속에서 갑자기 솟는 불꽃, 이리저리 산울림 하는 큰 홀, 이상한 램프가 있는 조각된 방 등으로 꾸며진 이 이야기는 하나의 선명한 그림과 같이 우리의 눈앞에 전개된다.

아름다운 여주인공 크리스타벨은 어떤 확실한 설명이나 묘사에서보다 작품 중 하나하나 그녀의 동작에서 느껴진다. 그는 연만年晩하신 고상한 그의 아버지의 의지가 되며, 멀리 떠나 있는 용맹스런 기사의 사랑을 받으며, 영감을 받은 가인歌人의 환희와 찬양의 대상이 된다. 크리스타벨을 사랑스러움으로 표현한다면 제럴딘은 그저 아름다운 것이란 말로 표현할 수 있을 것이다.

〈크리스타벨〉의 시형은 새롭다. 거의 모든 시행이 네 개의 강세 음절을 가지고 있으나 약음절의 수는 일정치 않다. 대개의 경우 이 음절수의 변동은 그 시인이 의도하는 음악적 혹은 사상적 효과를 위한 것이다. 각 시행의 운은 일정치 않고 절의 길이도 각각 다르다. 이렇게 이 시는 음보에 있어서 고전주의 시대의 고정적인 영웅시격 시형과는 거리가 멀다.

c. 〈**쿠블라 칸**(Kubla Khan)〉(1797)

〈쿠블라 칸〉은 꿈속의 환상이다. 콜리지의 가장 탁월한 시편으로 시구마다 행마다 모험적 정신, 비현실성, 현실로부터의 황홀한 도피

등을 풍겨 주는 것으로 최초에 인쇄된 것(1816)에는 상당히 긴 서문이 적혀 있다. 쿠블라 칸은 쿠블라이(Kublai, 1216~1294)로 중국을 정복한 원나라 태조이다.

1797년 서머셋 주와 데본 주의 양 경계에 있는 한 농가에 살고 있었던 시인 콜리지는 쿠블라 칸과 그가 세우라고 명령한 궁전에 관하여 씌어진 책을 읽으면서 의자에 앉아 잠이 들어버렸다. 그는 잠 속에서 이 제목에 관하여 2백 내지 3백 행의 시를 지었으며 잠에서 깨어나자 곧 붓을 들어 이 시를 쓰기 시작하였다. 54행까지 썼을 때 방문객이 찾아와 쓰던 것을 중단했다가 한 시간 후에 다시 쓰려고 했으나 나머지가 생각나지 않았다.

우리들에게 남아 있는 것이라고는 쿠블라이 궁전이 세워졌던 장면의 환상에 지나지 않는다. 그러나 낭만과 마법의 꿈이 어린 작품이다.

이 시를 출판하게 된 것은 어떤 재치 있는 시인(아마도 바이런)의 충고에 의한 것이며 그 시인은 이 시의 어떤 시적 장점보다도 어떤 심리적 호기심 때문이었으리라고 콜리지는 말하고 있다.

d. 《문학평전(*Biographia Literaria*)》(1817)

자서전인 동시에 인생과 예술에 있어서 그의 낭만적 이상을 서술한 평론이다. 그는 이 저서 14장에서,

이상적 시인은 통일감과 조화적 정신의 보급자이다. 이것은 그 마법과 같은 종합력에 의하여 개개의 사물은 집합하여 하나하나를 말하자면 용해시킨다. 이 힘을 상상력이라고 부르고 싶다.

그는 이 책에서 철학적 그리고 심리학적 문학비평을 제시하였다.
그는

No man was ever yet a great poet, without being at the same time
a profound philosopher. ― Ch. 15

심원한 철학자 아니고서는 위대한 시인이었던 사람은 없다.

라고 말하였다. 그리고 그의 "만인의 마음을 가진 셰익스피어(Our
myriad-minded Shakespeare)"라고 예찬한 셰익스피어 비평은 고전 중의
하나이다.

그러나 그의 생애는 어쨌든 비참하였다. 그는 이미 30세가 채 되
기 전에 아편의 노예가 되었다. 그의 결혼은 짧은 기간 동안 행복스러
웠으나 얼마 안 가서 그는 가족을 저버렸다. 동서였던 사우디가 그의
가족을 부양하여 주었다. 그는 찰스 램이 말한 것과 같이 '조금 상처
입은 대천사(an archangel a little damaged)'의 풍모를 가졌었다. 그가 천재
적 역량을 가지고서도 많은 작품을 남기지 못한 원인은,

(1) 그는 정상적 노력을 하도록 자기 자신을 훈련하지 못하였다.
(2) 그는 남의 글을 많이 읽는 것으로써 창작활동에서 도피하는 습관
    을 갖게 되었다.
(3) 아편은 그의 건강을 해치고 의지력을 약하게 하였다.
(4) 독일 철학은 자기 자신을 망각하게 하였다.

콜리지에 대한 후년의 워즈워스의 냉담은 그로 하여금 자포자기하게 만들어 자신을 잃게 하였다. 그는 의지력이 강한 워즈워스를 대하면 열등감을 느꼈다.

그의 시의 특색은 신비적 사상, 초자연적 영역에 있다. 그러나 그의 사상은 비현실적이면서도 과학적이다. 한 가지 예로《노수부의 노래》에서 영국 항구로 나갈 때에 배는 교회 밑을 지나고, 산 밑과 등대 밑을 지나 바다로 간다(21행). 귀국할 때는 그와 반대로 등대를 지나 산을 지나 성당을 지나 입항한다(463행).

만일 그에게 사우디의 인내력과 근면성의 일부분만 있었다 하더라도 그의 업적은 참으로 위대하였을 것이다. 그는 진실로 낭만주의의 모든 원천을 한 몸에다 지니고 태어났다. 그러나 이 낭만주의의 전 재원을 개발하지 못하고 말았다. 참으로 애석한 일이다. 그러나 수편의 시와 미완성으로 끝난 조각들만으로도 그는 낭만주의의 대시인이다.

3. 바이런(George Gordon Byron, 1788~1824)

(1) 생애

바이런은 런던에서 출생하였다. 그의 아버지는 귀족이었으나 난봉꾼으로, 돈을 탐하여 캐서린 고든(Catherine Gordon)과 결혼하였다. 캐서린은 성질이 거칠고 히스테리가 있는 여자였다. 시인 바이런의 성격에 좋지 않은 부분은 이 양친에게서 받은 것이라 하겠다. 바이런의 선조들도 성미가 횡포하였다고 한다. 어머니는 성질을 부릴 때면 어린 바이런을 마구 학대하였다 한다. 바이런은 미남자로 태어났으나 약간 다리를 절었다. 이것도 어머니가 해산할 때 참을성이 없이 몸을 마구 움직여서 아이의 다리를 상하게 했기 때문이라 한다. 이 불구는 바이런의 강한 자존심을 상하게 하였다. 그의 증조부가 돌아가자 로드 바이런(Lord Byron)의 작위를 계승하였다.

헤로(Harrow, 영국 공립학교)를 거쳐 1805년 케임브리지에 입학하였다. 그는 다리의 핸디캡이 있음에도 불구하고 모든 스포츠에 능하였고 특히 크리켓과 복싱을 잘하였다. 1807년에 출판한 그의 시집 《무료의 시간(Hour of Idleness)》은 평론잡지 《에딘버러 리뷰(Edinburgh Review)》로부터 조소적인 악평을 받았다. 사실 이 시집에 들어 있는 시들은 전시대 시인들의 작품들을 모방한 유치한 것들이었다. 분노에 복받친 바이런은 〈영국시인과 스코틀랜드 비평가(English Bards and Scottish Reviewers)〉(1808)라는 제목으로 풍자시를 써서 보복하였다. 1808년에 그는 M. A. 학위를 받고 상원에 의석을 갖게 되었다. 그는 의회에서 급진적 의견을 발표하여 여론을 일으켰으나 모든 것에 흥미를 잃은 그는 1809년 리스본, 세빌, 카디스, 지브롤터, 사르데냐, 아테네, 알바니아, 콘스탄티노플, 마라톤, 메솔롱기 등 각지를 여행하였다.

1812년에 그는 '그랜드 투어'의 여행기인 장시 《차일드 헤럴드의 순례(Child Harold's Pilgrimage)》의 칸토(Canto, 중세와 현대의 긴 시에서 주된 구분 형태) Ⅰ, Ⅱ를 출판하여 하룻밤 사이에 유명하게 되었다. 그는 "자고 일어나니 유명해 졌다(I awoke one morning and found myself famous)"고 뽐내었다(칸토 Ⅲ은 1816년에, 칸토 Ⅳ는 1818년 그가 영국을 영영 떠난 후 출판되었다). 이 장시의 주인공은 감상적인 인물로 반항적 정신과 풍자적 태도의 소유자이다. 이 점이 사회 관습에 지친 당시 젊은 사람들의 마음을 매혹하게 하였다. 이 시가 큰 인기를 끈 또 하나의 요소는 새로운 풍경, 농도 진한 색채, 이국적 정취― 이런 것들이었다. 그때만 하더라도 유럽 대륙여행은 쉬운 일이 아니었다. 워즈워스나 콜리지를 읽지 않은 사람들도 차일드 헤럴드의 분방한 정열과 이국적인 정취에 황홀하였다.

바이런의 테이블은 정치가, 귀부인, 알지 못할 팬들로부터 온 편지로 덮여 있었다. 어디를 가나 사람들은 바이런의 이야기로 꽃을 피웠으며 바이런처럼 옷을 입고 바이런처럼 이발을 하는 등 모든 것을 흉내 내려는 것이 당시의 유행이었다.

바이런은 1813년에는《이단자(The Giaour)》,《아비도스의 신부(The Bride of Abydos)》, 1814년에는《해적(The Corsair)》과《라라(Lala)》, 1815년에는 서정시집《히브리 노래들(Hebrew Melodies)》, 1816년에는《코린드의 포위(The Siege of Corinth)》와《쉬옹성의 죄수(The Prisoner of Chillon)》를 연달아 빠른 속도로 써냈다. 그의 명성이 절정에 도달했던 1815년 그는 부호 집 딸인 앤 이사벨라 밀뱅크(Anne Isabella Milbanke)와 결혼하였다. 그러나 밀뱅크는 냉정하고 편협한 여자로 바이런의 호탕한 생활을 이해하려 들지 않았다. 마침내 그들은 이혼하게 되고 밀뱅크는 바이런에 대하여 온갖 추문을 퍼뜨려 바이런은 사교계에서 매장당하게 되었다. 신문까지도 바이런에게 악평을 퍼부어 1816년 그는 마침내 다음과 같은 말을 남기고 영국을 완전히 떠났다. 그때 그는 28세였다.

The press was active and scurrilous……. my name ―which had been a knightly or a noble one since William the Norman ― was tainted. I felt that, if what was whispered and muttered and murmured was true, I was unfit for England; if false, England was unfit for me.

　신문은 야단스럽고 야비하였다……. 내 이름―윌리엄 더 노만(William the Norman) 이래 기사 같고 고귀하였던―은 더럽혀졌다. 속살거리고 중얼거리고 웅얼거리는 이약들이 만약에 사실이라면 나는 영국에 부적당하고 만약에 거짓이라는 영국이 내게 부적당하다고 나는 느꼈다.

　바이런은 제네바에 체류하다가 이태리로 가 베니스, 라벤나, 피사, 젠나 등지에서 살았다. 셸리와 같이 지낸 때도 많았다. 라벤나에서는 구찌올리 백작부인(Countess Guccioli)이라는 늙은 이태리 귀족의 젊은 부인과 남편 승인 하에 친밀한 관계를 맺었으며 그는 이태리 독립운동을 도왔다. 이 시기에 이미 차일드 헤럴드의 칸토 Ⅲ, Ⅳ를 완결한 그는 종교와 사회에 대한 반기를 들고 폭력을 예찬한 《만프레드(Manfred)》와 《카인(Cain)》 같은 극을 썼으며 위트가 넘치는 《베포(Beppo)》와 미완성으로 남은 그의 최대 걸작인 반항적 풍자시 《돈 주앙(Don Juan)》을 썼다.
　1823년 이태리 애국자들이 분열되었을 때 그는 독립하지 못한 이 나라를 버리고, 구찌올리 백작부인을 버리고, 시를 버리고 전 생애를 독립전쟁에 바치려고 희랍(그리스)으로 갔다.

> The Mountains look on Marathon―
> 　And Marathon looks on the sea,
> And musing there an hour alone,
> 　I dreamed that Greese might still be free.

산들은 마라손을 내려다보고
　마라손은 바다를 내려다본다.
나는 한 시간 동안이나 홀로 명상에 잠겨
　그리스가 그래도 자유로워질 것을 꿈꾸었다.

1832년 희랍은 독립하였다. 그러나 그는 애석하게도 1824년 미솔롱기에서 병사하였다. 희랍 국민은 그의 장례를 국상으로 하였다. 바이런이 생존하였더라면 그를 왕으로 맞이하였으리라 한다. 그 유해는 영국으로 가져갔으나 웨스트민스터 사원에서 받아들이기를 거절하고 그가 어려서 자라나던 고향 뉴스테드 수도원에서 한두 마일 떨어져 있는 가족 묘지에 묻혔다.

(2) 작품

바이런은 개성이 강한 시인으로 그에게는 자아에 대한 진실성과 강한 '힘'이 있다. 그의 시는 폭포와 같이 힘차고 화산과 같이 열렬하였다. 그는 모든 사회제도와 관습에 대한 반항아였다. 그러므로 그를 가리켜 악마파의 대표적 시인이라고 한다. 방종하고 과격하고 인내성과 침착성이 없는 반면 자기에게 충실하였고 남에게 한없이 관대하였다.

그는 피압박 민족을 위하여 자기의 전부를 바친 위대한 영웅이었다. 그는 불란서와 독일 낭만주의 운동에 큰 영향을 끼쳤다. 괴테는 그를 가리켜 '경이로운 유럽인'이라고 하였다.

그의 시는 참으로 흠 많은 금강석이었다. 그는 시를 성급히 쓰느라고 퇴고라고는 전연 할 수 없었다. 그는 쓰지 않고는 베기지 못하여 느낀 바를 그저 쏟아 놓았다. 그는 흠 없는 시도 쓰지 못하였거니와 가치 없는 것도 쓰지 않았다. 그러므로 그의 작품은 전체적으로 평가하여야 할 것이다. 그에게는 심오한 교훈이나 철학은 없다. 그는 우리를 생각하게 하는 시인이 아니요, 느끼게 하는 시인이다. 그는 자기가 조성한 어떤 사건이나 환경 속으로 뛰어 들어가 현실과 같이 몸소 체험함으로써 우리로 하여금 사실적으로 느끼게 한다. 때로는 지나치게 센티멘털하고, 통일성이 결핍되고, 가끔 미완성으로 끝나지만 새로운 이미저리, 신선한 재료, 힘찬 표현, 자유와 정의에 대한 외침, 이런 것들이 영원히 우리의 가슴을 휩쓸게 할 것이다.

　　힘차고 장엄하고 통쾌한 그의 특색의 일면을 나타내는《차일드 헤럴드의 순례》에 들어 있는 바다를 보자.

> Thy shores are empires, changed in all save thee—
> Assyria, Greece, Rome, Carthage, what are they?
> Thy waters washed them power while they were free,
> And many a tyrant since: their shores obey
> The stranger, slave or savage; their decay
> Has dried up realms to deserts:—not so thou,
> Unchangeable save to thy wild waves' play—
> Time writes no wrinkle on thine asure brow—
> Such as creation's dawn beheld, thou rollest now.

너의 해안은 제국들— 너 외에는 다 변하였다.
아시리아, 그리스, 로마, 카르타고, 그들은 지금 무엇이냐?

너의 물결은 그들이 자유로웠을 때 그들에게 권력을 주었고
그 후에는 폭군들이 많았다. 그리고 그들의 해안은
이방인, 노예 또는 야만인에게 복종하게 되었다. 그들의 부패는
왕국을 초토화 하였다— 그러나 너는 그렇지 않다.
너의 사나운 물결의 장난을 제하고는 변함이 없다.
시간은 너의 푸른 이마 위에 주름을 그리지 못하고—
창조의 여명이 바라다 본 것과 같이 너는 지금도 물결치고 있다.

자유분방한 그는 때로는 숭고하고 엄숙하다.

Chillon! thy prison is a holy place,

    And thy sad floor an altat— for't was trod,

Until his very steps have left a trace

    Worn, as if thy cold pavement were a sod,

By Bonnivard!— May none those marks efface!

    For they appeal from tyranny to God.

시용! 너의 감옥은 성스러운 곳,

    그리고 너의 슬픈 감방 바닥은 제단— 거기

마치 찬 돌바닥이 잔디인 양

    '보니바드'의 발걸음에 닳아 흔적이 남았다!

이 자국들은 아무도 지우지 말지어다.

    그것들은 폭군에서 신에 이르기까지 호소하나니.

풍자적 시구의 예를 들면,

Pleasure's a sin and sometimes sin's a pleasure

쾌락은 죄다. 그리고 때로는 죄는 쾌락이다.

But—Oh! ye lords of ladies intellectual,
Inform us truly, have they not hen-pecked you all?

그러나 오! 너희 지적인 레이디들의 주인들이여
솔직히 우리에게 말하여라. 그들은 자네들을 주둥이로 쪼지 않던가?
(hen-pecked : 자기 주장만 하는 것)
Let us have wine and women, mirth and laughter
Sermons and soda-water the they after.

술과 여자와 환희와 웃음을 지금,
설교와 소다수는 내일에

Man, being reasonable, must get drunk;
The best of life is but intoxication.

사람은 분별성이 있으려면 술에 취하여야 된다.
인생의 최고는 도취 밖에는 없다.

Sweet is revenge— especially to women.

복수는 달콤하다— 특히 여자들에게는

4. 셸리 (Percy Bysshe Shelley, 1792~1822)

(1) 생애

셸리는 바이런보다 4년 늦은 1792년 8월 4일에 서섹스(Sussex)의 호샴(Horsham) 근처의 필드 플레이스(Field Place)에서 바이런과 같은 귀족의 집안에서 태어났다. 아이즐워스(Isleworth)에서 2년 동안 학교에 다닌 그는 12세에 유명한 이튼(Eton)으로 가게 되었다. 이 이튼의 생활이야말로 그를 고독과 반항으로 이끈 중요한 요인이 되고 말았다. '레이디'라는 별명을 들었다는 밀턴 못지않게 피부가 흰 미남이었던 그는 비록 성격이 여성적이며 섬세하긴 하였으나 그 당시 유행하던 Fag(상급생이 하급생을 마치 자기 머슴이나 부하처럼 취급하는 것)에는 결코 응하는 일이 없었고, 그것 때문에 받는 박해가 심해지면 사람을 죽이는 일도 불사할 것 같은 아주 위험한 존재가 되기도 하였다. 그는 곧 '미친 셸리'라는 별명으로 통하게 되었으며 그는 다른 애들처럼 풋볼이나 크리켓을 하지 않고 외부로부터의 압박을 잊기 위해 독서에 몰두했다. 머리가 비상했던 그에게 학과 공부는 모두 쉬웠으며 그는 장래가 있는 학생이라는 평을 받게 되었다. 그가 하던 독서의 범위는 넓고 깊은 것이었다. 그는 친구가 몇 있긴 하였으나 이튼에서의 그의 생활은 시련 바로 그것이었다.

그는 그가 받고 있는 박해를 점점 이상하게 인식하게 되었고, 그 것은 그가 본질적으로 나쁘다고 생각하는 것에 대하여 굴복하지 않음으로써 받는 박해라고 생각하게 되었다. 그런데 그가 다니던 이튼은 엄격한 기독교의 교리, 사랑의 종교에 의해서 운영되는 학교였다. 셸리는 기독교의 본질을 의심하게 되었다. "원수를 사랑하라"는 기독교에서 셸리가 받은 체험은 증오와 멸시뿐이었다. 이처럼 외부 세계의 압박을 견디기 위해서는 어디든지 마음의 위안처를 찾아야만 했다. 이때 그의 손에 들어온 것은 당대 유행이던 혁명적인 합리주의 철학의 고취자 고드윈의 명저《정치적 정의(Political Justice)》(1793)였다. 책을 읽고 난 그는 마치 신세계라도 발견한 듯 고드윈에게 심취해버렸다. 이 합리주의 사상은 불란서에서 영국에 들어온 것으로 당대 영국에서는 고드윈이 제1인자였다.

고드윈은 모든 사람은 완전하게 될 요소를 가지고 있다고 말했다. 그럼에도 불구하고 우리 인류 역사가 죄악과 비탄의 음산한 기록임은 무슨 까닭인가? 또 우리의 마음속에 깃들어 있는 완전성의 싹을 짓누르고 있는 것은 무엇인가? 그것은 다름아닌 편견과 이기심에 가득한 현재 사회제도라고 말했다. 셸리도 같은 결론에 도달했다. 고드윈은 모든 종교적 사상은 잘못된 것이라고 설교했다. 셸리도 이에 공명했다. 고드윈은 불진절한 행위를 제외하고는 무엇이든지 마음대로 할 권리와, 모든 부당한 압제와 싸울 권리가 우리 인간에 있는 것이라고 말했다. 고드윈은 셸리의 마음을 완전히 사로잡게 되었으며 고드윈의 혁명적인 교리의 마디마디는 상처 입은 그의 마음을 달래주고 고무해 주었다.

고드윈의 철학적 무정부주의는 셸리로 하여금 기존 종교와 사회에 항거하는 십자군으로 이끌었다. 고드윈의 책은 셸리의 마음을 완전히 개혁했다. 그리고 잘못으로 이끌었다. 셸리는 아직 미숙했고 너무 예민했다. 더욱이 그가 이튼에서 받은 쓰라린 체험으로 말미암아 더욱 예민하게 느꼈다. 다른 사람에게는 아무렇지도 않았을 이 책이 셸리에게는 치명적이었다. 그는 이튼을 마치고 1810년 옥스퍼드에 입학하였다. 그는 여기서 시와 소설을 쓰기 시작했고 사촌 해리엇 그로브(Harriet Grove)와 연애도 시작했다. 고드윈의 사상은 셸리에게서 열매를 맺기 시작하여 그는 드디어 1811년에 《무신론의 필요성(The Necessity of Atheism)》이라는 소책자를 발간하여 학교 당국과 주교들에게 보냈다. 결국 이것이 문제가 되어 그는 퇴학 처분을 받게 되었다. 자기의 반항정신과 일치하는 사회와 종교문제만을 공부하던 그는 순교자적 기분이었으며, 그는 세상의 사고방식을 고칠 수 있다고 생각하게 되었다. 사랑하는 사이던 헤리엇과의 결혼이 그를 위험 인물로 여기는 그녀의 부모의 반대로 좌절되자 그는 자기를 종교적인 박해의 희생물이라고 생각하게 되었다. 이때 우연히 누이동생의 친구인 해리엇 웨스트브룩(Harriet Westbrook)과 알게 되었는데 헤리엇은 무신론자와 사귄다는 이유로 학교와 주위에서 냉대를 받게 되었고 이과 같은 사연을 편지로 알게 되자 의협심에 불탄 그는 그녀를 구하고 보호한다는 기분을 동정삼아 16세밖에 안 되는 그녀와 에든버러에서 결혼하였다.

그 뒤 셸리는 아일랜드로 가서 새로운 사상의 전파를 꾀하고자 하였으나 고드윈의 만류로 그만두었다. 그 뒤 1812년 10월 초 셸리 부부는 런던으로 상경하여 드디어 고드윈을 만나게 되었으며 그들 가족과도 서로 사귀었다. 특히 셸리는 고드윈 전처의 딸인 메리 고드원과 알게 되어 아내에겐 없는 지성을 찾게 되자 서로 사랑하게 되었다. 셸리는 시골에 가 있던 아내를 불러 이혼 제의, 여기에 쇼크를 입은 해리엇은 병석에 눕게 되었으나 셸리는 당년 17세의 메리를 데리고 구라파로 도피 여행의 길에 올랐다. 홀로 남은 헤리엇은 그간에 낳은 아들과 딸을 버리고 런던의 서펜타인(Serpentine) 호에서 투신자살을 하였다. 그로부터 20일이 지난 1816년 12월 30일에 셸리는 메리와 정식 결혼을 했다. 사회는 셸리에게 대해서 더 이상 관대할 수 없었다. 영국 법률은 그에게서 자식을 빼앗아가 버렸고, 사회는 바이런처럼 그를 국외로 추방하였다. 두 번째 아내는 다행히 착하고 훌륭한 여인이었다. 1822년 셸리는 이태리 해안에서 요트 놀이를 하다가 익사하였으며 그의 시체는 바이런 등 그의 친구들에 의해서 그곳에서 화장되었다. 시행착오의 연속과 같은, 그러나 낭만으로 가득 찬 그의 일생은 "자신의 빛나는 날개를 헛되이 퍼덕인 아름답고 무력한 천재 (a beautiful and ineffectual angel, beating in the void his luminous wings in vain)" 의 생애였으나 그의 잘못은 악의의 잘못이라기보다는 무지의 잘못, 자기도취의 잘못 그리고 센티멘털한 잘못이었다. 그러나 오늘날에는 셸리의 천성이 매우 사랑스럽고 관대했었다는 것을 인정하고 있다.

옥스퍼드 시대의 친구이며 소책자 사건으로 셸리와 함께 퇴학당한 호그(Hogg)는 그의 《셸리 전》에서 셸리의 정신적인 아름다움은 그의 지적인 아름다움 못지않게 부드럽고 섬세하며 플로렌스나 로마의 위대한 프레스코 화가에서 볼 수 있는 종교적인 경건함마저도 가지고 있었다고 전하고 있다. 또 우리가 시나 산문에서 느끼게 되는 셸리도 바로 이와 같은 셸리인 것이다.

(2) 작품

a. 《마브 여왕, 철학적 시(*Queen Mab, A Philosophical Poem*)》(1813)

이 작품은 그의 부제가 말해주듯이 시라기보다는 고드윈의 계몽 사상을 운문화한 것이며 고드윈 사상의 핸드북이라고 해도 과언이 아니다. 이야기는 요정의 여왕 마브가 소녀 랜더(Lanthe, 셸리의 딸 이름도 랜더)의 영혼을 데리고 세계의 역사를 보여주며, 잘못된 사회제도가 가져온 해독을 저주하며 앞으로 다가올 미래의 낙원을 보여준다는 이야기이다. 특히 자라나는 인간의 꽃을 잘라버리는 것은 왕과 승려 그리고 정치가라고 말한다. 셸리는 이 작품에서 인간이 만든 모든 제도를 저주하고 있으나 인간이 정치적인 동물이라는 사실은 무시하고 있으며, 죄악을 혹평 공박하는 데만 너무 열중하여 그것의 본질을 잘 알아보지도 않았고 구제받지 못할 현재의 암흑과 미래의 광명 사이에는 설명의 교량이 없다.

b. 《알라스토, 또는 고독의 정신(*Alastor, or The Spirit of Solitude*)》(1815)

알라스토는 희랍어로 복수의 악마를 뜻한다. 이상미를 찾는 그것을 고독 속에서 구하다 결국은 환멸과 절망 속에서 죽어간다는 이야기로서 이상이 없는 현실 세계를 슬퍼하고 있다. 아테네, 예루살렘, 바빌론, 아라비아, 페르시아 등 옛 고적을 더듬은 주인공은 드디어 캐시미어 계곡(The Vale of Cachmire)에서 이상미를 지닌 여인을 만나게 된다.

He dreamed a veiled maid

Sate near him, talking in low solemn tones;

Her voice was like the voice of his own soul.

베일을 쓴 아가씨 그의 옆에 앉아

나지막이 엄숙한 목소리로 이야기하는데

그녀의 목소리는 그의 영혼의 목소리

그의 영혼의 목소리를 가진 이 여인은 어디론가 사라져버리고 주인공은 그를 찾으려 다시 헤매는 것이다. 이 이야기는 셸리 생애의 상징이 되기도 한다. 그의 일생은 자신의 영혼의 목소리를 가진 여인을 찾으려는 역정이었다. 그리고 그 목소리는 자기 안에 있으므로 불가능한 노릇이었다.

《알라스토》는 그 정경 묘사가 매우 꿈결 같은 느낌이다. 그것은 묘사라기보다는 차라리 암시라고 해야 할 것이다. 키츠의 《앤디미온(Endymion)》도 환상적이긴 하나 감각적 디테일이 매우 실감이 난다. 《알라스토》는 아름다우나 모호하다.

그리고 앞서 말한 《마브 여왕》과 이 작품 사이에는 하등의 접촉점이 없다.

c. 《이슬람의 반란(The Revolt of Islam)》(1818)

출판업자가 제목을 바꾸고 내용을 일부 수정 제거하였다. 이 작품에선 《마브 여왕》의 추상적이고 정치적인 열정이 《알라스토》의 인간적인 사랑과 동정과 배합되어 있다. 즉 셸리의 가장 특징적인 생각 가운데 하나로서 개인의 사랑이 넘쳐흘러 인류애가 되고 반대로 인류애가 모여 개인의 사랑이 된다는 주제이다. 이 시에는 많은 상징이 사용되는데 칸토 I 에서 뱀과 독수리의 싸움 등이 그것이다. 그러나 그의 상징은 좀 지나치게 자의적인 데가 있어 그의 동정적인 연구자인 예이츠마저도 비명을 올리고 있다. 줄거리는 여성 해방에 몸을 바친 영웅적 소녀 시드나(Cythna)가 이상을 같이하는 애인 라온(Laon)과 협력해서 이슬람교 국민 간에 혁명정신을 고취하고 혁명은 일시 성공하나 폭군이 다시 세력을 얻어 대학살이 자행되고, 그 때문에 생긴 기근에 대한 희생으로 라온과 시드나가 화형을 당했으나, 죽은 뒤 폭군의 딸이 두 사람을 맞아 영궁靈宮으로 간다는 이야기이다. 그런데 이 작품은 객관성을 결여하고 있어 자유를 위한 정열의 혁명아 라온은 너무도 셸리적이고 시드나는 너무도 '그 자신의 영혼의 목소리'를 나타내고 있다. 초판에서는 시드나가 누이동생으로 되어 있는데, 누이동생이 제일 자기에 가깝기 때문이다. 셸리는 《영혼이라는 주제에 대하여(Epipsychidion)》에서 여주인공에게,

Would we two had been twins of the same mother.
우리 서로 한 어머니의 쌍둥이나 되었더면

하는 말을 하고 있다. 나중 판에서 시드나는 어린 고아로 바뀌었다. 셸리는 시드나를 자기의 상사형相似形을 만들고 자기의 이상과 희망으로 채우려 하였다. 그리고 그것이 독자적으로 존재하기를 희망하였다. 그러나 그것은 시의 세계에선 가능하나 현실 세계에선 불가능하며 또 시의 세계에서도 완전치는 못하여 여러 결점이 보인다. 이때까지도 셸리는 아직 자기의 사상을 나타낼 만한 신하를 찾지 못하고 있다.

d. 《프로메테우스의 해방(*Prometheus Unbound*)》(1820)

희랍의 비극작가 아이스킬로스(Aeschylus)의 《묶인 프로메테우스 (*Prometheus Bound*)》를 본떠서 쓴 시극이다. 프로메테우스는 하늘에서 불을 훔쳐 인간에게 주었는데 원작을 조금 과장함으로써 셸리가 그리던 혁명적인 '인간의 벗(Friend of Humanity)'으로 만들 수가 있었다. 아이스킬로스에겐 문제가 있었다. 프로메테우스의 용기와 고통에 대한 동정은 필연코 제우스를 압제자로 등장시켜야 했으나 이것은 그의 지상신으로서의 제우스의 개념과 모순되었다. 그리하여 그는 이 양자가 화해하는 것으로서 종국을 삼았다. 그러나 이것은 셸리에겐 견딜 수 없는 처리였다. 인류의 압제자와 타협한다는 것은 말도 안 되는 소리였다. 고드윈의 완전하게 할 수 있음의 철학에 의하면 '악이란 유전적인 것이 아니며 따라서 없앨 수 있는 것'이므로 제우스는 없어져야 하고 프로메테우스는 승리해야 한다.

제1막 : 폭군 주피터에 의해 빙산에 묶인 도전적인 프로메테우스는 어머니 어스(Earth)에게 고무되어 연인 아시아(Asia)의 누이동생인 믿음과 소망의 상징, 판테아(Panthea)와 아이오네(Ione)에게 위로되어 주피터가 보낸 머큐리나 퓨어리스(Furies)의 위협과 유혹에도 굴하지 않고 인류에 대한 희망을 잃지 않는다.

제2막 : 사랑의 화신 아시아가 주역이 되며 해방의 예언자 구실을 한다. 아시아와 판테아는 영혼의 목소리에 인도되어 미지의 여행을 떠나 우주 근원의 힘인 데모고르곤에게로 가게 된다.

제3막 : 주피터는 데모고르곤에 가까이 가자 간단히 쓰러지고 만
　　　 다. 그것뿐이다. 프로메테우스는 헤라클레스에 의해서
　　　 해방되고 자유와 사랑에 넘친 신세계가 시작된다. 질병과
　　　 고통이 사라지고 두꺼비나 뱀들도 다시 아름다워진다. 여
　　　 기서도 암흑과 광명 두 세계 사이의 간극이 메워지지 않
　　　 고 있다. 때가 오면 간단히 갑이 을이 되고 마는 것이다.

제4막 : 자연 광상곡이다. 지구와 달과 온누리가 합창한다. 원작
　　　 자 아이스킬로스도 그렇거니와 이 작품도 극적 구성은 엉
　　　 성하여 상연용은 못 된다.

　　e. 〈서풍에 부치는 송가(Ode to the West Wind)〉(1819)
　셸리의 진면목은 서정시에서 나타난다. 셸리가 위대하는 말을 듣
게 된 것은 바로 이 서정시에서이며 그의 이름을 영문학사가 길이 간
직하는 것도 이 서정시의 영역에서이다. 이것은 결코 그의 장시나 시
극이 좋지 않다는 뜻에서가 아니다. 물론 거기에도 바위 틈에 금강석
이 박혀 있듯 알뜰한 보석이 없는 것은 아니다. 《프로메테우스의 해
방》의 삶 중의 삶(life of life)이라는 아시아의 찬가, 헬라스(Hellas)의 마지
막 코러스 등이 그 대표가 되겠다. 그러나 거기에는 독자들의 마음을
사로잡을 이렇다 할 줄거리가 없고 우리는 형태, 운문의 음악, 감정과
사상의 섬광을 찾을 수 있을 뿐이고 그것에도 금강석을 골라내는 광

부의 조심이 필요하다.

뭐니 뭐니 해도 그의 서정시 가운데서는 《서풍에 부치는 송가》가 첫째로 손꼽혀야 할 것이다. 이 시는 그의 감정이 가장 적당한 상징을 발견하여 이룩된 작품이며 여기서의 서풍의 은은 그의 토막 시에서와 같은 자의적인 것이 아니고 파괴자와 건축자로서의 뚜렷한 역할을 가진다. 낡은 나뭇잎은 날려버리고 새로운 것(seeds)은 보존하는 서풍으로서의 두 역할을 한다.

제1연 : 죽음과 재생, 파괴와 창조라는 주제가 1연부터 나타난다. 바람은 죽은 나뭇잎을 다 쓸어버리면서도 씨를 무덤으로 보내는 바 그 무덤은 그 씨, 즉 생명의 보금자리이기도 하다. 시체의 안식처인 무덤이 생명을 온건히 하는 대조가 재미있다.

제2연 : 1연에서는 숲속, 즉 육지 위의 가을이 묘사되었고 2연에서는 공중에서의 무서운 서풍이 묘사되고 있다.

제3연 : 바람의 두 힘의 대조 위에 서 있다. 즉 암흑과 광명의 두 대조이다. 1연은 어둡고 침침한 색으로 시작되어 봄의 밝고 부드러운 빛으로 끝나나, 2연은 어두운 색의 바람의 묘사에 시종하고 3연은 다시 밝고 부드러운 지중해로부터 어두운 대서양으로 옮겨간다.

제4연 : 2, 3연이 소네트의 옥타브처럼 주제를 말하고 있는 객관적인 묘사라면 4, 5연은 소네트의 의 마지막 6행과 마찬가지로 몽상적이며 주제와 시인을 연결하고 있다. 처음 세 연이 정력과 힘으로 차 있고 시인 개인적인 냄새가 전무한 객관적인 것이라면 제5 연 그의 개인적인 피압박감과 구속을 바람에 호소하고 있다. 너무나 바람을 닮은, 그러나 인생의 가시에 찔려 피 흘리는 이 시인은 구름이나 나뭇잎처럼 바람에 쓸려가고 싶어 한다.

제5연 : 자기도 바람처럼 되고자 원하는 안타까운 소원이다.

Make me thy lyre, even as the forest is:
What if my leaves are falling like its own:

나를 너의 거문고로 삼아다오.
삼림이 그런 것와 같이 나의 잎이 나뭇잎 같이 떨어진들 어떠리.

마지막 연에서 죽은 나뭇잎은 새 생명을 재촉하는 것이며 그것들은 새싹이 돋아나는 거름이 되는 것이다. 또 재도 새 불의 불씨가 되며 죽음은 새 생명에 대한 전주곡일 뿐이다. 불의와 부정에 대한 분노로 가슴 가득하였던 셸리는 마치 서풍이 썩은 나뭇잎을 몰아가듯 없애버리고 그 위에 새로운 세계를 이루고 싶었던 것이다. 시는,

If winter comes, can spring be far behind?
겨울이 오면 봄이 그리 멀겠는가?

라는 인상 깊은 말로 끝나고 있다. 이 시는 전체적으로 보아서 그 구조가 전형적인 서정시와는 매우 다르다. 이 시에는 이렇다 할 음악적 장식이 없다.

모음운(Assonance)도 없거니와 두운(alliteration)도 없다. 이 시의 조직 배열의 원리는 그의 독창적인 것이며 그 유례가 없는 순수한 감정의 순서다. 지금까지 우리가 이 시를 분석해 보았으나 우리가 마땅히 느껴야 할 것은 이와 같은 토막진 개인의 인상이 아니라 시 전체를 꿰뚫고 흐르고 있는 세찬 감정의 격류이다. 이런 점에서 이 작품은 동급의 〈구름(The Cloud)〉이나 〈종달새에 부쳐서(To a Skylark)〉보다 훨씬 뛰어나는 것이다.

f. 《시의 옹호(The Defence of Poetry)》(1840)

시의 성격과 기능에 대한 셸리의 생각은 그의 편지(키츠의 경우처럼 분명하진 않지만)나 시극에 붙인 서문에서 간간이 엿볼 수 있으나 무엇보다도 이 글에서 제일 뚜렷하게 나타나 있다. 이 논문은 그의 친구이며 문인인 피콕(Thomas Love Peacock, 1785~1866)의 팸플릿《시의 네 시대(The Four Ages of Poetry)》라는 글에 대한 답변으로 쓴 것이다. 피콕은 그의 글에서 시의 성쇠를 철, 금, 은, 놋쇠의 네 단계로 나누고 문화가 발달함에 따라 시는 쇠하여 무용지물이 되며, 과학과 철학의 문명사회에서 시인은 원시 야생인의 유물이라고 풍자적으로 비꼬았다. 셸리는 분격하여 일전을 각오하고 이 글을 썼으나 그 결과는 피콕에 대한 단순한 대답이라기보다는 시의 명예를 위한 설교조의 변호가 되었고 필립 시드니경의《시의 변호(Apologie for Poetry)》의 연장이 되었으며 낭만주의 시론의 전형이 되었다.

그의 시론은 영감에 의해서 본능적으로, 직관적으로 시를 쓴다는 셸리의 시작 태도를 가장 잘 나타내고 있으며 군데군데 그 내용이 추상적인 데는 있으나 웅변적이며 시인으로서의 그의 면모가 역력히 드러나 보인다. 같은 종류의 다른 글, 즉 시드니의 《변호》나 워즈워스의 《낭만주의 선언》보다 훨씬 멋지고 시적이며 그 자체가 한 예술품이라고 할 수 있다. '시란 상상력의 표현'이라는 주제의 이 글은 그가 읽은 콜리지의 《문학 평전》에서 영향된 바 크며 이론과 언어가 다분히 콜리지적인 데가 있다. 이 글에서 그는 말하기를 모든 사람은 상상력을 가지고 있으며 그런 의미에서 모든 사람은 어느 정도 시인이라고 한다.

　　그러나 아름다움에는 평가 기준이 있어 이 기준에 매우 가까이 갈 수 있는 사람이 시인이라는 것이다. 시인은 참된 진리를 아름답게 묘사할 수 있고 또 거기에서 건전한 취미를 가진 사람들이 즐거움을 느낄 수 있으므로 시인은 예술의 창조자일 뿐만 아니라 법의 제정자이고 문명사회의 창건자이다. 시인이 없다면 질서나 성스러운 것의 아름다움을 우리는 느끼지 못할 것이며, 그 아름다움을 알지 못한다면 우리는 그것을 갖고 싶어 하지도 않을 것이다. 또 시인은 현재에서 미래를 보므로 예언자이기도 하다.

　　그는 이 논문에서 시와 산문의 차이를 말하고 호메로스 이후의 시를 개관하고 있다(이것이 이 논문의 대부분이다). 이런 글은 곧 골동품이 되기 쉬우나 이 글은 놀랍도록 신선하다. 그는 피콕에 대답해서 사회에 미치는 시의 효용을 말하고 있다. 다시 말하면 시의 존재와 선악의 두 행동의 관계를 말하고 있다. 그는 미덕의 종결은 사랑이라고 말한다. 그런데 사랑이란 자기를 다른 사람의 입장을 놓고 상상할 수 있는 힘을 말한다. 그리하여 다른 사람의 고통이나 즐거움이 자기의 것이 되어야 한다. 따라서 미덕에 대한 연장은 상상력이며 이 상상력을 가져다주는 것은 시라고 말하고 있다. 때문에 시가 없는 사회는 타락한다고 설파한다.

이론가나 철학가도 필요하다. 그들의 우리 인류에 대한 공헌을 결코 잊을 수는 없다. 그러나 분석적인 이성만으로는 인간의 자비로운 마음을 불러일으키지 못했을 것이며, 우리에게 필요한 것은 지식이 아니라 그 지식에 의해서 행동하고자 하는 자비로운 충동이라고 말한다.

이 글은 그의 유명한 "시인은 인정받지 못한 세상의 입법자이다 (Poets are the unacknowledged legislator of the world)"라는 말로 끝난다.

이상 말한 바와 같이 셸리가 속하는 악마파는 보다 점잖은 선배 호수파와는 달리 그들이 차마 깨뜨리지 못한 것을 철저히 파괴하고 이 파괴를 생활화하였다. 바이런은 주로 사회면에서, 그리고 셸리는 주로 종교와 철학과 사상 면에서 그러하였다.

여자처럼 섬세하고 여자처럼 민감한 그는 불의를 참을 수가 없었고 자기가 옳다고 생각하는 어떤 교리를 위해서는 자기를 희생할 각오가 되어 있었다. 그리하여 그는 자기희생으로써 후배들에게 새로운 사고의 자유를 가능케 하였다.

바이런 이후에는 사회도덕에 대해서 누구나 마음 놓고 이야기할 수 있게 되었고 셸리 이후엔 종교, 철학, 미래에 대해서 누구나 마음 놓고 이야기할 수 있게 되었다. 그러나 이런 것들은 그들의 사생활일 뿐 셸리의 시는 놀랍도록 차고 정숙하다.

셸리는 종달새 같은 시인이며 구름 같은 시인이요, 서풍 같은 시인이었다. 그는 언어의 마력과 황홀한 상상력을 가진, 본질적으로 서정적인 시인이었다. 그의 시는 이상과 상상으로 꽉 차 있었다. 그는 표범처럼 날쌔고 겁 없는 예언의 시인이었다.

그의 작품을 시대 순으로 배열해 보면 형태와 사상이 점점 완숙해졌음을 알 수 있다. 만약 그가 약관 30세의 젊은 나이로 요절하지만 않았던들 그는 영국의 어느 시인보다도 훌륭해졌을 것이다.

5. 존 키츠(John Keats, 1795~1821)

(1) 생애

키츠는 런던에서 출생하였다. 아버지 토마스 키츠(Thomas Keats)는 마구간의 고용인이었고 어머니는 마구간 집 주인의 딸이었다. 그는 열 살에 아버지를 여의었다. 그는 런던 교외의 엔필드(Enfield)에 있는 학교에 다녔다. 학교에서는 동무들과 싸움을 잘하였다. 그리고 몸은 약하였으나 책을 많이 읽었다. 15세 때에 어머니마저 세상을 떠났다. 16세 때부터 한 외과의사의 견습생이 되고 19세 때는 런던 병원에서 공부를 하였다. 그는 스펜서(Edmund Spencer, 1552~1599)의 《요정 여왕(The Faerie Queene)》과 채프먼(George Chapman, 1559~1634)이 번역한 《호메로스(Homer)》를 읽고 깊은 감명을 받았으며 이것을 계기로 그는 문학을 하게 되었다. 키츠는 의사 면허를 받았으나 개업을 포기하고 매일 대영도서관에서 문학 서적을 읽었다. 21세에 리 헌트를 만났고 그를 통하여 셸리와 콜리지 그리고 워즈워스를 알게 되었다. 1817년에 그는 첫 시집을 출판하고 이어 1818년에 《엔디미온(Endymion)》을 발표하였다. 《엔디미온》이 출판된 직후에 키츠는 매력 있고 경박한 패니 브라운(Fanny Brawne)을 사랑하게 되었다. 그는 키츠에게 마음의 평화와 위안을 주지 않고 늘 질투와 불안을 갖게 하였다. 1820년에 그의 마지막 시집인 《라미아와 그 외의 시(Lamia, and Other Poems)》가 출판되었다. 이 속에는 〈히페리온(Hyperion)〉, 〈라미아(Lamia)〉, 〈이사벨라(Isabella)〉, 〈성 아그네스 전야(The Eve of St. Agnes)〉와 다섯 개의 유명한 송시가 한꺼번에 들어 있다. 이것은 이 세상에 나온 가장 풍부한 시집일 것이다. 그러나 비평가들의 평은 좋지 않았다.

패니 브라운과의 불행한 사랑과 비평가의 악평은 그의 폐병을 악화시켰다. 더욱이 그는 외로웠다. 그는 형제들과도 이별하고 있었다. 의사는 그로 하여금 이태리로 가서 휴양하기를 권하였다.

1820년 그가 영국을 떠날 때 건강에 약간의 자신이 생긴 그는 가엾게도 '나는 죽은 뒤 영국 시인들 가운데 한 자리를 차지할 것이다'라고 말하였다.

그는 건강을 회복하지 못하고 로마에서 객사하고 그곳에 있는 아름다운 신교도 묘지에 묻히었다. 비문에는 시인 자신의 말로,

Here lies one whose name is writ in water.
물로 이름이 씌어진 자 여기 누워 있다.

라는 겸손한 말이 새겨져 있다. 그러나 이 아름다운 말은 헛되었다. 그의 이름은 영원히 바위 위에 새겨졌기 때문이다.

(2) 작품

a. 《엔디미온(*Endymion*)》(1818)

달의 여신 다이애나(Diana)가 라트모스 산에서 자고 있는 왕자 목동 엔디미온을 보고 그에게 반하여 자기가 언제나 들여다보고 즐기려고 영원한 잠을 자게 했다는 전설을 가지고 키츠는 조금 다른 이야기를 만들었다. 키츠의 시에서 다이애나는 엔디미온을 꾀어가지고 영원한 세계로 데리고 간다.

> A thing of beauty is a joy forever.
> 아름다운 것은 영원한 기쁨이다.

이렇게 시작되는 시의 첫머리는 자연과 시 속에 미의 영원성을 취급한 것으로 대단히 유명하다.

b. 〈히페리온(Hyperion)〉(1819)

바이런은 "키츠의 〈히페리온〉은 사실 거장 아이스킬로스(Titons Aeschylus)와 같이 장엄하다"고 하였다. 무운시로 씌어진 〈히페리온〉은 키츠의 거작의 하나이다. 히페리온은 희랍 신화의 태양신의 옛 이름으로서, 키츠는 그의 시 〈히페리온〉에서 주피터 신의 영도 하에 있는 젊은 세대의 여러 신들에 의하여 쫓겨 왕위에서 물러난 새턴(Saturn)을 읊은 것이며, 새턴이 퇴위당한 다음 그의 슬픔과 새턴 자신과 같이 몰락한 다른 여러 신들이 새턴을 위로하는 장면으로 되어 있다. 태양의 신 히페리온만이 몰락당하지 않고 그의 태양 속에 장엄하게 앉아있다. 그는 주피터를 쳐부수기로 맹세하며 새턴이 다시 왕위에 오를 것을 선언한다. 그러나 하늘 신은 히페리온에게 세태를 변경시킬 수 없으며 히페리온은 새턴을 따라 땅으로 가지 않으면 안 된다는 것을 일러 준다. 여기에서 이 시는 중단되어버리고 만다. 이 시의 시작된 일부분은 큰 사원의 대문과도 같다고 한다. 그는 건강도 나빴거니와 악평에 실망해서 이 시를 중단하였을 것이다. 그러나 여기에는 밀턴의 《실락원》에서 보는 것과 같은 비장한 아름다움이 있다.

c. 〈성 아그네스 전야(The Eve of St. Agnes)〉

이 시는 전체적으로 보아 키츠의 작품 중 가장 훌륭한 작품이다. 이것은 성 아그네스 제사 전날 밤(1월 20일) 처녀들이 그들의 꿈속에서 장래의 남편을 볼 수 있다는 중세기적 믿음에서 온 이야기다. 처녀는 그 밤이 오기 전 하루 동안 온종일 단식을 해야 되고, 자리 갈 때 아무에게도 말을 해서는 안 되고 뒤를 돌아보아도 안 되고 두 손 위에 머리를 놓고 반듯이 누워야 한다. 만약 이대로 하면 그 여자의 꿈에 진정한 애인이 와서 그에게 키스를 하고 잔치를 베풀어 준다. 이 믿음을 토대로 하고 키츠는 집안끼리 원수인 두 애인을 등장시킨다.

매들린(Madeline)의 애인 포르피로(Porphyro)는 생명의 위험을 무릅쓰고 몰래 성 안으로 숨어 들어가 그 처녀의 방에 몸을 숨긴다. 그 여자의 잠이 깨었을 때 눈에 띈 것은 그가 꿈꾸던 환상이 아니라 그녀가 사모하는 산 사람이다. 그들은 같이 그 성에서 도주한다.

용감한 젊은이가 아름다운 여인을 얻을 수 있다는 단순한 이야기지만 아름답고 훌륭한 장면이 계속되며 꿈같이 부드러운 음악적 스펜서 시형(Spenserian stanza)들로 구성되어 있다.

d. 〈라미아(Lamia)〉

〈라미아〉는 키츠가 쓴 가장 훌륭한 서사시의 하나이다. 물론 시 전체로 보아 고르지 못한 점이 있긴 하나 훌륭한 운문을 내포하고 있다.

이 시는 젊은 코린트(Corinth) 청년인 리시어스(Lycius)의 이야기로써 이 젊은 청년은 아름다운 한 귀부인을 만나 반하게 되어 그녀를 그의 집으로 데리고 온다. 그러나 이 청년은 자기의 행복에 만족하지 않고 결혼식을 올리기로 작정하여 많은 손님을 청하는데 그 가운데는 아폴로니우스(Appollonius)라는 현자가 있어 그는 곧 그 아름다운 여자가 뱀인데 인간의 탈을 쓴 것임을 알고, 그녀가 뱀이라고 일러주게 되었다. 그러자 그녀는 무서운 비명을 지르고 어디론가 사라져버리고 청년도 또한 쓰러져 죽는다.

e. 〈나이팅게일에게 부치는 송가(Ode to a Nightingale)〉(1819)

미와 더불어 희랍과 중세기의 생활, 이것들의 키츠 시의 중심이다. 그리고 그는 무엇보다도 로맨스의 시인이다. 그는 미에 관한 감각이 있는 동시에 색에 대한 감각도 풍부하였다. 그의 송시 여섯 편은 하나같이 걸작이며 그 중에도 〈나이팅게일에게 부치는 송가〉와 〈그리스 항아리에 부치는 송가(Ode to a Grecian Urn)〉두 편은 그의 낭만적 매력을 나타내는 일품이다.

시인은 나이팅게일의 노래를 듣고 황홀경에 빠진다. 그는 술에 취하여 세상을 잊고 환상의 세계로 새를 따라갈 수 있도록 포도주 한 잔을 마시기를 원한다. 그리고 그는 다시 술의 힘을 비는 것이 아니라 시상의 날개를 타고 어두운 숲 속으로 사라질 것을 바란다. 아름다운 달빛 아래 어둠 속에서 그는 향기에 의하여 어떤 꽃이 되었는가를 분별한다. 그리고 어둠 속에서 죽음이 곱고 정다운 목소리로 자기를 부르는 소리를 듣는다.

　나이팅게일의 노래는 불멸의 것이라고 시인은 다음과 같이 노래한다.

　　　Thou was not born for death, immortal Bird!
　　　　No hungry generations tread thee down;
　　　The voice I hear this passing night was heard
　　　　In ancient days by emperor and clown:
　　　Perhaps the self-same song that found a path
　　　　Through the sad heart of Ruth, when, sick for home,
　　　She stood in tears amid the alien corn;
　　　　The same that ofttimes hath
　　　Charmed magic casements, opening on the foam
　　　　Of perilous seas, in faery lands forlorn.

　　　너는 죽으려고 태어나지 않았다, 불사조여!
　　　　어떠한 탐욕스런 세대도 너를 짓밟아 죽이지는 못하였다.
　　　이 깊어가는 밤에 내가 듣는 저 소리는
　　　　옛날 제왕과 촌부의 귀에도 들렸을 것이다.
　　　아마도 저 노래는 향수에 잠겨
　　　　이역 강냉이 밭에서 눈물지으며 서 있는
　　　루스의 슬픈 가슴 속으로도 스며들어 갔을 것이다.

바로 저 노래는 가끔

쓸쓸한 요정의 나라, 풍랑 높은 바다를 향하여 열려져 있는

마술의 창을 매혹하였을 것이다.

(〈나이팅게일에게 부치는 송가〉)

　　스펜서의 영향을 받은 그는 후세 많은 시인들에게 더 큰 영향을 주었다. 라파엘 전파(The Pre-Raphaelites)인 테니슨과 브라우닝 그리고 여러 20세기 시인들이 그의 영향을 받았다.

Ⅱ. 빅토리아 시대(The Victorian Age, 1832~1892)

빅토리아 시대라 함은 대체로 월터 스콧이 별세한 1832년부터 알프레드 테니슨이 작고한 1892년까지를 가리키는 것이다. 여왕 빅토리아가 1837년부터 그가 죽은 1901년까지 재위하였기 때문이다.

이 시대는 영국이 모든 면에 있어서 번영하였던 시대로 낭만주의 이상을 실현한 부면이 많다. 우선 이 시대에서 인도주의가 실천화되었다. 영국 역사상 민주주의가 가장 빠른 속도로 발전하였다. 1829년에 '구교도 해방령(Catholic Emancipation)'이 발표되었고, 1832년에는 '제1차 선거 개정법안'(First Reform Bill)이 통과되었다. 많은 학교가 설립되고 교육이 보급되었다. 1833년 모든 영국 식민지에서 노예가 해방되었다. '최대 다수를 위한 최대의 복리'를 지향하는 시대가 온 것이다.

과학이 거보적으로 발달하였으며 물리, 화학, 천문 모든 부문에 새로운 발견과 발명이 속출하였다. 특히 생물학에 있어서 다윈의《진화론》은 이 시대 사조에 큰 영향을 끼쳤다.

이 시대에 영국의 민주주의는 많은 식민지를 획득하여 제국주의로 발전하였으며 국가는 부강하여지고 법과 질서가 확립되었다. 이 시대는 참으로 낡은 것과 새것이 조화를 이룬 시대며 종교와 과학, 자유와 절제, 전통과 진보가 낭만주의 시대와 같이 허황되지 않고 온건한 중용의 길을 걷던 시대이다. 현실에 입각하여 미래에 대한 희망과 낙관을 가지려 하였다.

이 시대의 문학은 생활의 모든 부면을 취급하였으며 시민들은 자연과 과거의 낭만만을 읊은 것이 아니라 과학, 경제, 사회생활까지도 취급하게 되었다.

그러나 19세기 말엽에 이르러 영시는 오로지 관능적 미만을 추구하는 경향으로 퇴화되어 갔다. 세기 말, 즉 1890년으로부터 1900년 사이를 가리켜 데카당스(Decadence) 풍조의 시대라고 한다.

빅토리아 조 시대의 시인들은 그 전 시대의 낭만정신과 전통을 계승 발전시켰고 원숙하게 하였다. 그러나 낭만 초기의 시인들이 가졌던 싱싱한 거센 맛이 적어지고 마지막에 가서는 너무 무르익어 세기말적 퇴폐성까지 나타냈던 것이다. 테니슨은 워즈워스의 예술을 더 원숙하게 하였다. 계관시인으로 바로 후계자요, 노시인으로부터 대중의 인기를 빼앗은 빅토리아 시대의 대표적인 시인 테니슨을 전 시대의 최대 시인 워즈워스와 비교하여 워즈워스의 시가 소박하고 거센, 마치 수목이나 삼베 같다면 테니슨의 시는 수단繡緞과 같이 화려하고 우아하다. 워즈워스의 시 바구니에는 순수한 진주들이 자갈돌에 섞여 담겨 있고, 테니슨의 상자에는 갈고 다듬은 정밀한 보석들이 들어 있다. 19세기 전반기에 영국 시가가 자연 그대로의 산야라면 19세기 후반의 그것은 백화난만한 정원이라 하겠다.

1. 테니슨(Alfred Lord Tennyson, 1809~1892)

(1) 생애

테니슨은 1809년 링컨셔(Lincolnshire)주 서머스비(Somersby)에서 출생하였다. 그의 아버지는 목사였다. 그는 케임브리지 대학에 갔으며 현상시를 써서 총장상(Chancellor's Medal)을 받았다. 그의 첫 시집 《두 형제의 시집》(*Poems, by Two Brothers*)은 그의 형 찰스(Charles)와의 합작이었다. 1830년 그는《서정 시집》(*Poems, Chiefly Lyrical*), 그리고 1833년에는《시집》(*Poems*)을 출판하였다(이 시집들은 수정을 하고 증보하여 1842년에 두 권의 시집으로 다시 출판되었다). 1833년 그는 가장 사랑하는 친구 아서 핼럼(Arthur Hallam)을 잃었다. 〈공주〉("The Princess")가 1847년에 나왔으며 1850년에는《인 메모리엄》(*In Memoriam*)이 출판되었으며 그 해에 그는 워즈워스의 뒤를 이어 계관시인(Poet Laureate)이 되었다. 그의 다음 시집들은《모드와 다른 시들》(*Maud and other Poems*, 1855),《왕의 목가》(*The Idylls of the King*, 1858),《이녹 아든》(*Enoch Arden*, 1864) 등이 있었다. 그는 또《헤럴드, 베케트 다른 극들》(*Harold, Becket and other Dramas*)을 내 놓았다. 테니슨은 1884년에 작위를 받고 1892년 10월 6일 평온하고 보람 있는 생애를 마쳤다. 그의 유해는 웨스트민스터 사원에 묻혔다.

(2) **작품**

a. 〈**샬럿 부인**〉(The Lady of Shalott, 1832)

샬럿은 강 가운데에 있는 한 섬이다. 이 섬에는 한 개의 탑이 있고, 그 탑 속에 '샬럿 부인'이 살고 있다. 강 위에는 유람선과 돛단배들이 미끄러지듯 지나간다. 비옥한 들판에는 농사꾼들이 일하기에 바쁘다. 곡식을 거두는 사람들만이 '샬럿 부인'이 부르는 이른 아침의 노랫소리를 들을 수 있고, 이 노래는 카멜롯(Camelot)으로 흘러 내려가는 강 위로 산울림한다.

둘째 장은 '샬럿 부인'이 그의 방에서 결코 밖으로 나가지 않고 베틀 앞에 앉아 방의 거울에 비치는 바깥 경치를 짠다. 이따금씩 처녀, 양치는 소년, 시종, 이런 것들이 거울에 비치는 것을 볼 수 있으며 수도승이 말을 타고 지나가는 것이 보인다. 그러나 그녀는 결코 창밖을 내다보지 않는다.

　왜냐하면 그녀가 카멜롯 쪽을 쳐다보면 재앙이 자기에게 떨어진다는 것을 들어 왔었기 때문이다. 그러나 달빛 속에 두 젊은 애인의 모습이 거울 속에 비쳤을 때,

　　'아 나는 이제 영상에 싫증이 났다.'

라고 외친다.

　셋째 장에서는 젊은 랜슬롯(Lancelot)이 말을 타고 밀밭 사이를 지나가는 모습이 거울 속에 비친다. 맑은 날씨에 그의 이마는 번쩍거리고, 새까만 머리는 그가 쓴 투구 밑으로 흘러내려 있다. 그림자의 세계와는 대조적으로 이 장면은 눈부시게 찬란하다. 랜슬롯은 '티라 리라' 하며 마음 한가로운 노래를 부른다.

　　　She left the web; she left the loom,

　　　She made three paces through the room

　　　She saw the water-lily bloom,

　　　She saw the helmet and the plume,

　　　　She looked down to Camelot.

　　　Out flew the web and floated wide;

　　　The mirror cracked from side to side;

　　　"The curse is come upon me", cried

　　　그녀는 채단과 베틀을 떠났다.

그녀는 서너 발자국 서성댔다.

그녀는 수련이 피어 있는 것을 보고

투구와 깃털을 보았다.

　　그녀는 카멜롯을 내려다보았다.

채단은 휘날아 뜨고

거울은 깨져 사방으로 흩어졌다.

"재앙이 나의 몸에 다가왔구나"

샬럿부인이 소리쳤다.

(The Lady of Shalott)

　　넷째 장에서 '샬럿 부인'은 강으로 내려와 배 한 척을 발견한다. 자기 이름을 뱃머리에 쓴다. 날이 저물자 그는 뱃속에 누워 사슬을 풀고 강물을 따라 배와 자기가 흘러가도록 내맡긴다. 그러나 카멜롯의 첫째 집에 도착하기도 전에 그는 죽는다. 사람들이 이 아름답고 이상한 광경을 보려고 쏟아져 나온다. 그들 가운데 젊은 랜슬롯도 끼어 있다. 들여다보고 있는 그는 말하기를,

He said, "She has a lovely face;

God in his mercy lend her grace,

　　The Lady of Shalott."

그의 얼굴은 아름답다.

신이여 '샬럿 부인'에게

은총을 베푸소서.

라고 말한다. 이것이 목숨과 바꾼 사랑의 대가였다.

　　b. 〈연꽃먹는 사람들(The Lotus Eaters)〉(1832)

　이 시는 테니슨이 오디세우스가 그의 부하들과 더불어 로투스 이터들이 살고 있는 곳을 방문하는 호메로스의《오디세이(*Odyssey*)》의 장면에 영감을 받고 쓴 것이다.

　배에 탄 율리시스가 로투스 이터스가 사는 해안에 가까이 가자 그 나라는 언제나 오후만 있는, 졸음이 오는 나라라는 것을 알게 된다. 그것은 꿈의 나라, 고요한 나라이다. 오디세우스의 배가 해안에 도착하자 우울해 보이는 로투스 이터들이 열매가 달린 마(魔)의 꽃가지를 들고 그들이 탄 배 주변으로 모여 든다. 그들은 오디세우스의 부하들에게 그것을 준다. 그러나 이 마초를 먹은 부하들은 이곳을 떠날 줄 모르며, 그들 주변의 모든 것들이 마치 꿈속처럼 보인다. 바다, 끝없는 대양은 그들이 바라보기엔 모두 노곤하게만 보인다.

　마침내 그들은,

　　We will return no more.
　　우리들은 돌아가지 않으리.

라고 노래한다.

　　c. 〈율리시스(*Ulysses*)〉(1833)

　이 시는 단테의《신곡》의 한 구절에 기초를 두고 있는 것으로 무운시로 씌어져 있으며 테니슨의 가장 유명한 시 중의 하나라 할 수 있다. 단테는 율리시스가 자기 고향인 이타카(Ithaca) 왕국에 돌아와 답답한 그의 사생활에 불만을 느끼고 있음을 그의 《신곡》 가운데 묘사하였다. 단테의 이러한 생각이 테니슨에게 영감을 준 것이다. 이 시는 독백으로 되어 있으며, 그 속에 주인공 율리시스가 아무것도 모르는 야만족들을 다스리며 나이 많은 아내와 화롯가에 앉아 소일하는 것이 얼마나 부질없는 노릇인가를 생각한다. 그는 이리하여 자기가 그 전에 경험한 즐거운 모험이나 유쾌한 여행을 기억한다. 다시 한 번 여행에 나설 것을 결심하고 그의 아들 텔레마커스(Telemachus)에게 나라를 다스리는 일을 맡겨 두고 떠나려는 것이다. 그의 일생은 영원한 모험이며 자기와 수부들은 비록 늙었으나 아직도 모험을 할 수 있을 것이라고 믿는다. 죽음이 그들에게 올 때까지 그들은 애써 찾으며 굴복하지 않을 것이라 한다.

Made weak by time and fate, but strong in will
To strive, to seek, to find, and not to yield.

세월과 운명에 의하여 약해졌지만
애쓰고, 구하고, 찾고, 굴하지 않는 의지는 강하다.

테니슨은 온건하면서도 진취적인 시인이었다.

d. 〈록슬리 홀(Locksley Hall)〉(1842)
이 작품은 테니슨의 가장 중요한 시들 가운데서 평가하기 가장 힘든 것 중의 하나이다.

한 군인이 자기의 사랑을 회상하는 독백이다. 그는 그가 소년 시절을 보낸 록슬리 홀을 가보기 위하여 동료들이 나팔로 그를 부를 때까지 그들을 떠나간다. 소년 시절에 그는 록슬리 홀에서 과학의 아름다운 이야기로 그의 청춘을 길렀고 또 과학이 세계를 지배할 것이라는 희망을 언제나 품고 있었다.

In the spring a liverlies iris changes on the burnished dove:
In the spring a young man's fancy lightly turns to thoughts of love.

봄이 오면 윤나는 비둘기 더 찬란한 목털을 갖고
봄이 오면 젊은이의 환상 어느덧 연정으로 향한다.

그는 사촌 에이미와 서로 사랑했다. 에이미는 그의 양친의 명령을 거역할 수 없어 우둔한 부자와 결혼했다.

비는 지붕 위에 떨어지는데 술 취한 남편 곁에 잠 못 이루고 누워 있는 에이미를 생각하며 못내 그리워한다.

그는 싸움터에서 전사나 하려고 군대에 지원한다.

'개인은 비록 시들어 버린다 할지라도 세계는 영원히 존속한다'라는 사실을 기억하려고 그는 애를 쓴다.

그의 동료들이 부르는 나팔소리가 들린다. 그는 문명의 세계를 떠나 거친 해안으로 가야 할 것인가?

그는 다시 미래와 과학의 장엄한 약속에 희망을 가지면서 록슬리 홀을 떠나간다. 폭풍이 일어나고 있다. 그는 우레가 과거의 상징 위에 떨어지기를 희망하면서 떠난다.

e. 《공주(*The Princess*)》(1847)

공주 아이다는 이웃나라 왕자와 어린 시절에 맺었던 약혼을 깨뜨리고 여자 고등교육에 헌신하기로 한다. 왕자는 두 사람의 친구와 같이 여자로 변장을 하고 그 여자 대학에 입학하나 곧 발각이 되어 쫓겨난다. 왕자의 부친은 무력으로라도 결혼을 이행시키기 위하여 선전 포고를 한다. 그러나 마침내 쌍방에서 50명씩 무사를 뽑아 그들로 하여금 싸우게 하고 그 승부에 의하여 사건을 해결하기로 한다. 그런데 이 싸움에서 왕자가 부상을 입자 여자대학은 병원으로 변하고 공주 자신이 간호부가 되어 왕자 머리 맡에서 노래책을 읽어 주게 된다. 공주의 가슴 속에는 사랑이 싹트기 시작하여 어쩔 수 없이 왕자에게 시집가게 된다. 이 시는 여성이 자연법칙에 거역하여 본래의 정적情的인 천성을 버리려는 것은 헛된 것이고 남자를 대적하에 독립을 주장하는 것은 어리석은 것이라는 것을 가리킨다.

20세기에는 수긍되기 어려운 여성관이다. 그러나 예술적으로는 매우 아름다운 작품이다. 전집이 무운시로 씌어진 이야기를 장식하기 위하여 그 속에 삽입되어 있는 일곱 개의 주옥같은 서정시는 찬란한 광채를 발하고 있다. 시의 줄거리를 읽는 이가 많은 오늘에도 그 속에 들어 있는 이 적은 서정시들은 아직도 독자를 황홀하게 한다.

> Tears, idle tears, I know not what they mean,
>
> Tears from the depth of some divine despair
>
> Rise in the heart, and gather to the eyes,
>
> In looking on the happy autumn-fields,
>
> And thinking of the days that are no more.

눈물, 하염없는 눈물, 그것이 무엇인지.

성스러운 절망 깊은 것에서

가슴에 솟아 눈으로 모이느니

행복한 가을 벌을 바라다 볼 때

그리고 다시 오지 않는 지난날을 생각할 때.

f. 《인 메모리엄(*In Memoriam*)》(1850)

테니슨이 형제보다도 더 사랑하던 벗이요, 누이동생 에밀리아 (Emilia)의 약혼자였던 아서 헨리 핼럼(Arthur Henry Hallam, 1811~1833)의 죽음을 애도한 시로, 영문학사상 가장 위대한 애가이다. 핼럼은 대단히 조숙한 천재로 케임브리지 트리니티 대학 재학 당시 이미 학문에 뛰어났으며 고전에 정통하였을 뿐 아니라 웅변가로도 명성이 높았다. 후일의 수상 글래드스톤(William Gladstone, 1809~1898)도 동창 학우였지만 핼럼의 명성을 따르지 못하였다 한다. 친구들은 사도단(The Apostles)이라는, 학문과 친목을 위한 그룹을 구성하였었는데 핼럼은 리더격이었다. 그런데 불행히도 핼럼은 22세라는 젊은 나이로 1833년 9월 비엔나에서 사망하였고 1834년 1월 세번(Servern) 강변 클리브던(Clevedon)에 안장되었다.

애가의 단장들(The Fragments of an Elegy)이라고 불리는 《인 메모리엄》은 1833년부터 1842년 까지 9년에 걸쳐 추모의 정을 그때그때 한 수씩 읊은 것을 모은 것으로 131수에 프롤로그와 에필로그가 붙어 있다. 그러나 《인 메모리엄》은 서정시의 독립한 집합체일 뿐만 아니라 거기에는 유기적 통일성이 있다. 테니슨은 이 노래들을 연대순으로 배열하지 않고 비애의 심리적 변천에 따라 사상적 통일을 주도록 구

성한 것이다. 그러므로 그는 이 시에,

(1) 핼럼이 죽은 뒤 첫 번째 크리스마스(1~28장)까지의 부분은 비애
  로 차 있다. 물론 이 비애는 후에도 때때로 되돌아오는 것이다.
(2) 두 번째 크리스마스(28~78장) 세월이 차차 흐름에 따라 내세에 있
  어서 재회에 대한 희망을 갖게 된다.
(3) 세 번째 크리스마스(78~103장) 고요하고 평화스러운 회고와 마음
  의 안정이 온다.
(4) 네 번째 크리스마스(104~131장) 내세에 대한 신념과 아울러 현세
  에 대한 행복감을 갖게 된다.

   프롤로그는 사실상은 마지막으로 붙인 결론이며 그의 종국적 신
념을 나타내고 있다. 에필로그는 그의 누이동생 세실리아(Cecilia, 에밀
리아보다 6세 아래인)의 결혼을 축하하는 혼후축가(Epithalamion)이다.

   XXⅦ
   I envy not in any moods
       The captive void og noble rage,
       The linnet born within the cage,
   That never knew the summer woods;
   * * *
   I hold it true, whate'er befall;
       I feel it, when I sorrow most;
       'Tis better to have loved and lost

Than never to have loved at all.

성스러운 분노를 못 느끼는 갇힌 몸을,

조롱 속에 태어나

여름 숲을 모르는 방울새를

나는 부러워하지 않노라.

어떠한 운명이 오든지 간에

내 가장 슬플 때 나는 느끼나니

사랑을 하고 사랑을 잃는 것은

사랑을 전혀 아니한 것보다 낫다고.

시형은 약강 4보격(iambic tetrameter)으로 구성되는 4행시(quatrain)로 abba의 압운(rhyme scheme)은 진행이 느리며 애도의 감과 추모의 념念을 표현하는 데 적합하다.

g. 〈모드(Maud)〉(1855)

이 시는 열렬한 연애비극으로 공리적이요, 유물적인 세태를 비난한 작품이다. 이 시는 독백극(Monodrama)으로 모드를 사랑하는 청년의 이야기이다. 그의 부친은 노영주의 간계에 의하여 파산당하며 더구나 그 노영주의 딸에 대한 사랑 때문에 그녀의 오빠와 결투, 외국으로 도망하여 실망한 그는 정신이상까지 일으키나 크리미아전쟁에 참가하여 조국과 인류를 위하여 헌신함으로써 삶의 보람을 찾게 된다. 《모드》 속에 들어 있는 "Come into the Garden, Maud"(Maud여 정원으로 나오너라)는 대단히 아름다운 서정시이다.

h. 〈**왕의 목가**(Idylls of the King)〉(1859~1885)

이 작품은 아서왕과 그의 기사들의 전설을 빅토리아 시대의 윤리
관으로 쓴 것으로 전부 20권으로 되어 있으며 일만 행이 넘는 대작이
다. 아서왕은 충성있고 용감한 기사들로 원탁단(Round Table)을 조직
하고 이상정치를 베풀려고 하였으나 왕비 귀네비어(Guinevere)가 기사
중의 꽃이라고 불리는 랜슬롯과 불의의 사랑에 빠지고 많은 기사들
이 성배(Holy Grail)를 탐구하기 위하여 나라가 망하고 임금이 죽는다.

i. 〈**아서왕의 죽음**(The Morte d'Arthur)〉

초기 작품으로 후일에 《아서왕의 죽음(The Passing of Arthur)》의 대
부분을 구성하고 있다. 〈아서왕의 죽음〉의 첫머리의 장엄하고 숭고
한 음률은 밀턴을 방불케 하는 장엄체(Grand Style)로 씌어져 있다.

So all day long the noise of battle rolled

Among the mountains by the winter sea,

Until King Arthur's Table, man by man,

Had fallen in Lyonnesse about their lord,

King Arthur; then, because his wound was deep,

The bold Sir Bedivere uplifted him,

And bore him to a chapel night the field,

A broken chance with a broken cross,

That stood on a dark strait of barren land.

On one side lay the Ocean, and on one

Lay a great water and the moon was full.

이리하여 하루 종일 창검 소리는

겨울 바닷가 산 속에 울렸다.

마침내 '아더 왕'의 원탁은 한 사람 한 사람

'라이오네스' 전투에서 그들의 군주

'아더 왕'의 주변에 쓰러졌다.

그때 왕의 상처가 깊었으므로

용감한 '베디비아' 경은 왕을 안아 일으켰다.

최후로 남은 기사 '베디비아'는 왕을 싸움터에서 가까운 예배당으로
옮겼다.

부서진 십자가가 달린 파괴된 성소가

황량한 들판 어둡고 좁은 지협에 서 있었다.

한편에는 큰 바다, 한편은 큰 호수 그리고 달은 만월이었다.

j. 《이녹 아든(*Enoh Arden*)》(1864)

《아서왕 이야기》와는 달리 현대의 소박한 평민생활에서 재료를
얻은 서정시의 정취 가득한 서사시이다. 주인공 이녹 아든과 필립 레
이(Philip Ray)는 한 작은 어촌에 사는 어릴 때부터의 친구로서 그들은
같은 동리의 애니 리(Annie Lee)라는 소녀를 사랑하나 더 적극적인 이
녹이 결국 그녀를 아내로 맞게 되며 그는 2남 1녀를 얻어 모두가 부러
워하는 행복한 가정을 이루게 된다. 사공의 아들이었던 이녹은 뱃일
을 하다가 마스트에 떨어져 상처를 입게 된다. 부득이 하던 일을 그만

두게 되었으며 만류하는 처자를 집에 두고 어느 상선에 고용되어 멀리 바다로 나간다. 그러나 불행히도 그가 탔던 배는 난파하게 되었고 그 뒤 십여 년이나 지나도록 그의 소식은 없었다. 집에 남은 식구들은 가난에 허덕이게 되었으며 처음부터 충실히 애니를 사랑한 필립은 곤경에 빠진 모자를 도와준다.

그는 애니에게 이녹이 죽은 것임을 다짐하고 그와 결혼해 줄 것을 청한다. 마침내 애니는 이를 승낙하여 그들은 결혼하게 된다. 그러나 죽은 것으로 믿었던 이녹은 남해의 고도孤島에 표류했으며 홀로 고국을 그리워하다가 지나가는 배편을 얻어 그리운 고향에 돌아오게 된다. 오랜 세월이 지난 고향은 그를 알아보지 못했으며 고향에 온 그는 그의 아내가 필립에게 재가하였음을 알게 되고, 그의 처자가 필립을 남편과 어버이로 섬기고 행복하게 살고 있음도 알게 된다. 터질 듯한 가슴을 억제하고 그는 집에 돌아가지 않는다. 어느 날 밤, 남몰래 담 사이로 그는 행복한 그의 가정을 엿본다. 자기가 살아 돌아왔음을 알리고 싶은 괴로운 마음 이를 데 없어 그는 기도를 올린다.

Too hard to bear! Why did they take me thence?
O God Almighty, blessed Savior, Thou
That didst uphold me on my lonely isle,
Uphold me, Father, in my loneliness
A little longer! aid me, give me strength
Not to tell her, never to let her know.
Help me not to break in upon her peace.

견디기 어려운 이 괴로움! 왜 나를 이곳으로 데려왔던고.

전능하신 신이여! 거룩하신 구세주시여!

외로운 섬에서 나를 지탱해 주신 하나님 아버지시여.

좀 더 나를 이 외로움에서 지탱케 해 주시옵소서,

나를 도우시고 힘을 주시어 아내에게

결코 내가 돌아왔음을 말하지 않게 해 주시옵소서.

그녀의 평화를 깨뜨리지 않게 해 주시옵소서.

그는 기어이 죽을 때까지 자기가 돌아왔음을 알리지 않는다. 그가 죽은 귀 필립과 애니는 이 사실을 알게 되어 그를 정중히 묻어 준다.

k. 〈부서져라, 부서져라, 부서져라(Break, Break, Break)〉(1842)

그의 시는 너무 기교적이며 좀 지나치게 감미로운 감을 줄 때가 있다. 그러나 그에게는 아름답고 애상적인 시들이 많다. 애수가 깃든 이 소곡들은 수백만 수천만의 가슴 속으로 흘러들었다. 여기 그가 그의 형제보다 아끼던 친구 아서 핼럼을 추모하는 시의 하나로 비애의 극치를 보여주는 단시가 있다.

Break, Break, Break

Break, break, break
    Oh thy cold gray stones, O Sea!
And I would that my tongue could utter
    The thoughts that arise in me.

O well for the fisherman's boy,

    That he shouts with his sister at play!

O well for the sailor lad,

    That he signs in his boat on the bay!

And the stately ships go on

    To their heaven under the hill;

But O for the touch of a vanished hand,

    And the sound of a voice that is still!

Break, break, break

    At the foot of thy crags, O sea!

But the tender grace of a day that is dead

    Will never come back to me.

부서져라, 부서져라, 부서져라

    차디찬 잿빛 바위 위에, 오 바다여!

솟아오르는 나의 생각을

    나의 혀가 토로해 주었으면.

오 너 어부의 아이는 좋겠구나,

    누이와 놀며 소리치는

여울에 있는 작은 배 위에서 노래하는

    오 사공의 아이는 좋겠구나.

그리고 커다란 배들은 간다.

　저 산 아래 항구를 향하여

그러나 그리워라 사라진 손의

　더 들을 수 없는 목소리.

부서져라, 부서져라, 부서져라.

　저 바위 아래 오 바다여!

그러나 가버린 날의 그의 우아한 모습은

　다시는 나에게 돌아오지 않으리.

 l. 〈사주砂洲를 건너며(Crossing the Bar)〉(1889)

늙어 감에 따라 테니슨의 다채로운 시풍은 강한 정서를 지닌 채
단순하여 갔다.

　Happy children in a sunbeam sitting on the ribs of wreck.

　부서진 배의 늑골 위에 앉아서 햇빛 속에 행복스러운 아이들.

또는,

　Cold upon the dead volcano sleeps the gleam of dying day

　춥게도 사화산死火山 위에 죽어가는 햇빛이 잠들다.

　　　　　　　　《록슬리 홀 60년 후(Locksley Hall Sixty years after)》)

그리고 간결하고 힘 있는 같은 시풍으로서 모든 송가 중에 가장

위대한 그의 〈백조의 노래(swan song)〉를 들어 보자(백조는 죽기 전에 가장 아름다운 노래를 부른다고 한다).

Crossing the Bar

Sunset and evening star,
　　And one clear call for me!
And may there be no moaning of the bar,
　　When I put out to sea.

But such a tide as moving seems asleep,
　　Too full for sound and foam,
When that which drew from out the boundless deep
　　Turns again home.

Twilight and evening bell,
　　And after that the dark!
And may there be no sadness of farewell,
　　When I embark;

For though from out our bourne of Time and Place
　　The flood may bear me far,
I hope to see Pilot face to face
　　When I have crossed the bar.

사주砂洲를 건너며

해 지고 저녁 별
나를 부르는 소리!
내 바다로 떠나갈 때에
사주에 슬픈 울음이 없기를.

무한한 바다에서 온 것이
다시 제 고향으로 돌아갈 때에
소리나 거품이 나기에는 너무나 충만한
잠든 듯 움직이는 조수만이.

황혼이어서 저녁 종소리,
그 뒤에 어둠!
내 배 위에 오를 때에
이별의 슬픔이 없기를.

'시간'과 '공간'의 한계로부터
물결이 나를 싣고 멀리 가더라도
내 바라노니 인도자를 대면하게 되기를
내 사주를 건널 때.

2. 로버트 브라우닝(1812~1889)

(1) 생애

브라우닝의 아버지는 잉글랜드 은행의 행원이었고 그의 조부도 그러하였다. 그의 어머니는 종교심이 강한 스코틀랜드 여인이었다. 그의 집에는 장서가 6만 권이나 되는 도서실이 있었다. 공립학교도 다니지 않고 대학에도 가지 않은 그에게 이 도서실이 대학이었다. 그는 런던에 있는 유니버시티 칼리지에서 희랍어를 한 학기 학습한 적이 있다. 그는 건축, 그림, 조각, 그리고 음악에 열중하기도 하였다.

1845년에 여류시인 엘리자베스(Elizabeth Moulton Barrett, 1806~1861)와 사랑하게 되었다. 그녀는 브라우닝보다 여섯 살 위로 병이 들어 몸을 자유롭게 움직이지 못하였다. 그는 매일 어두운 방에 누워 있고 바깥 세계와 절연된 생활을 하고 있었다. 배럿의 아버지는 대단히 엄격하였다. 브라우닝의 청혼은 그 부친으로부터 거절당했다. 1846년 두 시인은 비밀히 결혼을 하고 수일 후 이태리로 떠났다.

1849년에는 장래 화가가 될 그들의 아들 로버트 배럿 브라우닝(Robert Barrett Browning)이 출생하였다. 브라우닝 부인의 건강도 회복되어 가고 결혼 생활이 행복스러웠으나 1861년 브라우닝 부인은 세상을 떠나고 말았다. 아내를 잃은 브라우닝은 영국으로 돌아왔으나 그 후에도 매년 이태리 여행을 하였다. 그의 시의 소재나 배경이 이태리가 많음은 그의 가장 행복했던 생애가 거기에서 이루어졌기 때문이다. 브라우닝은 말년을 쓸쓸히 지내다가 1889년 12월 12일 베니스에서 영면하였다.

그의 주요 작품집은 다음과 같다.

〈폴린(Pauline)〉(1833), 〈소르델로(Sordello)〉(1840, 1841~1846), 〈피파는 지나간다(Pippa Passes)(1841), 《극적 서정시(*Dramatic Lyrics*)》(1843), 《극적 로맨스(*Dramatic Romances*)》(1845), 《남과 여(*Men and Women*)》(1855), 《극적 페르소나(*Dramatic Personae*)》(1864), 《반지와 책(*The Ring and the Book*)》(1868~1869), 《극적 목가시(*Dramatic Idylls*)》(1879~80), 《아솔란도(*Asolando*)》(1889).

(2) 작품

a. 〈피파는 지나간다(Pippa Passes)〉(1841)

1841년부터 브라우닝이 차례로 발표한 여덟 권의 시집인 《방울과 석류나무(Bells and Pomegranates)》의 제1권으로 나온 시극이다. 막이 오르면 피파라는 한 소녀 직공이 잠자리에서 일어나며 일 년에 한 번씩 있는 휴일인 오늘을 이 고을에 사는 가장 행복한 네 사람의 위치에 자기를 상상함으로써 보람 있게 보내리라고 작정한다. 행복한 마음으로 가득 찬 이 소녀는 아침, 낮, 저녁, 밤 각각 다른 노래를 부르며 다닌다.

이 소녀는 이 네 사람이 모두 어두운 과거를 가지고 있거나 지금 이 순간에도 어두운 음모를 획책하고 있다는 것을 전혀 알지 못한다. 이 네 사람은 천진난만한 이 소녀의 노래에 마음의 갈등을 일으켜 각기 참회하며 지난날의 잘못을 뉘우치고 현재의 음모를 버리게 되는데, 자기의 노래가 이 네 사람의 영혼을 구한 줄도 모르는 이 소녀는 헛되이 보낸 그날을 되돌아보고 한숨짓는다. 그런데 이 소녀가 행복하다고 생각한 네 사람에 관한 이야기는 첫째 오티마(Ottima)와 그의 애인 세발드(Sebald)에 관한 이야긴데, 세발드는 오티마의 전 남편을 살해했으며 자기들의 죄악을 정당화하려고 하나 피파가 지나가며 부르는 〈God's in His Heaven〉이라는 노래에 그들의 죄악을 뉘우치게 된다. 둘째는 불란서인 조각가 줄(Jule)에 관한 이야기이다. 그는 높은 집안의 규수인 줄 알았던 그의 신부가 사실은 창녀의 딸이었음을 알게 되자 그녀를 버리려고 하는데 피파의 〈Give her but a least excuse to love me〉라는 노래를 듣자 자기 아내 펜(Phene)에게로 다시 돌아간다는 이야기이다.

셋째는 오스트리아 황제를 살해하려던 애국자 루이지(Luigi)의 이야기이다. 그는 그의 어머니의 설득으로 거의 자기의 계획을 포기할 뻔했으나 피파의 〈A King lived long ago〉라는 노래에 고무되어 뛰쳐나감으로써 그 뒤에 달려온 경찰의 추격을 피하게 된다. 넷째는 주교에 관한 이야기인데, 그는 피파의 아버지가 그의 형을 죽여 그 재산을 횡령했기 때문에 피파를 죽이려는 음모를 꾸미고 있었다. 그러나 피파의 〈Suddenly God took me〉라는 노래에 양심의 가책을 받는다. 이 작품도 브라우닝에게 특이한 심리묘사가 있으나 도저히 상연할 수는 없다. 피파의 노래 가운데 제일 잘 알려진 부분은 그녀가 맨 처음 부르는 다음과 같은 노래이다.

> The year's at the spring;
> And day's at the morn;
> Morning's at seven;
> The hillside's dew-pearled;
> The lark's on the wing;
> The snail's on the thorn;

God's in His heaven—

All's right with the world!

때는 봄

날은 아침

아침은 일곱 시

산허리는 이슬 맺히고

종달새는 날고

달팽이는 장미 위에 기고

하나님은 하늘에 계시옵나니

세상은 무사하여라.

b. 〈나의 마지막 공작부인(My Last Duchess)〉(1842)

《방울과 석류나무》 가운데의 제2권 《극적 서정시》 중에 들어있는 작품으로서 극적 독백(dramatic monologue)이라는 형태로 씌어진 우수작이다. 특수한 성격에 대한 심리 묘사에 뛰어나고 객관적인 묘사에 서투른 그는 극이란 반드시 두 사람 사이의 대화로 이루어질 필요가 없다고 생각하고 언제나 'I'라는 하나의 등장인물에 대한 내면으로부터(from the inside)라는 주관적인 방법으로 이야기를 전개한다. 이 작품은 그의 극적독백이 제일 뛰어난 작품으로서 불과 56행이라는 짧은 시 속에 무척 많은 이야기를 담았고 인간 감정에 대한 예리한 통찰력을 보여주고 있다.

이 작품의 무대는 이태리의 플로렌스 근처의 페라라(Ferrara)이다. 그 고장의 공작은 앞으로 자기의 장인이 될 백작이 보낸 사람에게 자기가 수집해 놓은 그림들을 자랑한다. 그들은 잠시 공작의 전 부인의 초상화 앞에 멈추고 공작은 그 여인의 표정에 대한 설명을 시작한다. 그는 그녀의 미소가, 그녀를 그려 주고 있던 화가가 그녀에게 뭐라고 칭찬했기 때문에 짓는 미소일 것이라고 말한다. 화가의 칭찬이 비록 예의적인 것이라는 것을 알아도 그녀에게는 그것이 기쁨이었던 것이다. 그녀는 지나치게 쉽사리 즐거워지는 마음(too soon made glad)을 가지고 있었고, 더욱이 참을 수 없는 건 자기 같은 여자가 공작과 결혼했다는 사실이 그녀에겐, 벚꽃 가지를 꺾어다 준 타인의 친절 이상으로 대수롭게 여겨지지 않는다는 사실이다. 그녀는 누구에게나 상냥하고 누구에게나 미소하며 아무리 사소한 친절이라도 고마워한다. 900년이나 이어 내려온 명문이라는 선물을 그처럼 하찮은 친절과 마찬가지로 여긴다는 사실이 그에겐 견딜 수 없었던 것이다. 그렇다고 아내를 꾸짖는 것은 공작의 체면에 관계되는 일이다. 그리하여 마침내 그는 그녀를 죽이라는 명령을 내리게 되어 그녀의 미소는 졸지에 사라져버리고 말았다.

그 그림 앞을 떠나면서 공작은 돈 때문에 결혼하는 건 물론 아니지만 백작이 너그러운 분으로서 널리 알려졌으니까 지참금을 장차 자기 아내가 될 딸에게 섭섭지 않게 보내 줄 것을 믿노라고 이야기한다. 계단을 내려가면서 다시 다른 조각품에 대한 설명을 계속한다. 이 작품에서 작자는 두 개의 인간, 즉 예술에 대한 세련된 취미를 가지나, 철저히 비인간적이고 어디까지나 타산적인 주인공과 그같이 교만하고 냉철한 인간은 그 진가를 도저히 알 수 없는 우아하고 매력적이고 섬세하며 또 어질고 착한 한 여인을 묘사하고 있다.

c. 〈폐허 속의 사랑(Love Among the Ruins)〉(1855)

운이 맞는 장단이 다른 시행들이 교대로 엇갈려 마치 양떼들의 방울소리 같은 묘한 음악적 효과를 내는 이 시는 브라우닝의 수법이 가장 완숙하게 발휘된 작품이다.

무대는 로마 근교, 여기저기 유명한 고적이 흩어져 있는 해 저무는 저녁, 주인공의 마음은 갑자기 모든 것은 덧없고 허무하다는 생각에 우울해진다. 광대하던 도시는 추억 속으로 사라지고, 여기저기 흩어진 대리석 더미와 반쯤 땅에 묻힌 기둥엔 덩굴만이 기어 다니고 있다. 영화나 명예 또한 덧없음을 느낀다. 이때 갑자기 사랑으로 빛나는 금발의 소녀가 그에게로 가까이 오며, 그도 그녀에게로 만나러 갈 때 그는 오랜 세월을 두고 계속되던 죄나 어리석은 짓도 사랑이 올 땐 아무 뜻도 없다는 것을 기억한다. 왜냐하면 사랑이 으뜸이기 때문에.

d. 〈에벌린 호프(Evelyn Hope)〉(1855)

브라우닝을 별로 높이 평가하지 않던 세인츠베리(George Edward Bateman, 1845~1933)도 그의 《19세기 문학사》에서 브라우닝의 서정시는 일급의 것이고 특히 그 중에서 연애시의 몇 개는 정말 최고의 작품이라는 칭찬을 받을 만하다고 말하고 있는데, 이 〈에벌린 호프〉야 말로 그 가장 높은 순위에 속하는 작품 가운데 하나이다. 부드러우면서도 음악적이며 소박하면서도 애처롭다.

내용은 자기가 사랑하다는 것을 알기도 전인 16세라는 어린 나이로 세상을 떠난 애인 에벌린 호프의 죽음에 대한 애도이다. 그는 싸늘히 누워 있는 애인의 시체 옆에 앉아 그녀를 보며 신은 사랑을 사랑으로 보답하게 해 주리라 믿고 저승에 가면 그들은 다시 만나 영원히 사랑하게 되리라고 생각한다. 그러면서 그는 다시 만날 때의 약속으로 그녀의 손에 나뭇잎을 하나 쥐어 준다.

e. 〈동상과 흉상(The Statue and Bust)〉(1855)

이태리 플로렌스 광장에 있는 페르디난트 1세 대공의 동상을 보고 쓴 시이다. 전해오는 이야기에 의하면 공이 어떤 부인을 사랑하게 되었는데, 그 부인의 남편이 질투한 나머지 아내를 수감하게 되어 공은 하루에 단 한 번씩만 창가에 앉아 있는 그녀를 볼 수 있게 되었다. 공은 자기의 동상을 세우게 했는데 그 동상의 시선이 항상 그녀에게 향해 있도록 했다는 이야기이다.

브라우닝의 시에서는 이 두 사람이 서로 사랑하여 도망가려고 한다. 그러나 매일과 같이 그들의 행복을 연기하게 될 이유가 생긴다. 그들은 매일과 같이 내일은 떠나게 될 것이라는 생각에 위안을 느낀다. 그러면서 한편 그들이 주고받는 하루 한 번의 시선 속에서도 열정이 식어가고 마침내 그들의 사랑은 한낱 백일몽에 불과하고 그들의 인생 또한 헛되이 낭비되었다는 것을 알게 된다. 그 꿈을 계속하고자 그는 광장에 그의 동상을 세우고 창가엔 그 여인의 흉상이 세워지나, 그들은 이 감정 없는 대용품들이 현실과 마찬가지 구실을 할 수 있다는 아이러니에 만족을 느끼게 된다.

브라우닝은 그들이 뜻한 대로 행동하지 않음을 비난하고 인간 결심의 덧없음을 한탄하고 있다.

f. 〈마지막 말타기를 함께(The Last Ride Together)〉(1855)

매우 서정적이면서 숭고한 연애시이다. 또 말에 흔들려 가는 율동이 이 시의 리듬에 담겨져 있다. 이 작품은 브라우닝이 쓴 가장 격조 높은 작품 중의 하나로서 주인공은 사랑을 거절한 어느 여인에 대한 그의 짝사랑을 고백하는대 그는 거기에 대해서 노여움이나 굴욕감을 갖지 않는다. 그가 지녔던 인생의 큰 목적 하나가 허사로 돌아간 주인공이 마지막으로 허락된 애인과의 말타기를 떠나며 자기의 심정을 노래하고 있다.

그는 그녀의 사랑을 얻기 위해서 어떻게 했으면 좋았을까 하는 구차한 물음을 하지 않는다. 그는 사내답게 현세를 체념하고 영원한 세계에 대해서 깊은 믿음을 가져본다.

이 작품에서도 〈동상과 흉상〉에서와 마찬가지로 브라우닝이 즐겨하는 하나의 사상이 담겨져 있는데 어떤 기회가 오면 그 뒤에 지불해야 할 대가를 얼마든지 붙들어야 한다는 생각이다. 이 시의 주인공은 그가 사랑하는 여인과의 마지막 말타기라는 순간을 붙잡은 것이다.

g. 〈사울(Saul)〉(1855)

브라우닝의 작품 가운데 가장 아름다운 것 중의 하나이다. 이 작품은 구약에 있는 이야기에 근거하며 하프를 연주하여 사울왕의 병을 고친 미래의 왕 다윗(David) 목동의 이야기를 시적으로 미화한 것이다. 다윗은 극적 독백으로 그의 이야기를 전개한다.

그는 사울 왕에게 불리어 하프를 가지고 그의 천막으로 가서 사흘 동안 죽음의 기로에 서서 방황하던 왕에게 아름다운 음악을 차례로 들려준다. 다윗이 연주하는 여러 음악에 사울 왕은 거의 혼수상태에서 깨어나 다시 살아나게 된다. 사울 왕을 위한 마음으로 가득한 다윗도 그가 예언을 노래하고 있다는 것을 갑자기 깨닫게 되며, 그가 사울 왕에게 그리스도의 사랑을 알려 주어 새 인생에 대한 문을 열어 주며 삼라만상 자연도 그가 예언자임을 노래한다.

h. 〈랍비 벤 아즈라(Rabbi Ben Ezra)〉(1864)

시집 《극적 페르소나》 중의 한 편으로서 여러 시에서 발견할 수 있었던 그의 철학이 가장 명료하게 나타난 작품이다. 중세 유대인 학자인 벤 에즈라의 입을 빌어 그의 깊은 신념과 인생관을 극적 독백의 형식으로 말해 주고 있다. 근대 종교 서정시 중에서 가장 숭고한 작품이라고 일컬어지는 이 작품은 우리의 인생을 신의 손 안에서 만들어지는 도자기에 비유하여 노래한다.

i. 《반지와 책(*The Ring and the Book*)》(1864~1869)

이 책은 2만 여행의 장시(제4권 20부)로서 밀턴의 《실락원》의 세 배나 되는 대작이다. 재료는 그가 이태리의 플로렌스 어느 책방에서 발견한 양피지로 된 책 속에서 얻은 것으로서 그 책은 백여 년 전 로마에서 일어난 살인사건에 대한 재판 기록을 다루고 있다. 물론 그 책은 그 사건에 대한 여러 가지 상반된 변호와 논고, 언도 등 법률가들에게나 흥미를 줄 무미건조한 내용의 것이지만, 이 상반된 의견의 대립에 특히 흥미를 느낀 그는 이것을 그가 즐겨 쓰는 극적 독백의 형식으로 성공시키고 있다. 그런데 이 사건의 줄거리는 다음과 같다.

어느 사악한 귀도 프란체스치니(Guido Francheschini)라는 백작이 돈에 궁한 나머지 파산을 면해 보려고 13세밖에 안 되는 폼필리아(Pompilia)라는 평민의 소녀와 결혼하게 된다. 백작은 그 소녀의 집안이 부유한 것으로 알았고 거기에서 돈을 얻어 쓸 심산이었으나 그렇지 않다는 것을 알게 되자 그녀를 박해하기 시작한다. 그 소녀는 양녀였으며 가진 것이란 아름다움과 미덕뿐이었다. 백작은 그런 것엔 아랑곳 없었고 필요한 것은 오직 돈뿐이었는데 돈이 없으니 그녀를 제거해야만 했다. 물론 그녀에게 독약을 먹이거나 자객을 시켜 죽일 수도 있었으나 그렇게 한 뒤의 소문이 두려웠다.

먼저 그녀를 죽일 만한 구실을 찾아야만 했다. 그러기 위해서는 그녀에게 나쁜 짓을 시켜야 했는데, 천진난만한 마음씨의 그녀는 쉽사리 나쁜 짓을 할 것 같지 않았다. 궁리 끝에 백작은 아내가 자기에게서 도망가도록 갖은 박해를 가하기 시작한다. 견딜 수 없게 된 그녀는 주교에게로 가서 도움을 청하나 귀족의 권세가 두려운 주교는 이에 응하지 않았다. 그녀는 다시 젊고 용감한 한 수도사에게로 간다. 그가 두려운 것은 오직 나쁜 짓을 하는 것뿐이었다. 그는 그녀를 도와 백작의 손아귀로부터 빼내어 그녀의 양부모에게로 보내게 된다. 백작에겐 좋은 구실이 생긴 것이다. 그는 그의 부하를 이끌고 이들을 추격하나 그 수도사는 만만치 않았다. 오히려 봉변을 당한 백작은 간통죄로 이 두 사람을 고소한다. 그러나 증거가 없다는 것이 알려지자 그녀는 그의 양부모 곁으로 가서 백작의 애기를 낳게 된다.

이 소식을 듣자 백작은 여하한 일이 있더라도 그녀를 죽여야겠다는 결심을 하게 된다. 왜냐하면 그의 재산은 법에 의해 그의 아들의 것이 되며 천한 그녀의 집안과 관계를 끊을 수 없기 때문이다. 밤에 네 명의 악한을 이끌고 그녀의 집을 습격하여 일가를 참살하고 그녀도 무참히 여러 군데를 찔렀으나 이상하게도 그녀는 당장에 죽지 않고 사흘을 더 살아 진실을 말하고 죽었으며 이 살인자들은 모두 체포되었다. 그러나 당시의 권력 지배층은 이 악한 백작의 목숨을 구하기 위해서 모두 그의 편이 되었다. 이 사건은 여러 차례 상소되어 마침내 법왕에게까지 이르게 되었다. 그러나 현명한 법왕은 사건의 진상을 잘 파악하고 그를 사형에 처하도록 한다. 이야기는 백작의 비겁한 죽음으로써 끝맺게 된다.

당시 사회는 지금 말한 것처럼 어떤 이는 백작이, 또 어떤 이는 폼필리아가 옳다고 했다. 브라우닝은 이 점에 착안하여 그의 극적 독백이라는 수법으로 대성시키고 있다.

이 작품의 구성은 다음과 같다. 우선 폼필리아가 무대에 나와 자초지종 자기의 이야기를 하게 된다. 그녀는 자기의 소녀 시절로부터 시작하여 출가 후 남편에게서 박해받던 이야기까지 마치 재판관 앞에서 하듯 이야기한다. 그의 이야기는 하도 끔찍하고 징그러워 우리는 분노에 차고 소름이 끼침을 느끼게 된다. 그러나 이같이 끔찍한 이야기를 하는 그 소녀는 마음씨가 아름답기 그지없다. 그녀는 결코 자기 남편에 대해서 좋지 않은 말을 하지 않는다. 그녀는 그가 자기를 박해해도 그를 위해서 최선을 다했다. 다만 그녀는 그를 위해 죄짓는 일만은 하지 못한 것이다.

그 다음 무대엔 수도사가 등장한다. 그는 솔직하고 대담하게 진실을 말한다. 그러나 그는 관중에게 좋은 인상을 주지 못한다. 그는 젊고 미남이며 분명히 정력적이기 때문이다. 따라서 그 아름답고 젊은 아내가 충분히 그를 사랑할 수 있었겠기 때문이다. 그리하여 그녀의 처음 이야기는 조금 신빙성을 잃게 되고 우리는 그녀가 교활하거나 아니면 어린애처럼 극도로 단순한 여자일 거라고 생각하게 되고 과연 그녀의 이야기가 진실이었을까 하는 것을 의심하게 된다. 다음엔 남편인 귀도 프란체스치니가 등장한다. 늙고 고약하게 생기고 눈과 입도 사납게 생긴 백작이다. 우리는 이 같은 사실을 그의 입을 통해서 안다. 그러나 이 보기 싫은 입이 일단 말문을 열자 아주 솔직한 말을 하기 시작하는 것이다.

'나처럼 흉하게 생긴 남자를 여자가 낭만적인 기분으로 사랑할 성싶습니까? 천만에! 그러나 저 멋쟁이 수도사를 보시오. 저쯤되면 여자들이 반할 만도 합니다.' 그는 이어서 자기가 아내에게 착한 남편이 되려고 온갖 노력을 다했으나 그녀가 늙은 자기를 조롱했고 다른 남자들에게 연애편지도 썼다면서 그걸 꺼내 보인다. '내가 너무 지나치게 화를 냈는지는 모르지만 나 같은 지위와 명성의 사람이 그런 모욕을 당했을 때의 느낌을 한 번 상상해 보시오.'

비록 얼굴과 입은 못생겼어도 그의 이야기는 그럴 듯하다. 우리는 그녀가 거짓말을 한 것이라고 생각하기 시작한다. 그 다음엔 한 시민이 등장한다. 그는 아는 게 많다. 그는 폼필리아의 편이다. 그는 그녀의 소녀 시절에 관한 이야기를 하며 그 연애편지로 말하더라도 그녀는 글 쓸 줄을 몰랐고 아마도 그것은 위조품일 것이라고 말하며 또 그 젊은 수도사만 해도 그처럼 예쁜 여인을 좋아한다고 해서 책할 게 되느냐고 말한다.

다음은 백작의 편인 한 시민이 등장한다. 좋은 집안에 대한 이 무슨 모욕이냐고 규탄한다. 그 여인의 얼굴은 앳될는지 모르나 그녀의 이야기는 모두 미리 꾸민 거짓이라고 말한다. 수도사의 말도 모두 거짓이라고 말한다. 백작이 정말 그녀를 죽이려고 했으면 왜 못 죽였겠느냐고 반문한다. 그녀의 집안은 돈을 긁어내기 위해서 그녀를 그 백작에게 팔아먹은 것이라고 말한다.

그 다음엔 변호사가 나와 지리한 장광설을 아는 체하고 늘어놓는

데 반은 라틴어로, 반은 이태리어로 말한다. 그러나 우리가 받는 인상은, 그는 사건의 귀추보다도 자기의 출세에만 관심이 있다는 느낌이다. 그 뒤엔 폼필리아 편이라는 변호사가 등장한다. 그러나 그의 변호는 아주 서툴러 그는 거의 이 사건을 포기한 채 변화하고 있는 듯한 느낌마저 주며 귀족계급을 두려워하는 듯한 그는 자기 출세에만 급급하는 모양이다.

다음은 법왕의 차례이다. 이 부분은 대부분의 비평가들에 의해서 이 작품 중 가장 아름답고 훌륭한 것으로 여겨지며 사실상 법왕은 작가의 대변자이기도 하다. 세상 움직임을 훤히 알고 있는 그는 백작에게 사형을 확정한다. 그 다음엔 죽어가는 폼필리아의 고백이 있다. 그녀는 죽어가면서도 사악했던 남편의 행복을 빈다. 마지막으로 사형 집행 전의 백작의 고백이 있다. 그 고백에서 우리는 사악한 인간이 어디까지 사악할 수 있는가 하는 것에 몸서리치게 된다. 그리고 그는 아내를 욕한다. 자기가 싫어하는 천진난만하다는 이유 때문에, 착한 아내는 남편이 시키는 일은 무엇이든, 가령 사기건 살인이건 또 그 밖의 구슨 짓이건 해야 한다고 그는 말한다. 그러나 마지막 순간이 오자 이 비겁한 악한은 자기 아내를 부르며 살려달라고 외친다.

이 작품을 통해서 우리는 어떤 사건이든 그 전모를 알기 전에는 정당한 판단을 내릴 수 없다는 것을 알게 되며 그건 아주 현명한 사람에게만 주어진 특권이라는 걸 암시받게 된다.

j. 〈아솔란도의 에필로그(Epilogue to Asolando)〉(1886)

살기 위해서 죽어간 그의 마지막 노래를 들어 보자.

Epilogue to Asolando

At the midnight in the silence of the sleep-time,

　　When you set your fancies free,

Will they pass to where—by death, fools think, imprisoned—

Low he lies who once so loved, whom you loved so,

　　　— Pity me?

Oh to love so, be so loved, yet so mistaken!

　　What had I on earth to do

With the slothful, with the mawkish, the unmanly?

Like the aimless, helpless, hopeless, did I drive I

　　　— Being—Who?

One who never turned his back but marched breast forward,

　　Never doubted clouds would break,

Never dreamed, though right were worsted, wrong would triumph,

　　Held we fall to rise, are baffled to fight better,

　　　Sleep to wake.

No, at noonday in the bustle of man's work-time

　　Greet the unseen with a cheer!

Bid him forward, beast and back as wither should be,

"Strive and thrive!" cry "Speed,—fight o, fare ever
          There as here!"

다들 잠든 고요한 한밤중
    그대 환상들을 자유롭게 놓아줄 때
그 환상들은 한때 그대를 그렇게 사랑하고 그대 또한 그리 사랑한
그가 누워 있는 곳으로 갈 것인가.
— 바보들 생각으로는 죽음에 의하여 갇혀 있는—
          — 나를 가엾다 여기는가?

그처럼 사랑하고 그처럼 사랑받고도 이렇게 오해를 받다니!
    게으르고 울기 잘하고 겁많은
그들과 내가 무슨 상관이 있는가.
목적도 기력도 희망조차 없는 사람같이 나는 헛소릴 하였었던가.
          — 내가 누구라고?

뒤로 돌아선 일 없이 앞으로만 나아간
    구름이 개일 날이 있음을 의심치 않았던,
정의가 패하긴 해도 불의가 승리함을 꿈에도 믿지 않았었던,
일어나고자 우리는 쓰러지고 더 잘 싸우려 패하고
    깨어나고자 잠든다고 믿었던 그

남들 깨어 일하며 북적대는 대낮에
    죽은 그대 친구를 갈채로 보내라.

앞만 바라보고 뒤돌아 보지 않고 앞으로 나아가라고 일러라.

그리고 외치라 '애쓰고 번영하라, 성공하라'— 싸우며 영원히 나아가라.

　　세상에서와 같이 저승에서도!

　이상 말한 바와 같이 브라우닝에게는 서정적 요소보다 극적인 요소가 더 많다. 그는 본질적으로 극 시인이었다. 그는 인물들의 성격, 심리, 윤리성에 대하여 흥미를 가졌었다. 그는 여러 종류의 플롯을 구성하였다. 그의 사상이나 철학은 복잡한 것이 아니나 그는 이 사상을 여러 모로 표현하느라고 형형색색의 인물과 플롯을 창조하였다. 그리고 많은 그의 시는 극적 독백이다. 그는 낙관적 철학을 가졌었으며 영혼의 불멸성을 믿었고 지상에 있어서의 생활은 시험적인 것이고 적은 것이며 공간과 시간의 제한을 벗어난, 영혼의 더 높고 더 행복한 내세가 있다는 것을 믿었다. 그는 실패에 있어서의 성공을 주장하였다. 그에 의하면 숭고한 영혼은 인생에 있어 실패할 수밖에 없다. 모든 거룩한 영혼은 이상을 갖고 있기 때문에 그런 것이다.

　시간은 시계나 달력에 의하여 측량되어서는 안 되고 정신적 경험의 농도에 따라 측량되어야 한다고 그는 믿었다. 그는 가장 남성적인 시인이요, 정력이 넘쳐흐르고 진취적이었다. 그는 죽음까지도 마지막으로 싸워야 할 전투로 생각하였다. 그는 테니슨처럼 우리에게 위안을 주는 것이 아니고 자극을 주었다. 그는 사랑은 자기희생이며, 성공과 실패가 문제가 아니라 사랑을 할 수 있는 강력한 능력이 중요한 것이라고 믿었다. 비록 실연을 하더라도 진심으로 사랑한 사람이라면 그는 사랑에 성공한 사람이라고 했다.

　브라우닝의 결점은 애매와 난해에 있다. 그 이유는 문법을 무시하고 퇴고를 잘하지 않기 때문이다. 심한 예로 그의 시 〈소르델로〉를 이해하는 사람은 별로 없다. 테니슨도 "Who will, may hear Sordello's story told"라는 첫줄과 "Who would have heard Sordello's story told,"라는 마지막 줄밖에 몰랐다는 일화가 있다. 어쨌든 그는 인간의 성격과 심리에 정통한 위대한 인간성의 시인이다.

3. 엘리자베스 배럿 브라우닝(Elizabeth Barrett Browning, 1806~1861)

바이올렛 빛 눈이 큰 엘리자베스 배럿 브라우닝은 아름다운 여성이었다. 그러나 그의 몸은 버들가지 같이 약하고 척수병에 걸려서 온 청춘을 병상에서 보냈다고 한다. 그가 장래의 남편 브라우닝을 만난 곳도 어둠침침한 그의 병실이었다.

'사랑은 첫눈'이라는 말이 있다. 그러나 시인 브라우닝의 사랑은 '첫 눈의 사랑'에 앞선 플라토닉한 것이다. '나는 그대의 글을 사랑하고 또 그대를 사랑합니다'라는 브라우닝의 첫 편지가 있은 뒤에 편지로만 몇 달 동안을 오고가고 하다가 비로소 날을 택하여 만났다고 한다. 이때의 감회를 엘리자베스는 노래로 읊었으니,

Straightway I was 'ware,
So weeping, how a mystic shape did move
Behind me, and drew me backward by the hair,
And a voice said in mastery while I strove,……
'Guess now who holds thee?' — 'Death', I said, but there

The siver answer rang,······ 'Not Death, but Love.'

신비한 자태 있어라

등 뒤를 헤매며 나의 뒷머리를 잡아다니네.

때에 소리 있어 묻기를 '그대를 잡아끄는 이 누구이뇨?'

'죽음'이라고 내 대답하니

쟁쟁한 음성은 다시 울리어

'죽음이 아니라 사랑이외다.'

엘리자베스는 로버트 브라우닝보다 여섯 해나 손위요, 이미 말한 것처럼 병신이었다. 그러므로 그의 아버지는 결혼하기를 허락하지 않았다. 그러나 두 애인은 타오르는 사랑을 억제할 수 없어 몰래 결혼을 하여 버리고 파리를 거쳐 이태리로 달아났다.

그리하여 이역에 자리 잡은 그들의 보금자리는 신혼부부에게 행복과 영감을 북돋아 주었으며 남국의 따뜻한 햇빛은 부인의 건강까지 회복시켰다. 운명이 선물을 갖다 줄 때에는 한꺼번에 실어다 주는 것이다. 둘 사이에는 어느덧 어린 아들이 생기고 친구의 유산을 받아 물질적으로도 풍부한 살림을 할 수 있었다.

믿을 수 없는 것은 사람의 행복이다. 꿈같은 세월이 10년 흐르고 부인의 병은 다시 덮치기 시작하였다.

Is it indeed so? If I lay here dead,

Wouldst thou miss any life in losing mine?

And would the sun for thee more coldly shine—

Because of grave-damps falling round my head?

I marvelled, my Beloved, when I read

Thy thought so in the letter. I am thine—

But…so much to thee? Can I pour thy wine

While my hands tremble, Then my soul, instead

Of dreams of death, resumes life's lower range.

Then, love me, Love! Look on me… breathe on me!

As brighter ladies do not count it strange,

For love, to give up acres and degree,

I yield the grave for thy sake, and exchange

My near sweet view of Heaven, for earth with thee!

참으로 그러할까요? 이 자리에 누워 내가 죽고 만다면

내가 없으므로 당신이 생의 기쁨을 잃으실까요?

무덤의 습기가 내 머리를 적시운다고

당신에게 햇빛이 더 차오리까.

그러리라는 말씀을 편지로 읽었을 때

임이여 나는 놀랐나이다. 나는 그대의 것이외다.

그러나 임께도 그리 끔찍하리까? 나의 손이 떨리는 때이라도

임의 술을 따를 수 있으오리까? 그렇다면 나의 영이여,

죽음의 꿈을 버리옵고 생의 낮은 경치를 다시 찾겠나이다.

사랑! 나를 바라보소서, 나의 얼굴에 더운 숨결을 뿜어 주소서.

사랑을 위하여 재산과 계급을 버리는 것을

지혜로운 여성들이 이상히 안 여기는 것 같이

나는 임을 위하여 무덤을 버리오리다.

그리고 눈앞에 보이는 고운 하늘을

당신이 있는 이 땅과 바꾸오리다.

(*Sonnets from the Portuguese*, ⅩⅩⅢ)

엘리자베스는 남편을 위하여 살려고 애썼다. 그러나 몸은 나날이 쇠약해져서 쉰다섯을 일생으로 장차 대성할 남편을 남기고 이 세상을 떠났다.

엘리자베스는 조숙한 시인이었다. 그녀는 여덟 살 때에 벌써 시를 쓰고 열 살 때에 희랍어로 된 호메로스를 읽었다. 14세 때에는〈마라톤 전투(The Battle of Marathon)〉라는 시를 발표하였다. 1826년 그가 21세 때에《마음과 다른 시편에 관한 에세이(*An Essay on Mind and Other Poems*)》을 출판하고, 1832년에는 희랍의《묶인 프로메테우스(*Prometheus Bound*)》를 번역 출판하였다. 1838년에는 명작〈쿠퍼의 무덤(Cowper's Grave)〉이 들어 있는《치품천사들과 다른 시편(*The Seraphim and Other Poems*)》이 나오고, 뒤따라 발표한《아이들의 울음(*The Cry of the Children*)》(1844)은 아동노동을 반대한 인도적 외침으로 사회에 큰 반향을 일으켰으며, 러스킨(Ruskin)과 같은 비평가의 극찬을 받았다. 참으로 이때 이 여류시인의 명성은 저 시성 테니슨의 그것을 압도하였다. 1850년에는 그의 대표작이라 할《포르투갈어에서 번역한 소네트(*Sonnets from the Portuguese*)》가 나왔다. 이것은 외국말을 번역하였다는 형식을 빌린 창작이다. 아마 여성의 사랑을 표현한 글로서 이보다 더 우수한 예는 없으리라고 믿는다.

브라우닝 부부가 이태리에서 살 때 그 나라에는 오스트리아의 압박에 반항하는 민족운동이 있었다. 열정적인 엘리자베스는 공분을 금치 못하여 마침내 정치적 색채를 가진《카사 구이디의 창문(*Casa Guidi Window*)》(1851)을 지었다. 카사 구이디는 그가 살림하고 있던 플로렌스의 집 이름이라 한다. 지금으로부터 백 년 전에 한 우아한 여성으로 섬세한 정서를 떠나 정치적 문제를 테마로 시를 지었다는 것에서 이 시편을 중요시할 점이 될 것이다.

1857년에 그가 쓴《오로라 리(*Aurora Leigh*)》는 무운시로 된 소설이다. 한 열정적인 여성과 젊은 사회 혁명가의 불같은 사랑을 그리면서 우리에게 참다운 영웅주의를 보여준다. 누구나 이 글을 읽는 이는 브라우닝이 자기 아내를 가리켜 '태양과 맞섰던 가장 용감한 흉금(Boldest heart ever braved the sun)'이란 말이 과찬이 아니었음을 알 수 있다.《오로라 리》를 엘리자베스의 자서전이라 말하는 이가 있다. 사회적 생활은 매우 달랐지만 어쨌든 사랑 그것만은 서로 다 같이 열정적이었다.

그녀의 나머지 시집으로는《의회에 바치는 시(*Poems before Congress*)》(1860)와 사후에 출판된《마지막 시(*Last Poems*)》(1862)가 있다.

엘리자베스 배럿 브라우닝은 다른 빅토리아 또는 돌발적인 경련성의 시인들과 같은 낭만적 경향을 가지면서 시대 문제를 취급하려고 애를 썼다. 그러나 그럼으로써 실패함이 적지 않다고 본다. 그녀는 항상 감상적으로 흐르고 내용이 너무 복잡하다. 그리고 일반적으로 표현에 있어서 큰 결점이 있으니 길게 쓰기를 좋아하며 함부로 음률과 언어의 사용을 무시하므로 각운(rhyme)과 리듬이 어그러진 곳이 퍽 많다. 그를 가리켜서 '신경환자의 여학생'이라고까지 혹평한 비평가가 있다. 그러나 그 반면에 우미수려한 단시나 애련한 소네트들은 엘리자베스가 아니고는 지을 수 없는 희귀한 걸작이다.

If thou must love me

If thou must love me, let it be for naught
Except for love's sake only. Do not say,
"I love her for her smile⋯her look⋯her way
Of speaking gently⋯for a trick of thought
The falls in well with mine, and certes brought
A sense of pleasant ease on such a day"—
For these things in themselves, Beloved, may
Be changed, or change for thee,— and love, so wrought,
May be unwrought so. Neither love me for
Thine own dear pity's wiping my cheeks dry,—
A creature might forget to weep, who bore
Thy comfort long, and lose thy love thereby!
But love me for love's sake, that evermore
Thou may'st love on, through love's eternity.

그대 만일 나를 사랑해야 한다면
오로지 사랑을 위해서만 사랑해 주세요.
'그대 미소가 예뻐서—그대 모습과 그대 상냥한
말씨가 예뻐서—내 생각과 잘 어울리며,

어떤 날 내 마음에 기쁨을 가져다 준

그대 생각 신통해 사랑한다' 곤 말아 주세요.

이런 것들은, 사랑하는 이여, 제 스스로 변할 수 있고

또 그대 편에서 변할 수 있으니—그렇게 얻어진 사랑은

또 그렇게 잃어버릴 수도 있는 거에요. 내 볼 흐르는

눈물 닦아 주는 그대 연민 땜에 날 사랑한다고도 말아 주세요.

그대의 사랑 오래 지나면 나는 우는 것을 잊고

그리하여 당산도 사랑을 잊으리다.

오로지 사랑을 위해서만 사랑해 주세요.

영원히 그대 날 사랑할 수 있도록.

(Sonnets from the Portuguese, XIV)

4. 앨저넌 찰스 스윈번(Algernon Charles Swinburne, 1837~1909)

스윈번은 명문가의 출신으로 그의 할아버지는 남작이었고 아버
지는 해군 제독이었으며 외할아버지는 백작이었다. 그는 소년 시절
을 아일 오브 와이트(Isle of Wight)에서 보냈으며 등산, 승마, 수영 등을
즐겼다. 1847년에 이튼에 입학였다. 재학시부터 어학에 뛰어난 소질
을 보이기 시작하여 빅토리아 여왕의 남편으로부터 두 번이나 상을
받았다. 몸이 약하고 너무 예민한 그는 학교 규칙에 자신을 적응시키
지 못하였다. 그가 1856년 옥스퍼드에 입학할 때에는 그의 고전, 라
틴 어와 희랍어에 대한 소질은 이미 완전히 두각을 나타내게 되었으
며, 그는 옥스퍼드의 역사상 유례가 없이 고전어학에 뛰어난 소질을

보였으나 반항적인 그는 학위를 받지 못하였다.

그는 재학 시부터 라파엘전파(Pre-Raphaelite Brotherhood) 운동을 사숙하였으며 1857년 로세티(D. G. Rossetti), 모리스(W. Morris) 등과 만나 사귀는 한편 얼마 동안 라파엘전파의 일원이 되기도 하였다. 1860년에 《여왕과 로자먼즈(The Queen Mother and Rosamond)》라는 시극을 발표하였으나 인정받지 못하고 그 뒤 1865년에 희랍 고전 작가 아이스킬로스의 비극을 모방해서 쓴 시극 《칼리돈의 아탈란타(Atalanta on Calydon)》로 호평을 받게 되어 일약 문단의 총아가 되었으며 테니슨과 맞먹는 문단의 명성을 얻게 되었다, 이 비극은 전아典雅한 언어와 유창한 격조로 읽는 이를 매혹시켰다. 이 극은 영문학 사상 지금까지 시도된 가장 완전한 희랍극의 영어판이다. 같은 해인 1865년에 스코틀랜드 여성 메리를 주제로 한 3부작의 제1부 《체이스트랜드(Chasteland)》를 내었고 제2부, 3부인 《보스웰(Bothwell)》과 《메리 스튜어트(Mary Stuart)》는 각각 1874년, 1881년에 내었다.

그러나 스윈번이 면목이 가장 역연하고 사회적으로 물의를 일으킨 작품은 〈라우스 베네리스(Laus Veneris)〉, 〈돌로레스(Dolires)〉 등이 들어 있는 《시와 발라드(Poems and Ballads)》(1866) 제1집이다. 이 시집은 그의 화려한 언어의 음악으로 당대 청년들의 마음을 사로잡긴 하였으나 너무나 대담한 인습배격, 이교도적인 종교 공격, 그리고 에로티시즘 때문에 노 비평가들의 분노를 샀다. 《왕의 목가》나 《이녹 아든》에 의해서 대표되는 빅토리아 중기의 점잖은 중용 도덕에 대해서 이 작품은 너무나 대담하게 도전했기 때문이다. 사실 테니슨이나 브라우닝 이래 신낭만주의자(neo-romanticist)들은 조금씩 인습의 구속을 파괴해 나가고 있었으나 하나 만은 그대로 두었다. 그것은 시에선 성적인 것을 다루지 않는다는 불문율이었다. 그러나 스윈번은 그것마저 깨뜨려 버리고 만 것이다. 그가 만들어 놓은 이 틈바구니가 점점 커져 마침내는 세기말 데카당스 문학의 홍수를 가져오게 한 것이다. 이 시집은 영국에서는 고사하고 불란서에서도 그 유례를 찾아 볼 수 없는 대담한 노래였다. 심한 비난에 못 이겨 출판업자 맥슨은 그 판매를 중지했다.

1878년에 《시와 발라드》의 제2집이 나왔으나 이것은 제1집만큼 격하진 않았다. 이 속에는 유명한 〈버려진 정원(A Forsaken Garden)〉과 보들레르의 죽음을 애도한(사실은 죽었다는 거짓 소문을 듣고 쓴 것이지만) 〈안녕히 잘 가시오(Ave argue Vale)〉 등이 들어 있다. 제3집은 1889년에 나왔다.

자유주의자인 그는 이태리 독립운동에 대해서 열렬한 성원을 아끼지 않았으며, 셸리가 〈헬라스(Hellas)〉를 읊은 대신 그는 이태리 독립 전쟁 중 〈이탈리아의 노래(A Song of Italy)〉(1869), 〈일출 전의 노래 (Song before Sunrise)〉(1871)를 썼다. 특히 후자는 그의 정수로서, 여기 태양은 자유의 상징으로 사용되고 있다. 그는 이태리의 애국자 주세페 마치니(Mazzini, Giuseppe, 1805~1872)를 열렬히 존경하였다.

한편 절제 없는 그의 사생활과 술은 그의 건강을 해쳤으며 40이 채 못 되어 그의 건강은 파산 선고를 받았고, 1878년엔 근심한 그의 어머니가 드디어 그의 친구 시어도어 왓츠 던튼(Theodore Watts-Dunton, 1832~1914)을 보호자로 삼아 런던 남쪽 교외인 퍼트니(Putney)로 요양을 보냈으며 그 후 30년간 그는 이 아는 체하는 친구의 정신적인 노예가 되어 그의 허가 없이는 어디 나다니지도 못하고 사람을 만나지도 못했다. 왓츠 던튼은 비록 그의 건강을 유지시켰는지 모르나 그것은 그의 천재를 희생시킨 대가였다.

그는 비평에도 손을 대어 채프먼, 셰익스피어, 휴고, 벤 존슨 등의 유명한 평론을 남겼다.

정치적으로는 공화주의자요, 종교적으로는 허무주의자임을 자처하고 일체의 기존 사회제도를 타기하고 나선 그는 너무나도 셸리를 닮은 시인이었다. 당대의 대시인 테니슨이, 눈에 호소하는 그림의 시인 키츠의 천재를 물려받았듯이, 스윈번은 확실히 귀에 호소하는 음악의 시인 셸리의 후예였다. 사실 스윈번에게는 너무도 셸리를 닮은 데가 많다. 셸리처럼 귀족 출신인 스윈번은 셸리처럼 대담하게 종교와 인습과 전통에 반항했다. 어느 비평가가 말한 것처럼 셸리의 영혼이 스윈번에게서 되살아났다고 해도 과언이 아닐 것이다. 그러나 이두 사람은 묘하고 재미있는 대조를 이루고 있다. 스윈번은 셸리와 달리 사생활은 완전하였다. 셸리처럼 학교나 사회에서 쫓겨나지도 않았으며 감상적인 그릇된 판단 때문에 남을 불행하게 하는 일도 없었다. 그러나 사상과 문학적인 면에선 셸리보다 훨씬 더 반항적이었다. 새침하고 얌전한 셸리의 작품과는 달리 스윈번의 작품은 성적인 쾌락, 이교도적인 종교에 대한 공격과 빈정댐, 사회도덕과 인습에 대한 대담한 멸시 등으로 시는 충만되어 있다.

이튼, 옥스퍼드 시대부터 어학 특히 고전어에 뛰어난 그는 현대 영어 못지않게 고대 영어(현대 고대 불어), 라틴어와 희랍어로 멋진 시를 써 낼 수가 있었다. 모국어 외에 어느 하나의 외국어에 통달하는 것은 보통 사람이 할 수 있는 재주이나 이처럼 여러 나라 말로 시를, 그것도 멋진 시를 써낸다는 것은 아무도 감히 흉내 내지 못한 재주였다. 또한 그는 고대 로마나 고대 희랍, 불란서 생활에도 정통하여 마치 그가 거기서 살다 온 것처럼 그 시대를 호흡할 수 있었다. 이것은 영문학이 있은 뒤 오늘까지 아무도 따를 수 없는 경지였다.

따라서 고전으로 무장된 그의 시는 자연히 알기 어려운 것이 되고 몇 사람의 학자를 제외하고는 그의 공적을 완전히 이해할 수 없다.

그러나 우리가 그에게서 배워야 할 점, 그가 영문학과 후배들에게 미친 영향은 그가 형식의 대가였다는 사실에서 찾아야 할 것이다. 그는 영문학에, 각운과 리듬이라는 음악을 가르쳐 주었다. 때로 그는 좀 지나치게 인습에 얽매이지 않으며 독특하고 말이 많긴 하지만 형식이라는 문제에서만은 테니슨마저 미치지 못하는 빅토리아 조 최대의 시인이었다. 테니슨이 지적했듯이 무엇이든지 그의 손에 들어가면 음악이 되어 나오는 그런 시인이었다("a reed through which all things blow into music!").

그러나 형식, 다시 말해 시의 음악이라는 것은 일반 독자가 그 진가를 알기 힘든 장점이다. 외국인 독자에게는 더욱 그렇다. 너무 고답적인 데가 있어 그의 시가 충분히 이해되지 못하듯, 음악이라는 그의 이 장점도 보통 사람이 충분히 감상할 수 없는 장점이다. 그러나 그의 단점은 우리가 쉽사리 알 수 있는 것들이다. 이를테면 너무 말이 많다든지, 사상은 없이 겉만 화려하고 번지르르하다든지, 너무 고답적인 것 등등이다. 심오한 철학이나 사상의 소유가 아닌 그의 시에서 우리는 아름다운 그의 음악의 선율에 매혹되나 그의 시를 읽음으로써 우리가 풍부해지지는 않는다.

그는 누구 못지않게 많은 저작을 남긴 시인이었다. 그러나 그의 수많은 작품은 주제의 변화가 빈약하였다. 고작 보들레르나 위고, 아니면 마치니의 사상적 영향이 그의 전 시집의 기조를 이루고 있다. 시적 소질에 있어 테니슨에게 결코 못지않으면서 이런 약점들 때문에 그는 그 당시 문학의 중심이 되지 못하였다.

그의 말의 미와 성조聲調의 묘를 나타내는 〈단짝(A Match)〉이라는 시의 첫 절은 일품이 아닐 수 없다.

> If you were what the rose is
> And I were like the leaf.
> Our lives would grow together
> In sad or singing weather.

> 만약에 네가 장미요
> 내가 잎새라면
> 우리들의 생명은 같이 자라리라.
> 슬픈 날씨에도 노래부르는 날씨에도.

그의 열렬한 진취 기상을 보여 주는 〈진군가(Marching Song)〉는 전진하는 인류의 앞장 선 지도자들의 노래이다.

> Rise, for the dawn is riseb;
>   Come, and be all souls fed;
> From field and street and prison
>   Come, for the feast is spread;
> Live, for truth is living; wake, for night is dead.

일어나라, 새벽이 일어났나니

　　오라, 그리고 모두 다 먹어라.

들로부터, 거리로부터 감옥으로부터

　　오라, 잔치는 베풀어져 있다.

살라, 진실은 살아나니, 깨어라 밤은 갔나니.

5. 단테 가브리엘 로세티(Dante Gabriel Rossetti, 1829~1882)

(1) 생애

　D. G. 로세티는 영국에 건너온 이태리의 유명한 학자이며 애국자인 가브리엘 로세티의 사남매 중 장남으로 태어났다. 그의 아버지는 곧 대학의 이태리어 교수가 되었으며 런던에서 태어난 로세티도 그곳 대학에 다녔으나 그림 공부를 하기 위해서 중퇴했다. 그 이후의 그의 교육은 산발적이고 불규칙하여 결국 그는 이렇다 할 대학 교육이나 문학적인 훈련도 받지 못하게 되었다. 그러나 그에게는 이보다 더 좋은 것 즉 천재가 있었다. 이 천재가 그림과 시의 두 길로 갈라진 것이다. 그는 소년 시절부터 그림을 그리고 시를 썼으나 조금도 시인이 되겠다는 생각은 없었다. 그러나 그림에서는 쉽사리 유명해지고 문학에서는 빅토리아조 영문학의 한 사조의 영수가 되었다. 로세티 집안의 천재적인 소질은 역시 19세기 최대의 여류시인인 그의 누이동생 크리스티나 로세티(Christina Rossetti), 또 시와 미술 비평으로서 활약한 그의 동생 윌리엄 M. 로세티(William M. Rossetti)에 의해서도 짐작할 수가 있다. 어릴 때부터 극을 쓰는 등 다방면에 소질을 보이기 시

작한 그는 1842년부터 그림 공부를 시작하였고 한편 1847년부터 시를 쓰기도 하여 18세에 〈축복받은 소녀(The Blessed Damozel)〉를 써서 발표하기도 하였다. 그의 아버지 못지않게 열렬한 단테 숭배자인 그는 이름도 본래의 순서를 단테 가브리엘(Dante Gabriel)로 바꿨으며 그의 문학은 사실상 단테의 그늘 밑에서 컸다고 해도 과언이 아니다. 그는 단테 외에도 키츠, 브라우닝, 포 등의 영향을 받았다.

한편 그는 헌트, 존 에버렛 밀레이, 토마스 울너 등과 함께 P. R. B.(라파엘 전파, Pre-Raphaelite Brotherhood)를 창립하여(1848) 작품 활동을 했고, 《기원(The Germ)》이라는 기관지를 발간하여 그들의 사상과 주장을 싣기도 하였다. 이 P. R. B. 운동이란 쉽게 말해서 르네상스 말기 라파엘에 의해서 대표되는 데카당스 화풍에 반대하고 이태리 중세 라파엘 이전 르네상스 초기의 참신한 세계로 되돌아가자는 운동으로서 라파엘이 모든 것을 실제보다 아름답게 이상화해서 그렸음에 반해 이들은 자연과 사물을 본대로 그리려 하였다. 그들은 원색을 대담하게 쓰는 등 일대 운동을 전개하였다. 이들은 불란서 인상파 화가들과 같은 노선인 듯하였으나 그들과는 달리 세부묘사에 치우친 나머지 전체적인 효과를 무시하는 수가 있었다. 그리하여 심지어는 종교화에서까지도 관심은 아름다운 것이 주가 되어 신에 대한 모독이란 비난을 듣기도 하였다.

그들의 기관지 《기원》은 4호로 끝났고 작풍의 실제적 협조보다는 우정으로써 결합했던 그들은 그 뒤 뿔뿔이 헤어지게 되었다. 하여간 로세티는 그 뒤 1850년부터 1860년까지의 10년 동안 그림에선 가장 왕성한 작품 활동을 하였고, 이 사이에 러스킨과 교우도 있었으며 1860년에는 아름다운 그의 모델 엘리자베스 시달과 결혼하게 되었다. 그러나 이 재치 있고 집안이 좋으며 아름다운 모델 아내와의 결혼 생활도 1862년 아내의 죽음으로 말미암아 불과 1년 반으로 끝나게 되었다.

그에게는 전에도 단테의《신곡》과 소네트의 번역 등 다소의 시작이 있긴 하였으나 그의 많은 연애시는 이 짧은 사랑의 기간 동안에 아내를 위해서 씌어진 것이다. 출판할 생각도 별로 없었던 시들을 로세티는 아내가 죽자 아내와 함께 묻어버렸다. 그러나 7년이라는 세월이 지나자 그는 후회하기 시작하였다. 자기보다 훨씬 못한 작품을 가지고 다른 사람들이 유명해지는 것을 보았기 때문이다. 그는 오래 전에 쓴 원고를 재생할 수가 없었다. 드디어 친구의 권고로 그는 원고를 파내어 1870년《발라드와 시(Ballads and Poems)》라는 제목으로 101 편의 시를 발간하였으며 이것은 곧 성공하여 테니슨 못지않은 명성을 얻게 되었다. 그의 걸작 〈시스터 헬렌(Sister Helen)〉이나 〈에덴 바워(Eden Bower)〉도 이 속에 들어있던 것이다. 그러나 1871년에 질시에 찬 부캐넌이 익명으로《육체파 시(The Fleshly School of Poetry)》라는 책자를 내어 그를 맹렬히 공격하게 되었고, 여기서 받은 충격 때문에 그는 정신 혼란을 일으켰다. 만년에 신경통과 불면증에 걸려 과도한 수면제의 복용을 계속하다가 1882년에 세상을 떠났다. 그러나 그림이나 문학에서 모두 걸작을 남긴 뒤였다.

그에게는 위에 말한 시집 외에《생명의 집(The House of Life)》속에 101 편의 소네트가 있으며 그 밖에도 이태리, 불란서 등 여러 작품의 번역이 있다.

(2) 작품

a. 〈축복받은 소녀(Blessed Damozel)〉(1850)

이 작품은 1850년에 발표되었으나 1856년 및 1870년에 개정 발표된 작품으로서 《기원》에 발표되었던 가장 우수한 작품이다. 또 로세티의 가장 우수한 작품 중의 하나이기도 한다. 그는 에드거 앨런 포의 〈까마귀(The Raven)〉에서 영감을 얻어 쓴 것이라고 한다. 포는 세상을 떠난 애인을 그리워하는 연인의 슬픔을 노래하였으나 로세티는 반대로 천국에 있는 소녀가 지상에 있는 애인을 그리워하는 시를 썼다. 시는 숲속에 앉아 떨어지는 단풍잎을 다정한 연인의 머리칼인 양 느끼며 꾸는 공상의 형식으로 되어 있다.

> Surely she leaned o'er me—her hair
>> Fell all about my face
> Nothing: the autumn fall of leaves.

> 확실히 그녀는 내 위에 몸을 기울였다.
> 그녀의 머리칼이 내 얼굴 주변에 흩어져 내렸다.
> 아니, 그것은 다만 가을의 낙엽.

소녀는 하늘나라 난간에 기대어 깊은 공간을 뚫어보려고 한다. 그녀의 주위에서 새로 만난 연인들이 옛사랑의 이야기를 주고받으며 그들의 영혼은 신에게로 올라간다. 그녀는 그가 자기에게로 오길 바란다. 그가 오면 그의 손을 잡고 다니며 하늘나라의 길과 노래를 가르쳐 주려고 한다.

새로 보는 것에 그가 놀라면 그녀는 그의 볼에 자기의 볼을 갖다 대고 전에 하지 못한 사랑의 고백을 하리라고 다짐한다.

> He shall fear, haply, and be dumb:
>   Then will I lay my cheek
> To his, and tell about our love,
>   Not once abashed or weak:

그이는 겁나 말을 못할는지 몰라.
그러면 내 볼을 그의 볼에 대고
우리 사랑의 이야기를 소곤거릴 테야.
조금도 수줍어 말고.

그리고 그리스도에게 지상에서와 같이 다시 한 번 그들이 영원히 사랑할 수 있도록 해 주기를 기도하려고 한다. 그러나 이 모든 것은 그가 온 뒤에야 가능한 것이다. 그녀는 자기가 기대고 있는 차가운 난간이 젖가슴의 체온으로 따뜻해지고, 손에 든 백합이 졸린 듯 시들 깨까지 그를 기다린다.

> Until her bosom must have made
>   The bar she leaned on warm,
> And the lilies lay as if asleep,
>   Along her bended arm.

기대인 난간이 그녀의 젖가슴으로

따뜻이 녹고

손에 든 백합, 팔에 안겨

시들어 버릴 때까지,

그러나 그는 그녀에게로 오지 않고 다른 곳으로 가버린다. 갑자기 그녀는 난간에 엎드려 울기 시작한다.

b. 〈시스터 헬렌(Sister Helen)〉(1853)

불실한 애인의 초인형을 불에 녹여 그 저주에 의해서 그를 파멸시키고 자기의 영혼도 잃어버리는 여인의 이야기이다. 초인형이 녹아 들어감에 따라 그 사람도 점차적으로 신음하다 죽어간다는 마력에 관한 옛날 미신에 근거를 두고 있다.

이 시의 대화자는 달밤에 발코니에 서 있는 작은 소년과 초인형을 불에 녹이고 서 있는 그의 누나 헬렌이다. 헬렌은 동생에게 무엇이든지 보이는 것을 다 말하라고 한다. 그는 세 사람이 말을 타고 온다고 말한다.

맨 처음으로 온 사랑은 이스트홀름의 키이스(Keith of Eastholm)인데, 그는 에워른의 키이스(Keith of Ewern)가 죽어가고 있노라고 말한다. 사흘 전 결혼식 날 그는 갑자기 병이 들어 그때부터 괴로워하노라고 하면서 헬렌에게 그에 대한 저주를 풀어 달라고 한다. 불 속에서 타듯이 지금 자리에 누워 괴로워한다고 한다. 그러나 헬렌은 그런 고통은 자기도 겪었노라고 하며 이미 자기의 기도는 하늘까지 가 닿았다고 말한다.

그 뒤에 차례로 웨스트홀름의 키이스와 백발의 키이스(Keith of Keith)가 와서 죽어가는 그의 영혼만이라도 용서해 달라고 무릎을 꿇고 빈다. 그러나 끝내 헬렌은 무자비하다. 마지막으로 한 부인이 온다. 두건을 벗으니 달빛 아래 나타난 것은 바로 에워른 부인이다. 두 손 모아 흐느끼며 빈다. 헬렌은 다만 그녀의 금발이 눈보다 희게 되기를 빌 따름이다. 이때 종소리가 들리며 세 사람은 부인을 남겨둔 채 황급히 가버린다. 그것은 에워른의 키이스 장례식 종소리며 초인형은 다 녹아버린다.

결론적으로 말하면 그는 강렬한 비극적인 사건들을 많이 다루고 신기할 만큼 쉽게 써내는 그의 작품에는 확실히 영국적이 아닌 어떤 것에 대한 체취를 느끼게 된다. 그것은 정감이 넘치는 남국의 아름다움이며 중세의 아름다움이다. 시나 그림을 통해서 한 여인에 대한 사랑에 일관한 그에게는 이태리인 특유한 섬세한 감정의 진동이 있다. 중세 숭배집단인 P. R. B.의 지도자였던 그에게는 철저히 중세적인 데가 있다. 비록 그의 몸은 19세기 영국에 있었으나 그의 마음은 12, 3세기의 팔레스타인이나 단테 시대의 플로렌스 그리고 어느 중세 불란서의 성을 배회한다. 그는 당시의 과학이나 철학에 대해서 일체 무관했다. 그의 중세는 꾸민 데가 없는 정말 중세였다. 테니슨도 가끔 중세의 이야기를 다루긴 하였으나 그것은 어디까지나 조직적인 연구에 의한 것이 아닌 취미 본위의 것이었다. 그러나 로세티의 중세는 실제보다 더 생생한 중세였다. 그의 작품 주제는 거의 전부가 사랑과 중세 낭만이었다. 그의 수많은 작품 중에서 현대물을 다룬 것은 두서너 편밖에 안 된다.

영문학사상의 그의 위치를 말할 때 테니슨보다 하위의 시인인 것은 상식이 되어 있다. 그러나 시적 소질에 있어서는 반드시 그렇지도 않은 것 같다. 어떤 점에서는 더 우수하다고 해야 할 것이다. 하긴 당대 문단에 대한 영향력이나 일반 대중에 대한 인기나 명성은 모두 로세티가 따라갈 바는 못 된다. 그것은 로세티에게 있어 시작詩作은 본업이 아니었으며 대부분의 그의 시는 출판을 목적으로 씌어졌다기보다는 그의 주변의 소수의 교육 있는 독자를 위한 것이기 때문이다.

그의 작품 중 어떤 것은 고대 이야기지만 이태리 문학의 교양 없이는 알 수 없는 있이 있다. 이런 좁은 독자층 때문에 그는 영문학사상 비교적 적은 위치에 만족해야 하는 것이다. 그러나 영문학에 대한 그의 공헌은 결코 과소평가할 수 없다. 첫째 철저한 중세주의자인 그는 낭만주의 운동에 중세 감정과 정서의 발전을 가져왔고, 둘째 이태리인 특유의 그의 작품은 영시를 그 어느 때보다도 섬세하게 만들었다.

6. 크리스티나 조지나 로세티(Christina Georgina Rossetti, 1830~1894)

(1) 생애

크리스티나 로세티는 영국으로 망명해 온 이태리의 애국자 가브리엘 로세티의 딸로 화가시인 단테 가브리엘 로세티의 누이동생으로 1830년에 출생하였다. 그의 어머니의 피도, 반은 이태리라고 하니까 크리스티나의 혈통은 4분의 3이 이태리이다. 크리스티나는 어렸을 때부터 건강하고 쾌활한 소녀였다. 그러나 열다섯 되던 해부터 몸이 약해져서 심장병과 폐병을 앓았다. 그는 영국 국교신자였는데, 어떻게나 진실하였던지 자기와 같은 종파가 아니라고, 마음으로는 사랑하면서도 두 번이나 청혼을 거절한 일이 있다. 오직 신앙과 인종忍從, 희생으로 된 수도원의 수녀와 같은 일생을 보냈다. 그는 하루같이 아침 저녁으로 집안 식구들을 모아 놓고 예배를 보았다. 1894년 그녀가 마지막으로 병들어 누웠을 때에도 이 습관만은 지키려고 간호부를 시켜 자기 직분을 하게하고 그 자리에 나아가 같이 참례하였다 한다.

크리스티나는 조숙한 천재로 열한 살 때에 벌써 시를 발표하고 열여덟 살 되는 해에는 조그만 단행본까지 발행하였다. 그리고 1862년에 내놓은 《마귀시장과 다른 시편(*Goblin Market and Other Poems*)》(1862)은 그의 명성을 높게 하였다. 장시 〈마귀시장〉은 민요체로 된 것으로 이야기는 이러하다.

로라(Laura)와 리지(Lizzy) 두 자매는 시냇가로부터 매일 아침저녁으로 맛있는 과일 사라고 외치는 소리를 듣는다. 로라는 유혹에 빠져서 리지가 말리는 것도 듣지 않고 금빛 머리칼을 잘라 주고 과실 한 바구니를 사서 먹는다. 그런데 알고 보니 그 과실 상자는 사람을 홀리는 마귀인데, 만약 누구나 그 과실을 먹으면 다시는 그 마귀를 볼 수도 없고 그 마귀들의 목소리를 들을 수도 없이 되고, 한 번 맛본 그 과실이 자꾸 먹고 싶어서 말라 죽는다. 다행히 그 과실을 다시 먹게 되면 그 유혹에서 벗어나지만 그 마귀들에게서 그 실과를 다시 얻어먹을 수는 도저히 없는 것이다. 용감한 리지는 로라를 살리려고 그 마귀들을 찾아가서 과실을 빼앗아다가 로라를 먹여 구원한다. 아이들에게 흔히 들려 줄 꿈같은 이야기이다.

또 하나 동화 같은 시로 1866년에 나온 《왕자 편력(The Prince's Progress)》이 있다. 이 이야기는 한 왕자가 멀리 쓸쓸한 궁성에서 자기를 기다리고 있는 그의 왕비를 혼자 찾아가는 기행이다. 처음에는 요녀(妖女)인 우유 짜는 여자를 만나서 길이 늦어지고, 다음에는 동굴 속에 사는 늙은이를 만나서 죽을 뻔하고 멀리 그 궁성을 바라볼 때까지 그는 갖은 모험을 다 겪는다. 그러나 거의 그 성문 앞까지 왔을 때, 그 안으로부터는 통곡하는 시녀들에게 싸여 자기 아내의 상여가 나온다. 남편을 오래 기다리다가 고만 기다림에 병들어 죽은 것이다. 이 시를 가리켜 좋은 우화라고 하는 사람도 있다. 우화이든 아니든 매우 아름답고 슬픈 이야기요, 이 아름다움만으로도 훌륭한 작품이다. 《마귀시장》과 《왕자 편력》의 두 시는 조금도 무슨 의식적 교훈이 없는 꿈같은 환상이면서도 은연중에 종교적 색채를 나타낸다.

여기 이어서 말하고 싶은 것은 이 시들 뿐이 아니라 크리스티나의 시들은 종교를 다루지 아니한 작품에 있어서도 늘 거룩하고 유원한 맛이 젖어 있다.

〈누가 바람을 보았나?(Who Has Seen the Wind?)〉라는 아름다운 동요는 크리스티나가 지은 것이다. 그의 동요는 스티븐슨의 것과 같이 한 영리한 아이가 하는 이야기가 아니요, 또는 델 라 메어(De la Mare, 1873~1956)의 것과 같이 한 꿈꾸는 아이의 노래마디도 아니다. 어떤 아이에게서도 들을 수 있을 자연스러운 말소리이다. 어려서부터 그는 동물을 좋아하였다 하며 《창가(Sing-Song)》(1872) 속에는 수리, 올빼미, 제비, 공작, 앵무새 같은 새들도 나오고, 당나귀, 돼지, 쥐 같은 짐승도 나오고 심지어는 개구리, 두꺼비, 그리마 같은 미물들도 참례를 한다. 이러한 생물들을 취재하였다는 것이 크리스티나 동요의 특색 중의 하나라 하겠다.

a. 《모나 이노미나타, 이름없는 귀부인(*Monna Innominata*)》(1882)을 읽는 이는 누구나 소네트 작가로서의 크리스티나의 솜씨를 찬양할 것이다. 소네트는 14행으로 된 시형으로 이 모나 이노미나타는 소네트 중의 소네트이다. 즉 14행으로 된 시편 14개로 이루어져 있다. 이 노래의 내용은 이루어지지 못한 한 비련이다.

먼저 사랑을 시작한 것은 여자였다. 그러나 사나이의 가슴에 불을 질러 놓고는 그 여자는 신앙과 애욕의 갈등으로 고민하게 되었다. 그래서 정열과 이지로 싸우다가 나중에는 슬프게도 거룩한 단념을 한다.

> Many in aftertimes will say of you
>
> "He loved her"—While of me what will they say?
>
> Not that I loved you more than just in play,
>
> For fashion's sake as idle women do.
>
> Even let them prate; who know not what we knew
>
> Of love and parting in exceeding pain,
>
> Of parting hopeless here to meet again,
>
> Hopeless on earth, and heaven is out of view.
>
> But by my heart of love laid bare to you,
>
> My love that you can make not void nor vain,
>
> Love that forgoes you but to claim anew
>
> Beyond this passage of the gate of death,
>
> I charge you at the Judgment make it plain
>
> My love of you was life and not a breath.

훗날에 사람들은 당신을 말하기를

'그는 그 계집을 사랑했느니'

그러나 나를 무어라 말하오리까,

한가한 부녀들이 치레 삼아 하는 것 같이

나의 사랑은 장난에 지나지 않았다 하오리다.

말하고 싶은 대로 하라십시오.

사랑 가슴 아픈 이별을,

다시 만날 수 없는 이별.

땅 위에서 희망이 없고 하늘은 믿을 수 없음을

우리는 알아도 남들은 모르나니,

그러나 당신이 헛되이 하지 못할 나의 사랑.

떠나는 사랑, 그러나 죽음의 문을 거처

다시 당신을 찾아갈 나의 사랑.

숨김없이 들린 내 사랑의 심장으로

당신을 걸어 최후 심판에

나의 사랑이 순간이 아니요, 생명인 것을 밝히어 달라 청하오리다.

그의 어느 시에서나 종교적 기분을 엿볼 수 있다 함은 위에서도 말하였거니와 크리스티나에게는 단순히 종교를 소재로 하여 쓴 시가 많다.

그와 같은 시대의 종교 시인으로 존 헨리 뉴먼 추기경, 프랜시스 톰슨 그리고 조금 사이를 두고 여류시인 앨리스 메이넬이 있으나 청초하고 유원(幽遠)한 점에 있어서 도저히 그녀를 따를 바 못 된다.

크리스티나의 종교시는 서정적 요소를 잃지 않았다는 큰 특징을 가지고 있다. 그의 종교시의 하나로 '가버리고 만다'는 어구로 시작된 송년찬미는 시인 스윈번이 '다른 찬미가로서는 이 노래의 다음 자리를 차지하겠다고 가까이 올 것이 없을 만큼 영어로 된 가장 거룩하고 신성한 시가이다'라고 극찬하였다. 가장 애송되는 그의 시는 죽음과 무덤을 노래한 것들이다. 그의 죽음의 노래는 아널드나 클라프(1819~1861)들에게서 보는 회의, 염세의 경향이 없고 안식을 그리워하는 끝없는 동경이요, 희망으로 가득 찬 아름다운 기도이다. 그는 '죽음'을 예찬하면서도 한편으로는 이 세상을 버리기에 미련을 가지고 있었다. 결코 키츠가 〈나이팅게일에 부치는 송가〉에서 읊은 것과 같은 생의 증오는 갖지 않았다.

When I Am Dead, My Dearest

When I am dead, my dearest,

Sing no sad songs for me;

Plant thou no roses at my head,

Nor shady cypress-tree:

Be the green grass above me

With showers and dewdrops wet;

And if thou wilt, remember,

And if thou wilt, forget.

I shall not see the shadows,

I shall nor feel the rain;

I shall not hear the nightingale

And dreaming through the twilight

Haply I may remember,

And haply may forget.

내가 죽거든, 님이여

내가 죽거든, 님이여

나를 위하여 슬픈 노래를 부르지 마소서. 나의 머리맡에다

장미나 그늘지는 사이프레스를 심지 마소서.

내리는 소낙비와 이슬에 젖어

내 위에 푸른 풀이 돋게 하소서.

그리고 생각하시려거든 하시옵소서.

잊으시려거든 잊으시옵소서.

나는 그림자들을 보지 못하고

비 오시는 줄도 모르오리다.

가슴 아픈 듯이 울어대는 나이팅게일의 울음소리도

나는 못 들으리로다.

뜨지도 않고 슬지도 않는 황혼에 꿈을 꾸면서

어쩌면 추억하리다.

어쩌면 잊으오리다.

Up-Hill

Does thr road wind up-hill all the way?

Yes, to the very end.

Will the day's journey take the whole long day?

From morn to night, my friend.

But is there for the night a resting-place?

A roof for when the slow dark hours begin.

May not the darkness hide it from my face?

You cannot miss that inn.

Shall I meet other wayfarers at night?

Those who have gone before.

Then must I knock, or call when just in sight?

They will not keep you standing at that door.

Shall I find comfort, travel-sore and weak?

Of labour you shall find the sum.

Will there be beds for me and all who seek?

Yea, beds for all who come.

올라가는 길

저 길을 산허리로 굽어 올라가기만 하나요.

그래요 저 끝까지.

하루 온종일 가야만 될까요.

벗이여, 새벽부터 밤까지 걸리오리다.

그러나 밤이 되면 쉴 곳은 있을까요.

어슴푸레 밤이 들며는 집 한 채 있으오리다.

어두워 그 집을 지나치지나 않을까요.

그 주먹 못 찾을 리는 없으오리다.

밤이 되면 다른 길손들도 만날 수 있을까요.

그대보다 먼저 떠난 길손들을 만나오리다.

그렇다면 문을 두들기고 불러야지요.

그들은 당신을 문 밖에 세워 두지 않으오리다.

길에 지쳐 고달픈 몸이 안식을 얻을 수 있을까요.

애쓰고 간 보람이 있으오리다.

나를 위하여, 모든 구하는 사람을 위하여 누울 자리들이 있을까요.

그럼요, 찾아오는 모든 사람을 위하여 누울 자리가 있으오리다.

크리스티나를 라파엘전파의 배경을 가졌다는 사람도 있고 자기 오라버니와 같이 라파엘전파의 중견 시인 중의 하나로 평가하는 사람도 있다. 그러나 그녀는 이 그룹의 화가나 시인들과 서로 가까이 지냄에도 불구하고 그들의 영향을 벗어나 홀로 자기의 작은 명분을 지키며 영문학사에 독특한 지위를 차지하였다 함이 옳을 것이다.

그녀의 시상은 매우 자연스럽고 서정적이다. 조금도 애쓴 흔적이 없다. 그리고 그녀는 아주 평이하고 고요한 말과 자연스러운 음조로 그녀의 사랑을 표현할 수 있는 천재였다.

그녀의 생각은 산문으로는 도저히 표현할 수 없을 만큼 시적이다.

그녀의 예술은 논리적 분해로는 설명할 수 없을 만큼 단순하다.

이것은 어떤 비평가가 그녀에 대해서 한 말이었다.

그녀는 예술적 야심이 없었다. 자기의 범위를 벗어나서 긴 시극이나 로맨스 같은 것에 손대려 들지 않았다.

바이런을 흉내 낸 헤만스 부인, 《오로라 리》를 써서 단테 로세티와 대적하려 한 브라우닝 부인을 따르려 하지 않았다. 엘리자베스와 크리스티나는 영문학의 쌍벽으로 서로 무시하지 못할 우월점을 가지고 있다.

여기에서 우월을 따질 필요는 없으나 그 당시에 있어서는 브라우닝의 인기가 로세티를 압도하였고 이제와서는 로세티를 찬양하는 사람이 많아졌다.

누구인지 로세티를 '그의 시는 그 시대 사람들이 감상하기에는 너무나 잘 되었던 것이다'라고 칭찬한 것을 기억한다. 하여튼 표현에 있어서 브라우닝 부인의 시는 결점 투성이요, 로세티의 시가는 모두 다 흠잡을 데가 없는 것만은 사실이다.

로세티의 예술은 티끌 하나 없는 구슬이기 때문이다.

7. 매튜 아널드(Matthew Arnold, 1822~1888)

(1) 생애

매튜 아널드는 유명한 시인이며 비평가, 교육자인 토마스 아널드 박사의 장남으로 태어나, 아버지가 교장으로 있던 럭비(Rugby)에서 공부를 마치고 옥스퍼드에 진학하였으며 대학을 나온 뒤 럭비에서 몇 해 동안 교편을 잡다가 1847년에는 랜드소운(Landsowne)경의 비서로 들어가 3년 동안 근무했다. 이 동안 그는 필연적으로 정치와 사회에 깊은 관심을 갖게 되었으며 독서도 많이 하였다. 그의 첫 시집 《떠도는 유쾌하게 먹고 마시는 자 그리고 다른 시들(The Strayed Reveller, and Other Poems)》(1849)은 대부분 이 3년 동안에 씌어진 것들이다. 그 뒤 1851년부터는 종신 장학관의 위치에 있었으며, 1857년부터 10년간은 옥스퍼드의 시학 교수로 있었다. 그뒤 앞서 말한 시집을 선두로 4, 5권의 시집을 내었고, 1867년의 《신시(New Poem)》 이후로는 시작을 그만두었다.

그는 여기저기 널리 여행하던 중, 산문이 자기 능력에 더 맞는다는 것을 발견하면서 시작한 비평활동은 그로 하여금 영국이 낳은 가장 찬란한 산문 문체의 소유자가 되게 하였다. 그는 이 비평으로서 당시 영국인들의 예술관을 고쳐 놓았으며, 영국인들에게 비평을 어떻게 써야 하는가를 가르쳐 주었다. 그의 가장 중요한 비평집 《평론집(Essays in Criticism)》(1865, 1888)의 두 권은 비평의 영역을 확대시켰을 뿐만 아니라 지금까지 작품에 속해 있던 비평을 하나의 독립된 기술과 분야로 이끌었다. 그의 문예비평은 2차에 걸친 구라파 교육제도 시찰의 귀환보고로서 영국 교육의 결함에 세인의 주의를 집중시켰다. 《프랑스의 대중교육(The Popular Education of France)》(1861)과 《대륙의 학교와 대학(Schools & Universities on the Continent)》(1868)을 선두로 하여 영국의 정치 및 사회생활의 비평인 《교양과 무질서(Culture & Anarchy)》(1869), 종교 비평인 《교회와 종교에 대한 마지막 에세이(Last Essays on Church & Religion)》

(1877) 등 일련의 문명비평에 흐른 감이 없지 않으며, 이들을 통해 그의 평생에 걸치게 될 속물주의에 대한 투쟁을 시작했다.

그는 칼라일이나 뉴먼, 러스킨과 같이 새로운 과학 이론에 의해서 도입되는 공리주의 철학과 무질서에 반대한 시대의 교사였으나, 그는 위의 세 사람과는 달리 문제의 해결을 중세에서 찾으려 하지 않고 보다 현대적인 방법으로 해결하려 하였다. 그는 내세에서의 상벌을 가지고 위협하지 않더라도 인간에게는 자존심이라는 것이 있어 올바른 생활을 하게 해 주는 것이라고 생각했다. 미래의 문명에 대한 근심으로 가득한 그는 공리와 무질서, 세속성이나 편협성의 사회에서 가장 중요한 것은 결국 인간완성을 추구하는 '교양'이라고 말한다. 행동의 도덕적 근거를 종교에서 찾으려는 사람에겐 그의 고상한 교양의 이상은 흡사 어둠 속의 광명이었다. 그런 의미에서 그는 당대의 누구보다도 현대적이었다.

(2) 작품

a. 〈버림받은 인어(The Forsaken Merman)〉(1849)

인간인 아내에게서 아기와 함께 버림받은 남편 인어의 독백 형식으로 된 매우 서정적인 작품이다. 그는 아이들더러, 다시 한 번 와서 어머니 마가렛을 부르라고 한다. 너희들이 부르면 어머니는 대답할 것이라고 한다. 바다 밑 왕좌에 어머니가 앉아 있던 것이 바로 어젠데 종소리가 들리자 어머니는 영혼을 잃지 않기 위해 부활제 기도를 올리기로 작정한다. 어머니는 바다 위로 솟구쳐 나갔고, 그들도 따라가 기다렸으나 마가렛은 그들을 돌아다보지 않는다. 목사가 큰 소리로 기도하고 있었으므로 그녀는 애들이 부르는 소리를 듣지 못한다.

물으로 나와서 그녀는 기쁜 것도 같고 슬픈 것도 같다. 그러나 그녀는 다시 애들에게 돌아오지 않을 것이다. 그들은 이제부터 그 흰 벽의 마을을 쳐다보며 '저기 사랑스러우며 잔인한 엄마가 살지' 하는 노래나 부르는 것에 만족해야 할 것이다.

b. 〈집시 학자(The Scholar Gypsy)〉(1853)

아널드의 작품 중에서 가장 잘 알려지고 가장 짜임새가 완전한 작품이다. 이 시는 17세기 그랜빌의 《독단의 허영(*Vanity of Dogmatizing*)》이라는 책에서 얻은 이야기에 근거를 두고 있는데, 이 책에는 빈곤해서 학교를 그만두고 집시 무리에 섞여든 한 옥스퍼드 학생에 대한 이야기가 실려 있다. 그 집시 학자는 곧 그 집시 무리에게 총애를 받게 되었다. 하루는 그의 옛 친구들을 만나게 되는데 친구들은 곧 그를 알아본다. 그는 친구들에게 자기가 집시들의 생활과 전설을 사랑하노라고 하면서 집시 집단을 떠나 그들에게서 배운 지식을 세상에 널리 알리겠노라고 말한다.

이 시는 어느 시골의 시인이 그랜빌의 책을 읽으면서 그 집시 학자의 이야기를 되풀이하는데서 시작된다. 그는 그 집시 학자를 어디에선가 분명히 보았다고 기억한다. 그러나 그것은 터무니없는 생각이다. 그랜빌의 이야기는 벌써 2백 년이나 지난 옛날이야기니까. 그러나 그 집시 학자에게 시간은 문제가 아니다. 그는 시간을 초월해서 영원히 존재하는 까닭이다. 속세를 떠난 그가 다시 병든 이 세상으로 돌아오지 말라고 하며 속세를 박찬, 그의 과단성과 정열을 부러워 한다.

c. 〈도버 해변(Dover Beach)〉(1867)

그의 가장 유명한 작품이다. 어느 누구도 따를 수 없는 조용한 음악의 완전한 결정체이다. 시인은 창가에 서서 해협을 본다. 달빛 속에 불란서 해안과 영국의 흰 절벽이 보인다. 그는 애인더러 창가에 오라고 한다. 자갈을 씻고 가는 파도소리가 들린다. 그것은 소포클레스가 오래전 에게 바다에서 들은 영원한 슬픔의 곡조이다. 종교의 바다는 한때 만조되어 온 세계를 평화 속에 있게 하였으나 그 물결은 지금 퇴조해 가고 있다. 시인은 우리 서로가 참되게 해 달라고 사랑에 호소한다. 우리 앞에 있는 세계는 너무나 아름다워 믿음성이 없기 때문이다.

Dover Beach

The sea is calm tonight,

The tide is full, the moon lies fair

Upon tide straits;—on the French coast the light

Gleams and is gone; the cliffs of England stand,

Glimmering and vast, out in the tranquil bay.

Come to the window, sweet is the night-air!

Only, from the long line of spray

Where the sea meets the moon-balanced land,

Listen! you hear the grating roar

Of pebbles which the waves draw back, and fling,

At their return, up the high strand,

Begin, and cease, and then again begin,

With tremulous cadence slow, and bring

The eternal note of sadness in.

Sophocles long ago

Heard it on the Aegean, and it brought

Into his mind the turbid ebb and flow

Of human misery; we

find also in the sound a thought,

Hearing it by this distant northern sea.

The Sea of Faith

Was once, too, at the full, and round earth's shore

Lay like the folds of a bright girdle furled.

But now I only hear

Its melancholy, long, withdrawing roar,

Retreating, to the breath

Of the night-wind, down the vast edges drear

and naked shingles of the world.

Ah, love, let us be true

To one another! for the world, which seems

To lie before us like a land of dreams,

So various, so beautiful, so new,

Hath really neither joy, nor love, nor light,

Nor certitude, nor peace, nor help for pain;

And we are here as on a darling plain

Swept with confused alarms of struggle and flight,

Where ignorant armies clash by night.

도버 해변

바다는 오늘 밤 고요하고
만조된 해협 위에 달이 아름답다.
프랑스 해안에는
등불이 보이더니 꺼지고
잉글랜드의 절벽은
훤한 빛을 발하며 거대하게
조용한 물굽이 속에 솟아 있다.
창가로 오라 밤바람이 좋아라.

바다와 달빛에 희어진 육지와 만나는 곳
물보라가 이어진 긴 선, 거기로부터
들어라, 물결이 물러나갔다 다시 들이칠 때
높은 해안으로 자갈을 치켜 올리는 소리를.
떨리는 느릿한 억양으로
시작했다가 그치고

이어 또 다시 시작하는,

그리하여 비애의 영원한 음조를 전하는 것을.

옛날에 소포클레스는

에게 바다에서 저 소리를 들었었다.

그리고 그 소리는 그의 마음속에

인생고의 혼탁한 썰물과 밀물을 전하였다.

우리도 이 먼 북쪽 바닷가에서 저 소리를 들으며

그 속에 깊은 뜻 숨어 있음을 안다.

신앙의 바다도

한때 만조되어 이 직 해변 둘레에

접어놓은 찬란한 허리띠처럼 누워 있었다.

그러나 내가 듣는 것은 다만

밤바람 숨결에 몰려

광막한 지구의 끝으로

지구의 벌거벗은 자갈 위로 물러가는

우울하고 긴 파도 소리.

오, 사랑아 진실하자.

우리는 서로! 이 세상은 꿈나라와도 같이

변화 많고 아름답고 새롭게 보이지만

사실은 기쁨도 사랑도 광명도 없고

신념도 평화도 고통을 구할 길 없나니,

그리고 우리들이 있는 이 세상은

밤에 무지한 군대들이 충돌하는 곳,

싸움과 도주의 혼란한 아우성에 휩쓸리는

어두운 광야와도 같다.

d. 〈티르시스(Thyrsis)〉(1867)

어떤 비평가는 〈티르시스〉를 밀턴의 〈리시다스(Lycidas)〉와 셸리의 〈아도네이스(Adonais)〉와 함께 영국의 3대 추도시로 일컫는다. 이 작품은 아널드가 특기로 하는 조용한 슬픔, 맑은 지성, 그리고 품격 높은 완숙한 표현으로 이룩된 작품이다. 부제가 말해 주고 있듯이 이 작품은 플로렌스에서 1861년에 작고한 A. H. 클라프에 대한 애도시이다.

이 작품도 〈집시 학자〉와 마찬가지로 옥스퍼드의 분위기로 가득하다. 시인은 옥스퍼드 주변이 무척 많이 변했음에 놀란다. 이곳 언덕 위를 그는 전에 티르시스와 여러 번 거닐었었다. 그러나 지금은 이곳에 자주 오지 못한다. 뻐꾹새는 노래하고 있다. '꽃은 가고 나도 간다'고. 새는 어디로 가는 것일까? 곧 한여름이 올 텐데 그리고 갖가지 꽃이 필 텐데 새는 아랑곳없이 가버린다. 그러나 상관없다. 뻐꾸기는 내년에 다시 돌아오니까. 그러나 가버린 티르시스는 다시 돌아오지 않을 것이다. 다시는 그가 노래 부르지 않을 것이다. 홀로 남은 시인은 과거의 회상 속에 그의 슬픔을 쏟고 있다. 그가 슬픔을 노래할 때 어둠의 장막은 내리며 그들 둘이 좋아 하던 나무가 석양을 등지고 뚜렷이 부각된다. '오, 티르시스여, 우리의 나무는 아직도 저기에 서 있구나.' 그러나 그의 벗은 이미 여기 있지 않고 행복한 땅에 가 있다. 시인은 혼자 남았으나 이 나무가 거기 서서, 가버린 친구를 생각게 해

줄 것이다. 시인은 그의 벗이 찾으려던 빛을 자기도 찾겠다고 한다. 시끄러운 도시의 소음에 갇혀 이곳에 자주 오지 못함을 못내 안타까워하며 세상 떠난 벗에게 용기를 주도록 호소한다.

그의 시는 대부분 무운시의 시형을 사용하고 있다. 그의 시는 또한 고전주의자들과 상통하는 점이 있으며, 도덕적이고 윤리적이며 지적인 냉철과 평온을 갖고 있다. 그러나 그에게는 명상에서 오는 회의와 우울함이 깃들어 있다. 감정을 절제하고 근엄하였으나 그것은 '슬픈 평정'이었다. 그의 재능이 완전히 발휘되어 유쾌하고 명랑한 그의 산문과는 달리, 시는 쓸쓸하도 우울하여 오히려 늙은이들이 좋아할 것들이다. 그는 감정이 고조되는 대로 절규하고 영탄하는 것이 아니라 조용히 심사숙고하고 명상한 뒤에 붓을 드는 시인이다. 그는 확실히 인생의 아름다움이나 인생의 행복을 느낄 젊은이의 시인이 아니다. 그의 작품의 음조는 내성적이며 명상적이고 어둠침침하다. 그것은 마치 인생의 모든 실망, 슬픔, 배신 등 온갖 쓴맛 단맛을 다 겪은 뒤의 어두운 인생 황혼 속에서 씌어진 것과 같은 빛깔이다. 그러나 동시에 그의 필치는 우아하며 세련되어 있어 그의 시의 음률은 자연스럽고 음악적이다.

그에게는 그가 존경하는 워즈워스 못지않은 우수한 몇 작품이 있으나 그의 작품은 고르지 않다.

참고 문헌

1. 통론

The Cambridge History of English Literature, Vols. XIV

The Oxford History of English Literature

Chamber's Cyclopaedia of English Literature, Vol. III

G. Saintsbury : *A History of Nineteenth-Century Literature*, Macmillan

2. 개인 참고문헌

a. Wordsworth

(1) 작품집

Thomas Hutchinson : *The Poems of William Wordsworth*, The Oxford Wordsworth, Oxford

Matthew Arnold : *Poems of Wordsworth*, Golden Treasury Series, Macmillan

(2) 평전

F. W. H. Myers : *Wordsworth English*, Men of Letters Series, Macmillan

S. T. Coleridge : *Biographia Literaria*, Oxford

Ernest De Selincourt : *Wordsworth's Prelude*, Oxford

Helen Darbishire : *The Poet Wordsworth*, Oxford.

R. D. Havens : *The Mind of A Poet*, 2 vols, The Johns Hopkins University Press

b. Coleridge

(1) 작품

Ernest Hartley *Coleridge : Complete Poetical Works of Samuel Taylor Coleridge*, Oxford University Press

(2) 평전

H.D. Traill : *Coleridge*, English Men of Letters Series, Macmillan

c. Byron

(1) 작품

Poems of Lord Byron, Oxford Poets, Oxford University Press

Complete Poetical and Dramatic Works, 3 Vols., Every Man's Library, Dent

(2) 평전

John Nichol : *Byron*, English Men of Letters Series, Macmillan

Ethel Colburn Mayne : *Byron*, Scribners.

Walter A. Brisco e: *Byron the Poet, a Collection of Addresses and Essays*, Routledge

d. Shelley

(1) 작품

Thomas Hutchinson : *Complete Poetical Works of Percy Bysshe Shelley*, Oxford Poets, Oxford University Press

(2) 평전

J.A. Symonds : *Shelley*, English Men of Letters Series, Macmillan

e. Keats

(1) 작품

H. B. Forman : *The Complete Poetical Works of John Keats*, Oxford Poets, Oxford University Press

Hyder E. Rollins : *The Letters of John Keats*, 2 vols.

(2) 평전

Sir Sidney Colvin : *Keats*, English Men of Letters Series, Macmillan

f. Tennyson

(1) 작품

Hallam Lord Tennyson : *Tennyson's Works with Notes*, Macmillan

(2) 평전

Sir Alfred Lyal l: *Tennyson*, English Men of Letters Series, Macmillan

g. The Brownings

(1) 작품

Birrell and Kenyon : *The Works of Robert Browning*,

John Murray : *The Poetical Works of Mrs. E.B. Browning*, John Murray

(2) 평전

G. K. Chesterton : *Browning*, English Men of Letters Series, Macmillan

Kathleen E. Royds : *Mrs. Browning and Her Poetry*, Harrap

h. Swinburne

(1) 작품

The Poems of Algernon Charles Swinburne, 6 Vols, Heinemann

(2) 평전

Harold Nicolson: *Swinburne,* English Men of Letters(New Series), Macmillan

i. Rossetti, D. G.

(1) 작품

Poems and Translations, Oxford Standard Authors, Oxford University Press

(2) 평전

A. C. Benson : *Rossetti,* English Men of Letters Series, Macmillan

j. Rossetti, C. G.

(1) 작품

Poems, 1840~69 World's Classics, Oxford University Press

(2) 평전

Dorothy M. Stuart: *Christina Rossetti,* Macmillan, 1930

k. Arnold

(1) 작품

Complete Poetical Works of Matthew Arnold, Macmillan

(2) 평전

Herbert Paul: *Matthew Arnold*, English Men of Letters, Dent

(1963)

피천득 연보

1910   서울 종로구 청진동 191번지에서 5월 29일 태어남(본관 : 홍성, 아버지 피원근, 어머니 김수성).

1916   아버지 타계. 유치원 입학, 동시에 서당에서《통감절요》를 배움.

1919   어머니 타계. 경성제일고보(현 경기고) 부속소학교 입학.

1923   제일고보 부속소학교 4학년 때 검정고시 합격으로 2년 월반하여 경성제일고보 입학. 춘원 이광수가 피천득을 자신의 집에 3년간 유숙시키며 문학, 한시 및 영어 지도.

1924   2년 연상인 양정고보 1년생 윤오영과 등사판 동인지《첫걸음》에 제목 미상의 시 발표.

1926   첫 시조〈가을비〉를《신민(新民)》2월호(10호)에 발표. 9월에 첫 단편소설 번역(알퐁스 도데의〈마지막 시간〉을 번역하여《동아일보》에 4회 연재).

1927   중국 상하이 공부국 중학교 입학(1930년 6월 30일 졸업), 흥사단 가입. 도산 안창호 선생에게 사사.

1930   첫 자유시〈차즘〉(찾음)을《동아일보》에(1930년 4월 7일) 발표(등단). 상하이 후장대학(현 상하이 대학교) 예과 입학(9월 1일).

1931   후장대학 상과에 입학, 후에 영문학과로 전과함.《동광》지에 시 3편(〈편지〉〈무제〉〈기다림〉) 발표.

1932   첫 수필〈은전 한닢〉을《신동아》(1932년 5월호)에 발표.

1934	내서니얼 호손 단편소설 〈석류씨〉 번역(윤석중 책임 편집 《어린이》지에 게재). 상하이 유학 중 중국 내전으로 일시 귀국하여 금강산 장안사에서 상월스님에게 1년간 《유마경》《법화경》을 배우고 출가까지 생각하였으나 포기.
1937	상하이 후장대학 영문학과 졸업(졸업 논문 주제는 아일랜드 애국시인 W. B. 예이츠).
1939	임진호와 결혼(시인 주요한 부인의 중매와 이광수 부인 허영숙의 추천). 장남 세영 태어남.
1940	서울 중앙상업학원 교원(1945년 1월 20일까지).
1941	경성제국대학 이공학부 도서관 고원(영문 카탈로그 작성).
1943	차남 수영 태어남.
1945	경성대학교 예과교수 취임(10월 1일), 그 이듬해 국대안 파동으로 사직서 제출(10월 22일).
1946	서울대학교 문리과대학 교수(1948년 2월 28일까지).
1947	첫 시집 《서정시집》(상호출판사) 간행. 딸 서영 태어남.
1948	서울대학교 사범대 영문과 교수 취임(3월 1일).
1954	미국 국무성 초청 하버드대 연구교수(1년간).
1957	《셰익스피어 이야기들》(찰스 램 외 저) 번역(대한교과서주식회사) 출간.
1959	《금아시문선》(경문사) 출간.
1963	서울대학교 대학원 영어영문학과 주임교수(1968년 1월 10일까지). 8·15표창 받음.
1964	《셰익스피어 쏘네트집》 번역(정음사) 출간.
1968	자신의 영역 작품집 《플루트 연주자(A Flute Player)》(삼화출판사) 출간.

1969	금아시문선《산호와 진주》(일조각) 출간. 미국의 여러 대학에서 한국 문학, 문화 순회강연. 영국 BBC초청으로 영국 방문.
1970	제37회 국제PEN 서울세계대회(대회장 : 백철) 참가 : 논문발표 및 한국시 영역 참여. 국민훈장 동백장 받음.
1973	월간문예지《수필문학》에 수필〈인연〉발표.
1974	서울대학교 조기퇴직(8월 14일자) 후 미국 여행.
1975	서울대학교 명예교수.
1976	수필집《수필》(범우사) 출간.
1977	《산호와 진주》로 제1회 수필문학대상 수상.
1980	《금아시선》《금아문선》(일조각) 출간.
1991	대한민국 문화예술상 은관문화훈장 수여.
1993	시집《생명》(동학사) 출간.
1994	번역시집《삶의 노래 — 내가 사랑한 시, 내가 사랑한 시인》(동학사) 출간.
1995	제9회 인촌상 수상(시 부문).
1997	88세 미수기념《금아 피천득 문학전집》(전 4권, 샘터사) 출간.
1999	제9회 자랑스러운 서울대인 수상.
2001	영역 작품집《종달새(A Skylark: Poems and Essays)》(샘터사) 출간.
2002	단편소설 번역집《어린 벗에게》(여백) 출간.
2005	상하이 방문(상하이를 떠난 지 70년 만에 차남 피수영, 소설가 박규원과 함께).
2007	서울 구반포 아파트에서 폐렴 증세로 서울 아산병원에 입원한 뒤 별세(5월 25일). 경기도 남양주 모란공원(예술인 묘역)에 안장.

타계 후 주요사항

2008 서울 잠실 롯데월드 3층 민속박물관 내 '금아피천득기념관' 개관.

2010 탄생 100주년 기념 제1회 금아 피천득 문학세미나 개최(중앙대).

2014 피천득 동화《자전거》창작 그림책(권세혁 그림) 출간. 2018년부터
피천득 수필 그림책 시리즈《장난감 가게》(조태경 그림),《엄마》(유
진희 그림),《창덕궁 꾀꼬리》(신진호 그림),《서영이와 난영이》(한용옥
그림) 계속 출간.

2015 금아피천득선생기념사업회 결성(초대회장 석경징).

2016 부인 임진호 여사 별세(모란공원에 합장).

2017 서거 10주기를 맞아《피천득 평전》(정정호 지음) 출간.

2018 서울 서초구 반포천변에 '피천득산책로'(서초구청) 조성.

2022 탄생 112주기, 서거 15주기를 맞아《피천득 문학 전집》(전 7권)(범우
사)과《피천득 대화록》(범우사) 출간.

작품 해설

피천득의 산문 세계로의 초대

우리가 흔히 알고 있는 피천득의 "수필"은 그가 쓴 많은 산문 중 일부다. 피천득의 다양한 산문은 수필로 분류되지 않아 대부분 단행본으로 묶이지 않았으나, 필자는 수필이 아닌 일반산문으로 분류되는 여러 종류의 글을 따로 모았다. 피천득은 자신이 써낸 글 중 "서정적" 수필에 해당하지 않는 일부 산문이 아마도 문학적 가치가 떨어진다고 보아 자신이 편집, 간행한 유일한 수필집 《인연》에 포함하지 않은 것 같다. 그러나 편집자는 최초로 게재된 신문과 잡지에서 찾아낸 그 글들을 평설(소논문), 서평, 서문, 추천사, 논문으로 분류하여 중요한 산문만 발표 연대순으로 읽어보기로 한다. 우리가 피천득 문학에서 서정적 수필만이 전부인 줄 알고 있으므로 이러한 산문을 읽는 것은 피천득 문학세계의 경계와 지경을 넓히는 데 도움이 된다.

1. 동화

〈꿀 항아리〉(1946)

피천득 문학의 특징 중 하나는 1930년 등단 이후로 어린이 주제가 많다는 점이다. 당시 조선 문단은 일제강점기에 잃어버린 나라의 미래를 짊어질 아동들을 위한 문학이 하나의 주류를 이루었다. 소파 방정환 선생을 필두로 당시 저명한 시인, 작가들은 대부분 아동을 위한 작품을 써냈다. 해방 전후로 피천득은 외국 단편 소설들을 번역하여 아동문학 잡지에 게재하기도 했다. 오늘 첫번째로 소개할 작품은 동화 〈꿀 항아리〉다. 첫 문단을 읽어보자.

정남이와 정옥이는, 날마다 어머니 몰래 가만가만 다락으로 기어 올라가서, 사기 항아리 속에 든 꿀을 퍼서 먹고는 고양이들 모양으로 혓바닥으로 입을 핥으면서 내려 오고는 하였읍니다.

이를 안 남매의 어머니는 아이들이 다락에 있는 줄도 모르고 못 들어가게 다락문을 자물쇠로 잠가 버린다. 어머니는 온 집안과 동네를 아이들 이름을 부르며 여기저기 찾아 나선다.

아이들을 찾지 못한 채 집에 돌아온 엄마는 다락문을 발로 차며 "엄마, 문 열어주어!" 하고 외치는 소리를 듣는다.

"아이고머니나!"
하고, 엄마는 신발을 신은 채 안방으로 뛰어 들어가서, 다락문을 열어보니까, 정남이와 정옥이는 어떻게 울었는지 눈이 다 부었겠지요. 엄마는 가엾서서 야단도 안했습니다. 그런데 다락 안에서 정남이와 정옥이는 꿀 한 항아리를 다 먹었더랍니다.

이 동화의 마지막 부분이다. 짧은 이야기지만 아이들의 장난과 어머니의 마음이 잘 어우러져 웃음을 자아내는 우수한 작품이다. 피천득은 이미 1934년에 그의 첫 동화 〈자전거〉를 어린이 잡지에 낸바 있다.

2. 서평

(1) 《노산 시조집》을 읽고(1932년)

초기 "서평"에서 가장 중요한 것은 피천득이 1932년 5월 15일~18일 자 《동아일보》에 3회에 걸쳐 발표한 〈《노산 시조집》을 읽고〉이다. 이 서평은 피천득의 평설로서의 서평에 관한 모든 것이 들어있다고 해도 과언이 아니다.

문인으로서 피천득은 아직도 학계와 문단에서 흔히 주변 장르로 간주하는 수필가로만 논의되었다. 최근에는 시인과 번역문학가로서의 피천득도 일부에서 재평가되고 있으나 피천득의 문학 평설 부분은 아직도 거의 논의되지 않고 있다. 피천득의 최초 문학 평설은 1932년 《동아일보》에 게재된 서평 〈《노산 시조집》을 읽고〉로, 이 글은 피천득이 22세 젊은 나이에 쓴 서평이지만 서평가 피천득의 특징이 잘 드러나 있다.

경성고보 재학 시 춘원 이광수 댁에 3년 동안 유숙한 피천득은 춘원의 집을 드나드는 선배 시인, 작가들을 상당수 만날 수 있었던 행운을 가졌다. 그들은 1920년대 중후반 활동했던 한국 현대 문학의 수립자들이었다. 그중 한 문인이 시조 시인 노산 이은상(1903~1983)으로, 수필 〈꿈〉에서 "꿈엔들 잊으리요, 그 잔잔한 고향바다'라고 한 노산鷺山의 노래가 생각난다"라고 썼듯이, 피천득은 노산의 시조를 매우 좋아했다. 피천득은 수필 〈선물〉에서 "나는 내금강에 갔다가 만폭동 단풍 한 잎을 선물로 노산에게 갖다 준 일이 있다. 그는 단풍잎을 받고 아름다운 시조를 지어 발표하였었다"라고 회상하기도 했다.

이제 《노산 시조집》에 대한 피천득의 서평을 읽으면서 피천득이 택한 서평방법의 기본 태도를 살펴보자. 서평의 서두에서 피천득은 이은상의 첫 시조집 출간의 문학사적 의의를 1920년대 중반 후기 일제강점기에 민족정신과 전통 시를 보존 발전시키려는 시조 부흥 운동의 맥락에서 논의한다.

그런 다음 피천득은 곧바로 〈성불사의 밤〉의 작품 분석으로 들어간다. 한국가곡으로 작곡되어 유명해진 이 시를 예를 들어 피천득은 이은상을 "명상 시인"이라 부르고 그 특징을 "명상적 인물에게서 흔히 보는 애수적이면서도 밝고 맑고 아름다운 빛이 시조장장章章에 넘친다"라고 지적한다. 서평자 피천득은 노산 시조집에 나타나는 명상적인 작자의 "밝고 맑고 아름다운 빛"을 사상적 측면에서 높이 평가한다.

〈가고파〉에서 같은 말을 되풀이하며 잊지 못할 고향을 그리워하는 애달픈 마음을 간곡하게 표현하는 이은상의 반복 기교를 보며 피천득은 애란 시인 윌리엄 예이츠(1865~1939)를 연상한다. 나그네의 쓸쓸함을 노래하는 예이츠의 시 〈이니스프리의 호도湖島〉에 나오는 "일어나서 지금으로 가려네 가려네 이니스프리로(I will arise and go now, and go to Innisfree)," 구절과 비교하면서도 두 시인의 차이나는 인정미를 지적한다. 이은상은 4연의 첫 행에서 "가서 한데 얼려 옛날같이 살고지라"라고 노래했으나 예이츠는 그의 시를 "그러고 벌소리 들으면서 나 혼자 살려하네"로 끝맺는다. 이은상은 고향 가서 함께 어울려 살기를 꿈꾸나 예이츠는 고향에 가서 사람들과 떨어져 혼자 살기를 원한다. 피천득은 노산의 인정미를 예이츠의 그것보다 더 높이하고 있다. 이것은 분명히 피천득의 비교문학적 접근이다.

또한, 이은상의 시조 〈새가 되어 배가 되어〉는 "몽환 공상과 자유 동경"으로 가득 차 있어서 예이츠의 시 〈백조〉와 시상이 비슷하지만, 예이츠의 시와 비교할 때 이은상의 시조에는 "신비와 상징의 기분"이 부족하다고 평가하였다.

피천득은 시조 시인 노산 이은상을 총평하면서 그 시조집에 자연에 관해 읊은 작품들이 많지만 자연시인이라기보다 인생시인이라고 규정한다.

자연을 사랑하는 이는 참으로 인간을 사랑하고 인생을 지극히 사랑하는 이라야 참으로 자연을 자연을 사랑할 수 있나니 그러므로 자연시인과 인생시인을 구별하기가 매우 어렵다.

그러나 대체로 보아서 나는 노산을 자연시인이라기보다도 인생시인이라 하겠다.

노산의 2대 기행시조편 〈송도행〉과 〈금강행〉의 작품에서 시조 〈박연〉을 제외하고는 전통적 무상을 노래한 것들에 불과하다. 그가 읊은 자연 금강의 미묘장려美妙壯麗는 심금을 깊이 울리지 않는다고 평가한 피천득은 《노산 시조집》에서 〈꿈은 지나가고〉와 〈양장시조시작試作편〉에 실린 시조들을 대표작으로 꼽았다. 하지만 피천득은 "노산은 정서로나 사상으로나 기교로나 양장시조와 같은 새 형식을 창작하였다는 것으로나 시조의 제일인자라는 예찬을 받을만하다는 것과 그가 아직 30대니 앞으로 더 큰 활약을 기대할 수 있다"고 결론을 내린다. 피천득 자신도 후에 시조를 여러 편 지어 지상에 발표하기도 했다.

　피천득을 전업 평론가라고 부를 수 없을지 모르나 그는 1932년 처음으로 쓴 이 서평에서 훌륭한 자질을 보인다고 말할 수 있다. 가장 먼저 두드러지는 점은 노산 이은상 시조에 관한 평가가 매우 객관적이고 균형이 잡혀있다는 사실이다. 그리고 그 구체적 비평방법으로 영문학자답게 필수적 방법을 적절히 사용한다. 해설자는 본격적 평론이 아닌 별로 길지 않은 이 서평에서도 피천득 문학 비평의 기본적 태도가 잘 드러난다고 본다. 피천득의 작품 평가와 해석 방법은 대체로 4가지로 요약될 수 있다.

　(1) 꼼꼼히/자세히 읽기

　문학의 토대는 언어다. 문학 속 언어에 대한 감수성과 정밀한 분석이 없이는 설득력 있는 이해, 감상, 평가는 불가능하고 깊이 없는 인상주의적 비평에 머물고 말 것이다. 한국어와 영어에 대한 피천득의 언어적 감식력은 탁월하다.

　(2) 정서적/공감적 독법

　피천득은 전문 평론가이기에 앞서 독자로서 작가와 텍스트에 대해 S. T. 콜리지의 이른바 문학에서 "불신을 의지적으로 지연시키기(willing suspension of disbelief)"를 실천하며 존 키츠의 "마음을 비우는 능력 또는 소극적 수용력(Negative Capability)"을 가지고 있다. 모든 의심, 애매함, 불신, 비판을 털어버리고 우선 마음을 비워야 작가와 작품이 아무런 방해 없이 평론가의 마음속에 들어와 자연스럽게 공감과 반

응을 일으킬 수 있다.

(3) 비교문학적 방법

피천득은 영문학자이지만 중국 문학과 일본 문학도 두루 읽었고 무엇보다도 고전문학을 포함하여 한국 문학을 폭넓게 읽었다. 영문학자로서 그리고 창작하는 시인으로서 그는 자연스럽게 각국의 문학을 서로 견주어 보는 능력을 갖추게 된 것이다. 문학 평론에서 이런 비교방법은 매우 바람직하며 궁극적으로는 세계 문학에 대한 인식으로까지 이어질 수 있다.

(4) 고매한 사상체인 문학의 윤리적 가능성

피천득은 인간 심성을 순화시키는 문학의 기능을 믿고 있다. 공자가 《논어》에서 《시경》에 관해 내린 '사무사思無邪'라는 결론과 아리스토텔레스가 《시학》(실제로는 비극론)에서 기술한 '카타르시스'이론은 문학사에서 아직 부정된 적이 없다. 전 지구적 신자유주의적 천민자본주의 시대의 억압과 착취를 치유할 수 있는 문학의 윤리적 가능성을 포기할 수 없듯이, 피천득은 문학의 인간과 사회를 치유하고 위안해주는 기능을 중시하였다.

위에서 말한 4가지 작품 읽기와 평가 방식이 그 이후 이어진 피천득의 서평과 평설에서도 활용되고 있음을 알 수 있다.

3. 서문, 추천사

(1) 《영미 명시선》(박희진 편역), 〈서문〉(1961)

피천득은 훗날 서울대 사대 영문학과 교수가 된 제자 박희진의 영미 번역시집《영미 명시선》(향학사, 1961)을 높이 평가하는 서문을 써 주었다. 그 일부를 소개한다.

영국이 인류에게 공헌한 것 중에 가장 큰 것은 문학이요, 그 문학의 주체가 되는 것은 시가입니다. 이 시들 속에서 우리는 고귀한 사상과 감정에 부딪힐 수 있는 것입니다.

옛날부터 오늘에 이르기까지 사조의 변천이 있기는 하지마는 영시의 본질에는 다름이 없습니다. 그것은 자연 찬미, 이성과 가정 그리고 나라에 대한 사랑, 영혼에 대한 신념, 이런 것들입니다.……

이 사화집은 어떤 여왕의 보석 상자보다도 찬란하고 황홀합니다.

어학에 정통하고 시인적 정서를 아울러 가진 박희진 씨가 이 시들에 정확한 주석을 붙이고, 섬세하고 재치 있는 필치로 번역하여 주신 것은 다행한 일입니다. 이 사화집은 읽는 사람의 마음을 한없이 풍부하게 할 것입니다.

피천득의 영시 강의를 듣고 번역한 박희진 교수는 후일 회고록에서 이 짧은 서문에 대해 "사실 이 책자《영미 명시선》은 선생님의 말하자면 강의 노트라고도 할 수 있는 것"(《그런데도 못 다한 말》, 솔, 2015)이라고 했다.

(2) 시집 《시간의 말》(조운제), 〈서 序〉(1971)

제자 시인이며 고려대 영문학과 교수를 지낸 조운제 교수의 시집 《시간의 말》(한얼문고, 1971)에도 피천득은 짧은 서문을 써 주었다.

운제는 풍부한 정서, 해박한 지식, 높은 안목을 갖춘 시인이다. 그는 개성이 강하면서도 괴벽하거나 고루하지 않으므로 많은 사람의 시인이다.

그는 말을 귀중히 여기며 잔재주로써 말을 희롱하거나 의미를 몽롱하게 만들거나 품위를 퇴화시키는 일이 없다. 그는 우리나라 말에 대하여 책임을 질 수 있는 시인이다.

그의 시는 간결하되 평범하지 않으며 깊이가 있으면서 난해하지 않다. 일상생활을 벗어나지 않고도 영원성을 지니고 있다.

그의 시는 고뇌의 산물이다. 고뇌는 그를 속화시키지 않고, 오히려 순화·승화시켜 왔다. 그는 실망과 타락을 거부하는 시인이다. 시신詩神을 맞이할 마음의 준비를 언제나 하고 있다.

— 1971년 가을

피천득은 조운제 시에 대해서 짧으면서도 요점을 찌르는 평가를 보여준다.

(3) 수필집 《화살의 노래》(이창국), 〈추천의 말〉(2004)

피천득은 2000년대 들어와서 제자 수필가이며 중앙대 영문학과 교수를 지낸 이창국의 수필집 《화살과 노래》(2004)에 〈추천의 말〉을 다음과 같이 적었다.

이창국 선생은 수필가로서의 장점을 골고루 갖추고 있다. 무엇보다도 그는 탁월한 이야기꾼이다. 그는 엉뚱한 곳에서 이야기 거리를 발견하며, 아무것도 아닌 것을 가지고 그럴듯한 이야기를 만들어내는 재주를 가지고 있다. 그는 우리 주변에서 흔히 볼 수 있는 평범한 소재를 가지고 자신의 이야기를 시작하지만 독자들은 그의 이야기들이 어느 개인의 사사로운 이야기가 아니고 우리 모두의 이야기라는 사실을 뒤늦게 발견하고는 놀라고 즐거워하게 된다. 그의 수필은 우선 재미있고, 동시에 유익하며, 궁극적으로 독자들로 하여금 무엇인가를 느끼고 생각하게 만든다. 이런 글이 바로 좋은 글이요, 좋은 수필이다.

이창국 선생이 수필가로서 우리나라에서 보다 높은 평가와 그에 상응한 대접을 받게 되기를 바라고, 또 그렇게 되리라고 믿는다.

이 책의 〈감사의 말〉에서 수필가 이창국은 "글을 씀에 있어서는 물론, 세상을 살아감에 있어서도 항상 모범을 보여주시고 지혜를 주시는 피천득 선생님께 다시 한번 감사드립니다"라고 화답한다.

(4) 《불꽃 속의 나라》(박규원), 〈추천사〉(2007)

피천득은 말년인 2000년대 초에 여류소설가 박규원과 깊은 친분을 가졌다. 박규원의 작은 외할아버지는 일제강점기에 독립운동가의 아들로 태어나 1930년대 중국의 올드 상하이에서 영화계의 황제가 된 조선인 영화배우 김염(1910~1983, 본명 김덕린)이다. 《상하이 올드 데이스》라는 논픽션을 써서 2003년 〈올해의 논픽션 상〉 대상을 받은 박규원은 피천득이 외할아버지 김염과 거의 같은 시기인 1920년대 후반에 올드 상하이에서 활동했음을 알고 피천득과 가까워지게 되었다. 박규원은 상하이를 자주 드나들었기 때문에 피천득과 올드 상하이 이야기를 하면서 즐거운 대화를 나눌 수 있었다. 소설집 《불꽃 속의 나라》(도서출판 작가, 2007)를 간행한 박규원을 위해 피천득은 〈짧고 영원한 이야기들〉이라는 제목의 추천사를 썼다. "나의 제자 박규원씨의 원고를 읽고"라고 말한 추천사 전문을 소개한다.

학창 시절 나는 상하이로 유학을 가 10년간 그곳에서 머물렀다. 그때 상하이는 뉴욕 다음으로 번성한 국제도시였다. 세계 각지에서 혁명가와 모험가와 사업가들이 모여들었다.

그 시절 상하이는 인간이 꿈꾸고 상상할 수 있는 모든 일들의 가능성이 다 열려 있는 도시였다. 바로 이 책에 박규원 씨가 놀랄 만한 상상력으로 그려내는 1930년대의 상하이의 모습 그대로였다. ……

1930년대 한국 사람이면서도 중국의 영화 황제로 불렸던 자신의 작은 외할아버지 김염의 삶을 그려낸 《상하이 올드 데이스》에 이어 《불꽃 속의 나라》도 박규원 씨만이 가지고 있는 상상력의 소산이다.

그의 글은 짧으면서도 별같이 아름답고 금강석같이 빛난다. 어떤 찬사도 아깝지 않다. 그의 안내로 나는 젊은 시절 내가 살았던 상하이를 다시 만난다.

2005년 4월 말경 피천득 선생, 아들 피수영 박사와 함께 상하이를 방문한 박규원은 피천득이 타계한 후 그를 생각하며 〈노시인의 상하이 방문〉〈정원의 신사〉라는 단편소설을 써서 그의 소설집 《불꽃 속의 나라》에 실었다.

4. 평설

"평설"이란 어떤 특정 주제에 관한 소논문과 평론까지 포함하는 넓은 의미의 산문이다. 피천득은 영문학 전공자로서 1930년대 초부터 영미문학과 관련된 주제로 소개와 해설을 겸한 여러 편의 짧은 평설을 써냈다. 1933년 흥사단에서 펴낸 여성 잡지《신가정》창간호(1월호)에〈브라우닝 부인의 생애와 예술〉, 그리고 같은 해《신가정》(11월호)에〈영국 여류시인 크리스티나 로세티〉란 글을 발표했는데, 피천득이 영국 여류시인을 연속으로 소개한 것이 특이하다. 그 후 한참 후인 1949년 아일랜드 시인 윌리엄 버틀러 예이츠 서거 10주기를 맞아 피천득은《학풍》(1월호)에〈애란 문호 예이쯔〉란 글을, 1956년에는《새벽》(5월호)에〈미국 문단의 근황〉을 발표했다.

1957년 찰스 램과 메리 램이 쓴《셰익스피어 이야기들》(대한교과서)의 번역본을 내면서 피천득은 원서에는 없으나 자신이 매우 좋아한 비극《안토니와 클레오파트라》를 축약한 이야기를 직접 써서 추가하였으며, 1958년에는《대학신문》(서울대) 4월 2일 자에〈소네트 시행〉, 그리고《자유문학》(6월호)에는《영국 인포멀 에세이》를 연속으로 발표하였다. 또한, 피천득은 1960년에는《사상계》(3월호)에〈빅토리아조의 규수閨秀 시인: 영어 영문학 편록〉과 긴 글〈J. 알프레드 프루프록의 연가: 시 분석〉(《현대사상강좌》제4권)을 발표하였다.

1930년 4월 7일 자《동아일보》에 첫 시〈차즘〉(찾음)을 발표함으로써 문단에 발을 들여놓은 피천득은 당시 중국 상하이에 소재한 후장대학교 영문학과에 재학 중이었다. 19세기 중반 영국에서 영문학을 학과목으로 가르치기 시작한 후로 당시 영문학과 교육과정은 셰익스피어를 제외하고는 주로 낭만주의 시대 시와 찰스 디킨스 등 빅토리아의 시대의 소설을 주로 가르쳤다. 피천득은 영문학과에서 영미 교수들로부터 영국 낭만주의 시를 읽기 시작했다.

(1) 〈브라우닝 부인의 생애와 예술〉(1933년)

영문학에 관한 생애 첫 번째 평설로 피천득은 낭만파 여류시인 엘리자베스 배럿 브라우닝(1806~1861)에 관한 글을 《신가정》 창간호(1933년 1월호)에 발표하였다. 이 잡지는 동아일보사에서 《신동아》와 더불어 여성들과 주부들을 위해 발간한 월간 교양 잡지였다. 영문학을 전공하는 젊은 한국 시인 피천득이 당시 조선 여성들을 위해 당대 최고의 명성을 누렸던 이 여류시인에 관한 글을 발표한 것은 계몽적 의도도 있었을 것이다.

그러나 이보다 더 중요한 이유는 갓 출발한 시인 피천득이 시인의 시 세계에 관심이 많았기 때문일 것이다. 피천득의 초기 시 창작에 빅토리아 시대의 대표적 여성 시인의 주제와 기법 등이 어떤 영향을 주었을지 상고해 보는 것은 20대 초반 피천득이 어떻게 시인으로 성장하는가를 이해하는 데 유익한 작업이 될 것이다.

피천득이 시를 처음 발표하기 시작한 1930년대 초는 일제강점기였다. 정치적 억압과 문학적 검열이라는 암울한 문화 상황 속에서 시인으로 출발한 젊은 피천득은 당대 많은 조선의 시인들처럼 모국어로 새로운 한국의 현대시를 쓰기 위한 형식과 주제 선택에 고심이 컸을 것이다. 시조 등 일부 전통 시 외에는 어떤 규범이나 선례도 많지 않은 상황에서 피천득이 최초의 평설 주제로 영국 낭만주의의 대표적 여류시인 엘리자베스 배럿 브라우닝을 선택한 것은 결코 우연이 아닐 것이다. 아마도 피천득은 영국 최고의 정형시인 소네트 류의 짧은 서정시에 끌렸을 것이다.

게다가 엘리자베스 브라우닝은 식민주의 기치 아래 번영을 누리던 빅토리아 시대와 15년간 살았던 이탈리아의 정치적 압제 상황을 비판하면서도 사랑과 평등 같은 인간의 영속적 가치들을 노래하는 모순적 상황에 놓여 있었다. 피천득은 자신이 살던 식민주의 시대의 정치, 문화적인 절망상황에서 어떻게 시인으로서 창작하며 살아남을 수 있는가에 대한 일부의 답을 영국 빅토리아 시대의 최고 여류시인 엘리자베스 배럿 브라우닝에게서 얻은 것은 아닐까?

(2) 〈미국 문단의 근황〉(1956)

피천득은 1940년대 말에 아일랜드 시인 예이츠에 관한 소개 및 해설의 긴 글을 발표했으나 여기서는 1950년대 중반에 쓴 〈미국 문단의 근황〉을 읽어보자. 피천득은 이 글의 서두를 미국에서의 "문인생활"을 소개하는 것으로 시작한다.

미국 사회에 있어서 작가의 경제적 지위는 중류에 속한다. 교육을 받은 것 외에는 유산을 받은 사람은 드물고, 수입은 의사나 변호사보다는 못하나, 목사보다 좀 많으며 대학교수들과 비슷하다.

그러나 사회적으로 중류계급같이 생활하지 않고 어떤 이는 부자같이 행세하며 어떤 이는 가난한 시민같이 생활한다. 작품의 내용을 비평한다는 것은 문학을 업으로 하는 사람들 간에 있는 일이고 일반 대중에 있어서는 인기가 있느냐 없느냐 하는 것이 문제다. 책이 몇백만 권 팔려서 인세가 얼마나 들어왔느냐가 그 작가의 사회적 지위를 결정한다.

작가는 정치와 거리가 멀어서 작가로서 국회의원이 된 사람은 하나

도 없고 3백만이나 되는 공무원 자리 중에서 문인을 위한 자리란 국회도
서관에서 시인을 위하여 한 자리를 마련하고 있을 뿐이다.

이어서 장르별로 '시 낭독회 유행', '소설', '극작가들', '뉴 크리티시
즘'으로 나누어 해설 소개한 피천득은 시 소개 부분에서 미국의 1950
년대 중반 당대 주요 시인들을 거명한 뒤 다음과 같이 당시 문학계 상
황을 요약하였다.

미국에 있어 시의 독자는 인구에 비하여 적은 편이다. 시집이 출판
되면 시인들만 사본다는 말까지 있다. 그러나 이 수로는 많지 않은 시의
독자들은 대개가 직접 간접으로 교육에 관여하는 사람들이다. 그리고 현
대 문학이 급속도로 대학의 강의과목으로 발전하고 있다.
2차 대전만 하여도 큰 대학에서 현대시를 강의하는 것을 꺼렸으나
지금은 살아있는 젊은 시인까지도 연구의 대상으로 하고 있고 현대시에
대한 학구적 관심이 나날이 커가고 있다. 미국의 교육발전을 따라 견실
독자층이 해마다 늘어 가리라고 믿는다.

소설 부문과 극 부문은 생략하고 마지막에 논한 비평 부문을 살
펴보면, 그는 당대 비평의 주류였던 신비평(New Criticism)을 다음과 같
이 소개한다.

비평가 R. P. 블랙머는 페이지 위에 씌워 있는 말, 즉 작품 자체만을
엄밀히 검토해야 된다고 주장한다. 이는 신비평이라는 비평 방식을 따르
는 한 사람이다. 신비평을 신봉하는 다른 비평가로는 영국에는 I. A. 리

차즈, 윌리엄 엠프슨, F. R. 리비스가 있고 미국에는 존 크로우 랜섬, 로버트 펜 워런, 그리고 클리언스 브룩스가 있다.

　　이 비평 방식이 현재 환영을 받는 이유는 비평가가 작자의 생애나 사회적 배경에 비추어 작품을 논하지 아니하고 작품 자체만을 정직하고 정확하게 논하는데 있는 것이다. (…) 미국에는 작가보다도 비평가의 수가 훨씬 더 많다. 대학을 졸업하고 저널리즘으로 들어간 사람들, 그리고 많은 교수강사들이 비평을 쓰고 있다.

　　피천득이 이 글을 쓴 시기는 1954~55년 미국 하버드대학에 교환교수로 1년간 다녀온 직후였다. 여기에 소개한 〈미국 문단의 근황〉은 최신 정보와 자신의 직접 경험에 토대를 둔 것이라 매우 설득력이 있다.

(3) T. S. 엘리엇의 〈J. A. 프루프록의 연가〉 시 분석(1960)

　　T. S. 엘리엇(1888~1965)의 유명한 초기 시인 장시 〈J. A. 프루프록의 연가〉에 대한 피천득의 분석을 간략하게 논의하기로 한다. 영국 낭만주의 시에 심취하였던 피천득은 모더니즘과 같은 20세기의 난해한 시에 대해서는 크게 주목하지 않은 것을 고려해볼 때, 그가 이 엘리엇의 초기 장시를 자세하고도 꼼꼼하게 분석, 비평한 것은 다소 놀랍다.

　　1970년대 초 피천득에게 직접 영시 과목을 수강할 당시는 박정희 유신정권 시기라 4달 정도의 학기가 시작되면 수업은 대체로 한 달만 진행되고 학생들의 데모로 학교가 휴업이나 휴교가 되어 정상적 강의 진행은 대체로 이루어지지 못했다. 교수와 학생 모두에게 매우 고통스럽고 불행한 시대였다. 한 학기 16주 강의를 충실히 했더라면 피천득 교수의 영미 시편 강의를 더 많이 들을 수 있었을 것이다.

피천득의《J. A. 프루프록의 연가》시 분석의 예를 개괄적으로 소개해 보자. 하버드대학 시절인 1910~11년에 발표한 최초의 시 중 하나인 〈J. A. 프루프록의 연가〉에서 엘리엇은 내용이나 형식(기법)에서 20세기 초 영미 시의 다양한 문체들을 제기한다. 여기에 등장하는 화자는 밀폐된 자신의 의식에 갇혀 있고 행동력이 없으며 자기가 말하고 싶은 것을 남에게 소통할 수 없는 현대 서구의 전형적 중년 남자다.

엘리엇은 이 시에서 '너'와 '나'로 이분화시켜 두 개의 분열된 자아가 구어체로 된 독백을 하여 심리적 연극을 벌이게 한다. 일종의 '의식의 흐름' 수법을 사용하여 그의 의식세계의 풍경을 객관적으로 제시함으로써 독자들에게 프루프록의 의식의 분위기를 짐작하게 한다. 특히 저녁에 안개가 덮이는 광경에 대한 시각적 환상을 고양이 이미지를 사용하여 효과적으로 보여주고 나아가 뽀얀 안개처럼 몽롱하고 무기력하고 주저하는 프루프록의 의식상태를 극명하게 보여준다.

엘리엇은 이 시에서 현대 시의 특징이라고 볼 수 있는 한 인간의 심리적 움직임을 여러 단편(fragments)으로 보여주기도 하고 이미지를 병치시키거나 강조하기 위해 구두점을 사용하여 내용과 형식을 나누기 어렵게 만드는 등 형식상의 여러 가지 수법을 사용하여 역설적으로 이 시의 의사 소통성을 극대화한다.

여인들에 대한 환상에 사로잡혀 있는 주인공 프루프록은 그 여인들을 만나러 가고 싶은 생각과 그렇지 않은 생각 사이에서 갈등을 겪으며 망설인다. 무의미한 자신의 생활을 반성하는 "커피 숟가락으로 나의 삶을 측정해 왔어!"라는 표현은 앞서 지적한 '객관적 상관물'의 좋은 예다. 그다음 내적 독백과 환상을 통해 나타나는 성적 이미지들이 그 여인들의 목소리, 눈, 팔, 솜털, 체취, 향기들을 잘 배열하여 이상과 욕망(현실)의 갈등을 더 심화시킨다. 그러다가 돌연 시의 분위기는 갈등이 약화하여 실망과 체념으로 바뀌고 프루프록은 자신이 그 여인들에게 가지 못하는 것에 대해 자기 합리화를 꾀한다.

프루프록은 자신의 의견을 남에게 말할 수 없다는 절망감에 휩싸여 "그러나 신경은 마치 환등불로 스크린 위에 무늬를 비치듯이"라고 말한다. 프루프록을 통하여 엘리엇이 말하고 있는 것은 "객관적 상관물"이다. 엘리엇은 과거의 전통적 방식으로는 프루프록 의식의 모습을 적나라하게 드러내 줄 수 없다고 생각하고 단지 신경세포를 스크린 위에 비춰주므로, 프루프록의 심적 상황을 더 잘 헤아릴 수 있다고 생각하는 것이다. 그렇게 되면 독자들은 엘리엇의 형이상학적 목표인 직접 경험을 통해 어떤 실재, 즉 프루프록의 의식세계 전모를 파악할 수 있게 되는 것이다.

결국, 프루프록 자신은 환상에서 깨어나 현실로 돌아와서는 다시 무기력하고 격리된 상태에 놓여 있다는 것을 느낀다. 엘리엇은 진정한 의사소통이 불가능한 세계에서 소외감을 처절히 느끼는 한 인테리 중년 신사의 의식세계를 자기 극화, 자기 냉소, 자유시형, 구어체를 사용하여 단편적인 모습을 제시하여 전체적인 분위기를 묘사하는 수법을 사용한다. 나아가 콜라주 수법까지 사용하여 의사소통불능 상태에 빠져 있는 한 현대인의 비극을 그림으로써 시적 전달능력의 한계에 부닥친 20세기 초 현대 시에 한 돌파구를 마련해 주었다. 당시로는 이렇게 혁신적 기법이었던 것이 그의 시의 특징이 되었고 나아가 현대시의 특징이 되었다. 모든 읽기는 독자 각자의 몫이다. 피천득도 엘리엇의 시 분석의 결론 부분에서 이 점을 강조한다.

시를 읽고 감상한다는 것은 어디까지나 독자의 자유이며 또한 읽는
자의 주관적인 사고를 떠나서 있을 수 없는 일이므로 시를 정독해 가면서
여러 모로 생각해 보고 연상하는 것도 빼놓을 수 없는 일이라고 하겠다.

피천득은 문학 읽기란 기본적으로 작품 텍스트와 독자 사이의 문
제로 보고 어떤 권위 있는 학자나 비평가의 견해를 따르기보다 분석
과정에서 독자가 자유와 연상 작용을 강조하는 문학 해석의 민주주
의적 독서과정을 중요시하였다. 피천득은 이 엘리엇의 장시를 읽으
면서 앞에서 노산 시조집 서평을 쓸 때의 4가지 작품 평가 방식을 거
의 그대로 이곳에서도 적용하며 초기 모더니즘 시에 대한 탁월한 하
나의 시비평을 제시하고 있다.

(4) 낭만시론

1960년 한국영어영문학회에서 기획하고 신구문화사에서 출간
한 영미어학문학총서(전 10권) 중 제3권 《영시개론》에 피천득은 〈낭만
시〉라는 90쪽 가까운 긴 글을 실었다. 이 글은 19세기 영국 낭만주의
시론을 종합적으로 개관하고 있다.

영국 문학에서 낭만주의 시기는 1798년부터 1832년까지의 전기
와 흔히 빅토리아 시대로 명명되는 1832년부터 1888년까지의 후기로
나뉜다. 그러니까 영국 낭만주의의 공식적 시작은 워즈워스와 콜리
지가 함께 펴낸 시집 《서정 가요집》(1798)에서 비롯되고 낭만주의의
종료는 메튜 아널드가 타계한 연도와 일치한다. 피천득은 이 긴 글의

서두에 "영문학은 본질적으로 낭만주의 문학"이라고 선언한다. 그는 상식과 이성을 존중하는 18세기 신고전주의 시대와 비교하여 19세기 낭만주의의 특징을 감성과 상상력으로 보았다. 낭만시는 기지, 풍자, 도시 중심보다 개성, 자유, 신기함, 반항 정신을 더 중시한다.

이 글은 크게 두 부분으로 나누어 전개되는데, 전반부 영국 낭만주의 시대는 주요 시인으로 워즈워스, 콜리지, 바이런, 셸리, 키츠가, 후반부 빅토리아 시대의 대표 시인으로는 테니슨, 로버트 브라우닝, 엘리자베스 브라우닝, 스윈번, 단테 로세티, 크리스티나 로세티, 메튜 아널드가 소개된다. 각 시인은 생애와 작품으로 나누어 설명되고 있다. 피천득은 윌리엄 워즈워스(1770~1850)의 시가 지닌 영문학사적 의미를 다음과 같이 설명한다.

자연에 대한 그의 사랑은 인간에 대한 사랑으로 그를 인도하였다. 인간에 대한 그의 사랑은 낭만적 비애, 위대한 이상, 정열이 아니고 애정이었다. 그리고 그는 다른 위대한 시인들과 같이 전쟁영웅은 예찬하지 않았다. 소박하고 평범한 생활, 작은 익숙한 것들을 시재로 하였다. 다만 그는 이러한 평범한 것을 새롭게 보았으며 무한한 동정을 가지고 보았다. (…) 자연 시인 중 워즈워스는 가장 위대한 시인이다. (…) 자연이 우리에게 미(美)와 정신적 위안을 주는 것과 같이 그의 시는 우리에게 인간의 존엄성과 평화스러운 안정을 준다. 그리고 그는 밀턴 이후 가장 엄숙한 시인이었다.

엘리자베스 배럿 브라우닝(1806~1861)은 바이올렛 빛 눈을 가진 아름다운 여류시인이었다. 몸은 약하고 척수병으로 병상 생활을 오래 하던 그녀는 테니슨과 쌍벽을 이루는 6년 연하 시인 로버트 브라우닝(1812~1889)을 만나 결혼하였다. 피천득은 엘리자베스 브라우닝을 다음과 같이 평가한다.

엘리자베스는 조숙한 시인이었다. 그녀는 여덟 살 때에 벌써 시를 쓰고 열 살때에 희랍어로 된 호메로스를 읽었다. (…) 1832년에는 희랍의 《구속된 프로메테우스》를 번역 출판하였다. (…) 뒤따라 발표한 《어린이들의 절규》는 아동노동을 반대한 인도적 외침으로 사회에 큰 여론을 일으켰으며, 러스킨과 같은 비평가의 극찬을 받았다. 참으로 이때 이 여류 시인의 명성은 저 시성(詩聖) 테니슨의 그것을 압도하였다, 1850년에는 그의 대표작이라 할 《포르투갈말에서 번역한 소네트》가 나왔다. 이것은 외국말을 번역하였다는 형식을 빌린 창작이다. 아마 여성의 사랑을 표현한 글로서 이보다 더 우아한 예는 없으리라고 믿는다.

피천득은 빅토리아 시대 두 명의 대표적 여류시인 엘리자베스 브라우닝과 크리스티나 로세티(1830~1894)를 설명한 후 다음과 같이 그들을 비교한다.

엘리자베스와 크리스티나는 함께 영문학의 쌍벽으로 서로 무시하지 못할 우월점을 가지고 있다. (…) 그 당시에 있어서는 브라우닝의 인기가 로세티를 압도하였고 이제 와서는 로세티를 찬양하는 사람이 많아졌다. (…) 표현에 있어서 브라우닝의 시는 결점 투성이요, 로세티의 시가는 모두 다 험 잡을 데가 없는 것만은 사실이다.

피천득은 이미 1930년대에 여성 잡지 《신가정》(후일 《여성동아》)에 엘리자베스 브라우닝과 크리스티나 로세티의 삶과 시를 자세히 소개한 바 있다. 이 두 여류시인은 피천득이 가장 사랑했던 시인들이었다. 지면 관계상 더 많은 영국 낭만주의 시인들에 대한 피천득의 견해를 소개하지 못함이 아쉽다.

이 〈낭만시론〉은 1960년대 국내에서 발표된 최고의 입문서로, 영국 낭만주의 시의 시대적 발생 배경부터 빅토리아 시대와 세기말까지 주요 시인의 삶을 약술하고 그들의 대표 시를 핵심구절 번역과 더불어 요령 있게 해설하고 있다. 1960년대 한국 영문학의 높은 수준을 보여주는 이 글은 해설자도 원서로 구하기가 쉽지 않고 연구 자료도 크게 부족했던 60년대 말과 70년대 초 영문학 전공자들이 공부한 학생들에게 거의 유일하게 참고했던 글이다.

이 글은 어떤 의미에서 영문학자로, 영국 낭만시 전공 교수로 피천득이 남긴 업적이다. 그동안 간과하던 영어교육자와 영문학 교수로서 피천득의 위상을 한국 영어교육계와 영문학계에서 새롭게 평가해야 한다. 아마도 이 글은 아직도 영문학도는 물론 일반 독자에게 영국 낭만시에 관한 최고의 입문서일 것이다.

피천득은 대학을 퇴임하기 2년전인 1972년 한 학술지에 연구논문 〈영미의 포크 발라드와 한국 서사민요의 비교〉라는 연구논총 쪽수로 68쪽이나 되는 긴 논문을 심명호 교수와 공동으로 발표하였다. 이 논문은 본격적인 한국문학과 영국문학을 비교하는 중요한 업적이다. 여기서 자세히 소개하지는 못하지만 이 긴 연구 논문은 영미 민속 발라드와 한국의 서사민요를 비교 문학적으로 접근한 매우 의미 있는 독창적인 저작이다.

피천득 산문의 새로운 가능성을 향하여

지금까지 살펴보았듯이 우리가 흔히 알고 있는 피천득의 서정적 수필 이외의 산문들은 매우 다양하다. 상당한 분량의 서문, 추천사, 서평, 평설, 논문 등은 일반 잡문으로 취급하여 피천득 문학에서 결코 배제될 수 없고 그렇게 되어서도 안 될 것이다. 문학의 장르를 시, 소설, 희곡, 평론, 수필 등 일부에 국한하기보다는 장르 확산이 바람직하기 때문이다. 이와 동시에 피천득의 산문 중 수필만이 아니라 글 전체의 모습을 읽고 종합적 평가를 하기 위해서는 당연히 그가 쓴 모든 산문을 일기와 평가대상으로 삼아야 한다. 피천득의 산문은 피천득의 문학세계를 확장할 수 있고 학자 문인으로서 피천득의 글쓰기를 재평가할 수 있는 새로운 영역이 될 것이다.

편집자 정정호

피천득 문학 전집 출판지원금 후원자 명단(가나다 순)

강기옥	김미원	김윤숭	박무형	신명희
강기재	김미자	김재만	박성수	신문수
강내희	김복남	김정화	박순득	신숙영
강순애	김부배	김준한	박영배	신윤정
강은경	김상임	김진모	박영원	신호경
강의정	김상택	김진용	박윤경	심명호
강지영	김석인	김철교	박인기	심미애
고동준	김선웅	김철진	박정자	심재남
고순복	김선주	김필수	박정희	심재철
고윤섭	김성숙	김한성	박종숙	안 숙
공혜련	김성옥	김해연	박주형	안국신
곽효환	김성원	김현서	박준언	안성호
구대회	김성희	김현수	박춘희	안양희
구명숙	김소엽	김현옥	박희성	안윤정
구양근	김숙효	김후란	박희진	안현기
국혜숙	김숙희	김훈동	반숙자	양미경
권남희	김시림	김희재	배시화	양미숙
권오량	김애자	나종문	변주선	양영주
권정애	김 영	나태주	변희정	염경순
김갑수	김영석	노재연	부태식	오경자
김경나	김영숙	류대우	서 숙	오문길
김경수	김영애	류수인	서수옥	오세윤
김경애	김영의	류혜윤	서장원	오숙영
김경우	김영태	문수점	석민자	오영문
김광태	김용덕	문용린	성춘복	오차숙
김국자	김용옥	민명자	소영순	오해균
김기원	김용재	민은선	손 신	우상균
김남조	김용학	박 순	손광성	우한용
김달호	김우종	박경란	손은국	우형숙
김대원	김우창	박규원	손해일	원대동
김두규	김유조	박기옥	송은영	위성숙

편집자 소개

정정호(鄭正浩) 1947년 서울 출생.
서울대학교 영어교육과 졸업. 같은 대학원 영어영문학과 석사 및 박사과정 수료.
미국 위스콘신(밀워키) 대학교에서 영문학 박사 학위(Ph.D.) 취득. 홍익대와 중앙대 영
어영문학과 교수 · 한국영어영문학회장과 국제비교문학회(ICLA) 부회장 · 국제 PEN한
국본부 전무이사와 제2회 세계한글작가대회(경주, 2016) 집행위원장.
최근 주요 저서 : 《피천득 평전》(2017)과 《문학의 타작: 한국문학, 영미문학, 비교문학,
세계문학》(2019), 《번역은 사랑의 수고이다》(이소영 공저, 2020), 《피천득 문학세계》
(2021) 등.
수상: 김기림 문학상(평론), 한국 문학비평가협회상, PEN번역문학상 등.
현재, 국제 PEN한국본부 번역원장, 금아피천득선생기념사업회 부회장.

피천득 문학 전집 3 산문집

꿀 항아리

초판 1쇄 발행 2022년 5월 10일
초판 2쇄 발행 2024년 11월 20일

책임편집   정정호
펴낸이   강영매 외 3인
펴낸곳   범우사

등록번호   제 406-2004-000048호(1966년 8월 3일)
           (10881) 경기도 파주시 광인사길 9-13 (문발동)
대표전화   031)955-6900, 팩스 031)955-6905

홈페이지   www.bumwoosa.co.kr
이메일   bumwoosa1966@naver.com

ISBN 978-89-08-12475-2 04080
ISBN 978-89-08-12472-1 04080 SET

* 잘못된 책은 바꾸어 드립니다.